세계교육론 총서 제1권

교육의
위대한 사명

세계교육론 서론

세계교육론 총서 제1권

교육의 위대한 사명

세계교육론 서론

염기식 지음

머리말
인류 구원에 공헌할 교육의 보편적 목적

교육은 하늘의 준엄한 명령이다. 『중용』에서 말하길, "교육의 첫 걸음은 天命, 즉 하늘의 명령이다(天命之謂性)"[1]라고 하였다. 왜 명령인지 이유를 알아야 교육을 통해 인류를 구원할 위대한 사명을 일깨울 수 있다. 우리는 어떤 교육에 관한 논의와 실천을 하기 이전에 하늘로부터 뜻을 구하고, 부여된 命을 알고, 받드는 것이 중요하다. 그렇지 못하면 인간을 가르치고자 한 모든 교육적 행위가 天命과 어긋나 인류의 영혼을 선도할 수 없다.[2]

본 교육론, 아니 현대 교육론은 지금까지 교육이 지닌 문제점으로부터 출발하여야 하는 만큼, 그 요지란 과연 무엇인가? 오늘날 교육이 인간 죄악과 인간성의 황폐화를 저지하지 못하고 세계의 심판과 종말을 촉발한 것은 하늘의 뜻을 알지 못해서이다. 하나님이 인간을 어떻게 창조하고, 命한 것인지를 알아야 했다. 교육과 天命은 밀접하게 연관되어 있고, 주체는 天命에 있어, 天命을 받드는 데 **"교육의 위대한 사명"**이 있다. 교육은 하나님의 대 명령이나니, 고래로부터 교육에는 준엄한 天命이 숨어 있다. 이것을 동서양의 지

---

1) 『실패한 교육과 거짓말』, 노암 촘스키 저, 강주헌 역, 아침이슬, 2001, p.5.
2) 『중용』은 그러나 선천의 교육관인 만큼, 왜 교육이 하늘의 명령인지에 대해서는 밝히지 못했다. 명령의 주체와 목적을 알아야 함에, 그 절대적 이유는 오직 한 가지 하나님이 천지를 창조해서이며, 그래서 교육의 궁극적 목적은 창조 목적(뜻=命)을 밝히고 구현하는 데 초점을 두어야 한다. 그리해야 인간이 본연의 길을 갈 수 있고, 이루게 됨.

성들이 줄기차게 사상으로 피력하고 천명(闡明)하였다. 그 뜻이 무엇이든 뜻을 이루는 데 있어 이상적인 수단은 교육이었다. 먼저 하늘의 뜻을 어떻게 알 것인가에 학문하는 목적과 배움의 가치를 두었고, 뜻을 어떻게 전달하는가에 교육자적 사명과 원리의 적용이 있으며, 뜻을 어떻게 구현하는가에 구도자적 실천과 방법이 있었다. 돌이킬 수 없게 된 인간성과 문명 역사를 어떻게 회복할 것인가? 여기에 **"인류 구원에 공헌할 교육의 보편적 목적"**이 있다.

하나님은 종국에 교육을 통한 가르침과 일깨움 역사로 만백성을 구원하고 그 나라를 건설하길 원하였다. 일찍이 모세를 앞세워 이스라엘 백성을 바로의 압제로부터 구원하여 젖과 꿀이 흐르는 가나안 땅으로 인도하였듯, 오늘날 피폐한 인류를 치유와 화평의 땅으로 인도하리라. 정비공은 고장 난 차를 수리하여 새차처럼 만들 수도 있듯, 하나님은 능히 창조 권능을 교육력으로 승화시켜 인간성을 회복하리라. 알고 보면 교육은 인류를 구원할 수 있는 가장 객관적인 방법이고, 가장 확실한 결과를 기대할 수 있는 구원 수단이다. 나아가 현실적 제도 안에서 인류를 빠짐없이 구원할 수 있는 사도(使徒=스승) 육성이 가능한 길이다. 위대한 메시지와 가르침과 인격 도야를 병행해야 하나니, 가르침과 깨달음으로 만 영혼 위에 미칠 교육의 보편적 구원 역사를 기대할 수 있다. 교육을 통한 가치 일굼과 목적 설정과 방법의 모색으로 인간성을 회복하는 것이 현실적으로 인류를 구원하는 길이다. 이전에는 교역자들이 하나님을 믿고 신앙하게 하는 것이 인류를 하나님에게로 인도하는 주된 방법이었지만, 그렇게 해서 거둔 성과로서는 인류 영혼을 3분의 1도 구원하지 못했다. 그래서 지금은 방법적인 면에서 만인을 빠짐없이 구원할 수 있는 새로운 길을 마련해야 했는데, 그것이 바로 인류사에서 보편적, 객관적, 합리적으로 확대된 교육이란 제도와 방법을 통해서이다. 교육은 실로 인류를 하나님에게로 인도하고, 하나님과 함께해서 교감할 수 있게 하는 최선의 방법이고, 이런 뜻과 목적을 자각해서 구체화하는 것이 **"교육의 위대한 사명"**이다. 교직은 천직임에, 하나님의 보편적인 구원 뜻을 자각한다면, 교직은 그야말로 天命으로서 하늘의 명령을 따르는 온전한 직업이라고 할 수 있다. 장차 만 인류를 구원하고 이 땅에서 하나님과 함께한 이상적인 나라를 건설하기 위해서는(지상 천국) 특정 종교들이 표방한 교리의 이념화 실현을 통해서가 아닌 교육을 통해야 하고, 교역자가 아닌 교육자가 구원 역사의 전면에 나서 하늘의 명령을 충실히 수행하는 사역자 역할을 담당해야 한다.

하나님이 창조한 인간성의 성장과 변화와 개화 과정을 낱낱이 살피고 판단해서 올바른 방향으로 이끌 자란 이 대지 위에 부모도 그 무엇도 아닌 가르침의 자격을 지닌 선생님밖에 없다. 이분들이 天命을 자각하고 교육적 사명을 수행하는 스승의 역할을 다할진대, 그 직분은 온전히 부름을 입은 '구원의 사도'로서 승화되리라.3) 지구상 곳곳에 무지하고 차별받고 소외된 하나님의 백성이 있다. 이들이 한 영혼도 빠짐없이 구원되어야 하는 것은 하나님이 이들 백성을 사랑으로 창조했기 때문이고, 그들이 마저 구원되어야 그들과 함께한 나라를 건설할 수 있다. 그러기 위해서는 먼저 인류가 하나님을 바르게 알고, 창조된 본의를 일깨워야 하며, 참된 가치관으로 삶을 헌신할 수 있도록 이끌어야 한다. 그리해야 하나님의 품 안에 안기는 위대한 가르침의 역사, 위대한 교육의 역사, 위대한 구원의 역사가 보편화할 수 있다. 인류가 일군 존재의 역사와 전통과 문화가 한결같이 길이길이 보존되고 계승되어야 하는 창조 목적이고, 만개한 꽃으로서 가치 있는 결정체란 사실을 일깨워야 한다. 이 땅과 하늘과 山河와 인간성은 장차 하나님이 건설할 지상 천국의 밑

---

3) 교육의 위대한 사명은 하늘의 명령, 곧 하나님이 인류를 구원하고자 한 보편적 목적을 수행하는 데 있고, 그 명령의 소리를 자각하고 직분을 수행하는 자가 교사이다. 그래서 교육은 하늘의 명령(天命)이고, 교직=천직이며, 교사는 사도(使徒)를 넘어선 천도(天徒)임.

거름이다. 이런 의식의 자각과 지킴과 선도 역할을 무엇이 담당할 것인가? 교육이다. 죄악과 타락을 막고 환경오염과 자연의 파괴를 막고, 멸망의 자초 요인을 제거하는 데 교육이 앞장서야 한다. 구원의 진리적 불씨를 지피는 데 **"교육의 위대한 사명"**이 있다.

그래서 이 연구는 과거에 시도한 구원적 방법을 일소하고, 밝혀진 본의와 말씀의 역사를 통해 인류의 영혼을 깨우치리라. 교육을 통해 만백성을 하나님의 품 안으로 인도할 구원 프로젝트를 마련하리라. 이를 위해 이 연구는 "세계교육론"을 공통된 주제로 하고, 제1권의 제호를 『교육의 위대한 사명-서론』, 제2권을 『교육의 위대한 원리-본론』, 제3권을 『교육의 위대한 실행-각론』, 제4권을 『교육의 위대한 지침-세부 각론』, 제5권을 『교육의 위대한 말씀-결론』으로 구성하였다.

일찍이 동서양의 선현들이 한결같이 이루고자 한 인류의 이상은 언제 어떻게 실현될 것인가? 지난날은 어떤 방법으로써도 목적의 달성이 요원했다는 사실을 지적하면서, 기대하건대 교육이 바로 인류가 품은 그 이상적인 꿈을 종합적으로 이룰 실질적인 길이라는 것을 거듭 확인하고자 한다. 이 연구는 "세계교육론"을 통해 인류를 하나님에게로 인도할 수 있도록 최선을 다해 완성된 길을 펼치고자 한다. 이 교육적 대 사명을 과연 누가 부여하고, 누가 알리고, 누가 수행할 것인가? 하나님이 부여하고, 이 연구가 뜻을 받들며, 사명을 자각한 우리 모두가 수행해야 하리라. 『중용』에서는 "대덕자 필수명",[4] 곧 대덕(大德)을 구현하는 자는 반드시 命을 받는다고 하였다. 그 대덕이 지금은 모든 면에서 종말을 맞이한 인류를 구원할 보편적인 목적이 되어야 함에, 교육 위에 하나님이 命한 창조 목적과 합치된, 인류를 빠짐없이 구원할 진리력이 내포되어 있다는 사실을 알고, 천직 사명을 중점적으로 수행하는 이 땅의 교직자들은 자나 깨나 하늘이 命한 그 명령의 소리를 귀담아 듣고 새겨 교육으로 이상 세계 건설과 인류 구원 역사에 동참해야 하리라. 지대한 교육적 명령을 행동으로 실천할 수 있길 바라면서…… 천직 수행, 그것이 곧 하나님의 명령 수행 과정이자, 자신과 만 인류를 구원하는 길이라는 사실을 확신하길 바라면서…….

2021년 9월
경남 진주에서
염기식

---

4) 『중용』, 17장.

차 례

제2편 교육 목적론

제5편 전인 교육론

제6편 체육 교육론

제1편

세계교육론 총설

인간성의 기초와 교육의 가능성에 대한 고무는 인간다움을 촉진하는 삶의 추구 방향이다. 이상은 완성을 지향한 위대한 목적이다. 이런 간절한 목적 탓에 인간으로서 인간다울 수 있는 창조 뜻을 수행할 수 있었다. 그런데 현대 사회는 물질적인 가치 추구가 극에 달해 외면적 가치에 치중한 것은 인간성의 고무를 가로막은 장애 요인이 되었다. 인간성이 더는 향진될 수 없게 되어 본성 면에서 인류라는 종의 퇴진이 불가피해졌다. 눈여겨보아야 할 본성적 가치와 목적과 교육 시스템을 허물고, 그 자리에 자연과 우주를 바라보는 눈으로 채운 문명적 조건 속에서 성현의 추구 목적과 창조 목적을 실현할 인간성 완성은 요원한 꿈이 되어 버렸다. 창조 뜻을 저버린 퇴조한 인간의 군상이 무더기로 쏟아졌다. 선현들이 선취한 위대한 교육적 가능성인 인간은 누구나 배워서 성인이 될 수 있다는 각성을 저버린 결과이다.

제1장 개관

1. 세계관적 정초

교육은 인간을 대상으로 하고 인간에 목적을 둔 인간적인 모든 행위로서 인류가 일군 정신적 문화의 중추적 작용이다. "교육이 인간을 다루는 일이다"[1]라고 했을 때는 다분히 인위적인 측면이 있지만 인간을 기른다, 가르친다, 바람직한 방향으로 변화시킨다처럼 의도적 목적을 내포한 것은 사실이다. 여기서 정범모는 "인간을 기른다고 할 때의 인간은 인간의 행동"[2]이라고 했고, 교육에 대한 정의도 "인간 행동의 계획적 변화"[3]라고 했지만, '행동'에 초점을 맞춘 것은 인간을 이해한 교육적 관점일 뿐, 인간을 본질 면에서 접근한 포괄적 정의는 아니다. 교육학이나 교육론도 인간을 다룬 이론이고 사상이며 체계적인 이론의 구성인 한, 같은 범주와 영향 아래 있다. 인간에 관한 이해가 피상적이면 전개된 교육론도 피상적일 수밖에 없다. 그는 "교육을 정의하면서 좀 더 분석적으로 파악함과 동시에 교육이 다루는 인간 개념을 더욱 명확히 하기 위하여 행동 내지 인간 행동이라는 개념을 써야 한다"[4]라고 강조했지만,

---

1) 『교육 철학 및 교육사의 이해』, 신차균·안경식·유재봉 공저, 학지사, 2006, p.346.
2) 위의 책, p.346.
3) 『교육의 이해』, 이원호 외 공저, 만수출판사, 2000, p.14.
4) 위의 책, p.15.

행동 분석을 통한 인간 이해는 표출된 모습만으로 판단해야 하는 문제가 있다. 교육은 무엇보다도 인간의 본질(본성) 파악이 우선이다. 인간 속에 내포된 근본적 가치가 무엇인지를 알아야 한다.5) 이런 필요성 탓에 교육 철학은 "교육의 실천에 있어 목적과 내용 및 방법이 어떠해야 옳은 것인가를 따지게 되며, 그렇게 판단하는 데 기초가 되는 것이 인간관이다. 일찍이 교육학의 역사는 인간 이해의 역사이다."6) "사람은 무엇인가에 관해 묻는 것은 교육의 열쇠가 된다. 예를 들어 성리학의 인간관은 천지간의 축소로서 천지가 곧 인성이므로 天理와 인성이 하나가 될 때 중화의 경지에 이른다고 하였다."7) 동양의 유교 사회에서는 인간의 본성을 판단하는 근거가 명확했던 관계로 교육론을 전개하는 데도 큰 이설은 없었던 것 같다. 하지만 서양에서는 철학적 접근이 지극히 유동적이었고, 이것이 현대 교육의 문제점으로까지 이어졌다. 인간을 이해한 관점과 접근 루트가 통일적이지 못해 유신, 유물, 관념, 진화, 신실재론 등에서 주장한 교육론이 달랐다. "교육은 본질상 인간의 문제와 밀접하게 관계되어 인간을 연구하는 학문 분야(특히 교육학)와 불가분한 관계를 맺고 있는데도"8) 인간에 관한 이해 관점이 다양해진 것은 선천 교육론의 문제점으로서, 해결해야 할 과제이다.

문제의 본질을 파악할진대 **"교육론의 세계관적 정초"** 이유가 있다. 교육의 문제를 풀기 위해서는 인간의 문제부터 풀어야 하듯, 인간의 문제를 풀기 위해서는 진리의 문제를, 진리의 문제를 풀기 위

---

5) 『교육 철학』, 자끄 마리땡 저, 왕학수·안인희 역, 경향 잡지사 간, p.6.
6) 「법화경의 교육 철학적 연구」, 이한성 저, 동국대학교 교육대학원 철학교육, 석사, 1992, p.25.
7) 「퇴계의 교육관 연구」, 임광규 저, 한양대학교 교육대학원 일반사회교육, 석사, 1989, pp. i ~ ii.
8) 『루소의 교육론 에밀』, 안인희 저, 서원, 1993, p.27.

해서는 세계의 문제부터 풀어야 한다. 세계란 무엇인가, 진리란 무엇인가, 인간이란 무엇인가를 알아야 교육론을 확고한 세계관 위에 세울 수 있다. 아울러 선천 교육론이 무엇을 잘못 보고 잘못하여 현대 교육에 문제점을 안긴 것인지를 진단할 수 있다. 인간은 세계 안에서 단독으로 존재할 수 없다. 줄리언 헉슬리는 "지구는 마치 동상처럼 인간을 우뚝 세워 놓은 주춧돌만이 아니다. 오히려 인간이라는 꽃을 피우는 하나의 거대한 줄기이다. 인간과 세계를 서로 분리해 관찰할 수 없다. 인간이 우주 안에서 차지하는 위치를 발견하고 확인해야 한다"9)라고 하였다. 인간과 세계와의 결합을 간과한 인간학, 인간을 고려해 넣지 않은 우주학, 인간을 세계와 결부시키지 않은 교육학10)은 모두 문제이다. 교육론의 선결 과제로 세계관의 정초가 있었다. 주자학은 "인간의 책무를 개체적, 생물학적 관점에서가 아니라 우주적 지평에서 그 영원의 활동과 의미[天道]의 연관하에서 접근하였다. 퇴계 이황이 『성학십도』 체계를 제1 태극도(太極圖-우주의 근원에 대해), 제2 서명도(西銘圖-인간의 우주적 위상에 대해), 제3 소학도(小學圖-인간의 현실적 타락에 대해), 제4 대학도(大學圖-사회적 책임에 대해)"11)로 구성한 것이 그것이다. "우주의 원리학을 중심으로 우주의 원리에 관한 지식을 가지고 인간 문제, 즉 자연법칙 위에 인간의 합리적, 도덕적 당위 법칙을 구명하였다."12) 그러니까 "유교(학)는 숙명적으로 교육학이 될 수밖에 없었고, 모든 유교 사상은 궁극적으로는 교육 철학, 또 모든 유

---

9) 『떼이야르 드 샤르댕의 사상 입문』, N. M. 윌디어스 저, 이홍근·이덕근 역, 분도출판사, 1971, p.57.
10) 위의 책, p.58.
11) 『조선 유학의 거장들』, 한형조 저, 문학동네, 2008, p.79.
12) 「퇴계의 교학관 연구」, 앞의 논문, p.62.

학자는 교육학자였다."13) 인간을 주체 대상으로 한 모든 학문은 교육학을 뒷받침한 학문이다. 단지 유교적 우주론도 전격 인간에 관한 모든 것, 곧 인간 본성의 알파와 오메가를 파악하고 펼친 교육론인가 하는 점에서는 동의하기 어려우므로 보다 궁극적인 세계 본질의 규정 작업을 선행해야 했다.

그렇다면 세계란 과연 무엇인가? 세계란 낱말의 뜻은 이미 국어사전에 풀이되어 있다. 온 세상, 지구상의 모든 나라, 지구 전체, 인류사회 전체 등등 이런 개념 정의 자체가 변하거나 인간 이해 또는 교육론에 영향을 미치는 경우는 거의 없다. 문제는 세계를 바라보는 관점인데, 혹자는 "세계관이란 인생관과 함께 가치관의 한 형태로, 가치관이란 생각하고 판단하며 행동하는 데 기준이 되는 관점이라고 하였다. 그중 세계관은 가장 근본적인 것으로 인생관의 토대가 되지만",14) 그런 조건만큼 충분한 정의는 아니다. 지난날 세계를 본 관점이 난발하였다. "일반적으로는 낙천주의, 염세주의, 숙명론 등, 학문적으로는 유심론, 유물론, 이기이원론, 이기일원론, 이기 합일설 등, 종교적으로는 불교적, 기독교적, 이슬람교적, 유신론적, 무신론적, 범신론적 등"15) 다양해진 이유는 단 한 가지, 선천에서는 세계의 핵심 본질이 드러나지 못했고, 누구도 본체를 보지 못한 데 있다. 보았던 모습이 부분적이므로 제각각 판단한 것이 맞고, 그것은 전부가 아니므로 또 다른 측면에서 본 이설들이 생겼다. 더군다나 아무도 전체를 본 자가 없다 보니 이 설들의 잘못을 지적하고 조화시키지 못했다. 이것이 선천 세계관의 헤어나지 못한 대립

13) 『공자 사상의 발견』, 윤사정 외 저, 민음사, 1992, p.358.

14) 『인간의 이해』, 이석호 저, 철학과 현실사, 2001, p.44.

15) 위의 책, pp.46~47.

이유이고 한계이다. 이런 본말성을 알아야 이후의 미래 인류를 올바른 세계관으로 인도할 수 있고, 주된 수단인 교육을 확실한 세계관 위에 세울 수 있다. 이 같은 임무를 수행하는 세계관은 다분히 가치적인 영역을 포함하여 세계의 궁극적인 그 무엇, 곧 세상을 이루고 구성하고 존재하게 한 그 무엇을 원리적, 작용적, 본질적인 관점에서 밝히고 규정해야 하므로, 본질을 드러내고 규정하기 이전을 선천, 그 이후를 후천으로 지칭하고자 한다. 세계의 생성 본질이 분열을 완료하고 완료하지 못한 경계선과도 맞물려서 우주 질서와 문명 역사가 획기적으로 달라진 대 전환점이기도 한데, 그렇게 실감할 세계관의 차원적인 변화 관점을 **"교육론의 세계관적 정초"**로서 확인하고자 한다.

세계를 바라보는 관점에 있어 영원히 대립한 상황을 벗어나지 못해 선천 세계관의 종말을 자초한 관념론 대 유물론이 교육론에 끼친 영향을 살필진대, 먼저 플라톤으로부터 비롯된 서양의 관념론과 그가 제시한 이상적인 '이데아 계'는 현실적인 질서를 초월해 있고, 이성을 통해 상정한 근원 실체라, 말 그대로 사고한 관념성 이상을 벗어나지 못했다. 유교의 천관처럼 이데아 계는 세계관이 요구하는 궁극적 조건, 곧 세계가 존재한 원인(창조된 근원 원리)으로서는 부족함이 있어 인간, 진리, 교육론을 정초하는 데 상대적인 이설을 낳게 한 실마리를 제공했다. 관념론이 어떤 관점에 처했건 교육론의 형성에 영향을 끼친 것은 세계를 형성한 진리와 연관된 탓이다. 인간이 존재하게 된 원천적인 작용력과 연결되어 있다. 세계관이 교육론 형성에 영향을 끼친 분명한 사례이다. 단지 교육론을 정초하는 데 완전한 주춧돌이 되지 못한 것은 짚고 넘어가야 한다.

한편 "정신 또는 의식은 물질에 부차적이다. 그것은 단순히 물질의 산물이며, 물질의 기능이며, 물질의 부대(附帶) 현상"16)이란 유물론적 관점도 처한 세계관적 조건이 비슷하다. 유물론이 대립각을 세운 정신 또는 의식 자체가 세계를 이룬 근원 실체가 아닌데(창조된 대상임), 이것을 부정하고 자체의 관점이 옳다고 하였다. 대상에 대해 관점을 완전히 전도시켰다. 물질이 정신보다 더 분화적이라고 한 것이다. 이것은 세상 질서에 역행한다. 그런데 다윈이 『종의 기원』을 집필하여 유물론의 창조적 메커니즘을 제공한 이래 유물론자들(특히 칼 마르크스)은 그의 역사적인 등장을 크게 환영하였다. 그이유는 세계의 질서가 지극히 단순한 것으로부터 복잡한 것으로 옮아갔다는 주장 탓이다. 역사도 낡은 질적 상태에서 새로운 질적 상태로 나아간다고 보아17) 떼이야르는 세계를 발전적인 과정으로 설명하여 "세계는 하나의 역사 과정으로서, 즉 물질에서 생명, 생명에서 정신으로 하나의 상승으로 나타난다"18)란 우주관을 가졌다. 어떻게 이처럼 세계를 거꾸로 보았는가 하는 이유를 알아야 하는데, 그것은 앞으로 밝힐바 세계를 창조한 근원 작용에 대한 정보를 받지 못해서이다. 서양 철학이 관념론과 유물론과의 투쟁 역사라고 일컬을 만큼 선천 세계관으로서 한계를 극복하지 못한 것은 바로 본질적 바탕이 없는 세계관이라 관념, 유물은 공히 근원으로부터 파생된 세계 구성 요소라는 사실을 알지 못한 것이다. 유물론은 神의 존재 사실을 거부하는 무신론의 세계관적 근거이기도 해 이데아, 보편, 본체, 神 등 "인간의 감각을 초월하는 어떤 실재에 대한

---

16) 「인간의 본질」, 최남식 저, 대신신학 신학연구원, 조직신학, 1993, p.13.
17) 『교육사 교육 철학 연구』, 손인수 저, 문음사, 1992, p.12.
18) 『떼이야르 드 샤르댕의 사상 입문』, 앞의 책, p.78.

부정적 태도가 프래그머티즘, 행동주의, 과학적 자연주의, 분석적 운동을 포함해서 현대의 많은 사상 분야에 영향을 끼쳤다."19) 이런 사상이 교육론을 정초하는 데 영향을 끼친 만큼, 선천 교육론은 전면적인 수정 작업이 불가피하다. 세계의 근원적인 바탕이 현재의 존재 상황에 영향을 끼친 것은 동서를 불문하고 지배적 사상이다. 동양에서 "道란 儒家에 있어서나 道家에 있어서나 그들이 생각하는 가장 기본이 되는 원리를 뜻하고, 德은 道라 道를 따라 사람이나 사물을 통하여 발휘되는 훌륭한 성능을 뜻한다. 다시 말해 德이란 '道의 발현'으로서 德의 성격은 道에 의해 결정된다"20)라고 믿었다. 德의 성격(인간의 품성)이 道에 의해 결정되고, 德은 곧 道의 발현이라는 것은 근원 바탕에 대한 진리 인식이 인격으로 드러나고 형성, 완성되는 교육 원리에도 적용된다. 근원 바탕이 무엇인가란 관점은 교육론의 대상인 인간 육성에 지대한 영향을 끼쳤다. 그만큼 근원된 바탕과 어긋난 교육론 정초는 오늘날 화두로 대두된 인간성 황폐화의 주된 원인으로 드러난다.

세계관과 인간 삶을 밀접하게 연관시킨 것은 불교의 기세간(器世間=국토 세간) 형성 사상이다. 모든 중생이 사는 山河, 대지가 업력에 의해 형성된다. 개체는 물론이고 우주 만물이 유정의 업력에 의해 절대적인 영향을 받는다. 여기서 업력은 세계의 바탕이 된 본질과 같은 개념이다. 중요한 것은 우주를 생성시키는 업력이 유정의 업력 탓이라는 것은 우주 발생 이전에 이미 유정이 있었다는 뜻이다.21) 이것은 점차적인 발생 개념인 진화론과 대치된다. 과연 세계

---

19) 『교육 철학』, George R. Kmight 저, 김병길 역, 교육 과학사, 1993, p.162.

20) 「노자 교육 사상의 현대적 가치」, 배형근 저, 광주 경상대학 논문집, 6집, p.43.

21) 『불교의 무아론』, 한자경 저, 이화여자대학교 출판부, 2006, p.239, 241.

이전에 선재된 바탕 본질과 작용력이 있었는가 하는 것은 다시 논거를 둬야 할 문제이므로 지금은 무엇이 옳고 그른 것인지 판가름할 수 없다. 그래서 미래 인류를 인도할 교육론을 정초하기 위해서는 근원된 세계관의 문제 해결이 선결 과제라는 것을 확인하고자 한다.

근원된 세계의 본질이 드러나지 못하는 한 이와 연관된 진리의 본질을 규정할 수 없고, 정의할 수 없다는 것은 기정사실이다. 이런 처지가 선천 질서를 지배했다. 미국의 철학자이자 심리학자인 W. 제임스(1842~1910)는, "진리는 관념의 확실성에 대한 소유다. 오류가 실재(Reality)와의 불일치를 의미하는 것과 같이 진리는 실재와 일치함을 뜻한다. 眞의 관념은 우리가 동화, 타당, 확증 그리고 검증할 수 있고, 僞의 관념은 그 반대이다. 진리는 행위의 규칙이고, 그 의미는 응용에 있으며, 목적에 의하여 진리가 결정된다. 관념의 진리성은 본질상 정체된 성질이 아니고, 진리가 우연히 하나의 관념이 된다. 진리는 존재가 아니라 되는 것이며, 사건에 의하여 만들어진다"[22]라고 하였다. 오판과 오류가 연속된 정의이지만 잘못은 아무도 지적하지 못했다. 진리의 항구성과 원리와 법칙을 허물었다. 진리를 생성시킨 본질적 뿌리를 보지 못한 탓인데, 그 위에 세운 미국의 프래그머티즘(실용주의)적 교육 철학(피어스-제임스-듀이-미드)이 인류사회를 온전하게 선도했을 리 없다. 진리가 실재와 일치한다는 것은 부차적인 조건이다(정합성 여부). 진리는 관념도 행위도 아니다. 검증하고 확증할 수 있는 조건을 갖춘 대상은 창조로 결정된 존재적 영역에 한하고, 그것은 결국 현상계 안에서만 성

---

22) 『철학 서설』, 최해갑 저, 진학사, 1976, p.16.

립 가능한 조건이다. 진리가 우연히 하나의 관념이 된다든지, 되는 것이고 만들어진다고 본 것은 세계에 지극한 영향을 끼친 본질적 바탕을 무시한 것이다. 진화론적 메커니즘을 추종한 판단이다.[23] 이런 관점으로 교육 문제를 제대로 진단하였을 리 만무하다. 어떤 판단이 사실과 일치한다는 것은 존재한 사실의 진위를 판가름하는 조건이지만, 조건을 갖추었다고 해서 그것이 곧 진리라고 할 수는 없다.

진리는 만상을 존재하게 한 근원된 작용력, 곧 창조와 연관되어 있고, 창조로 인해 결정된 무형의 形而上學적인 법칙성이다. 진리는 다름 아닌 근원된 본질성을 인식적으로 인출한 상태라고 할까? 진리는 창조와 깊이 연관되어 있다. 진리는 창조로 이루어진 세계 구성 메커니즘이다. 여기에 인간이 진리를 추구한 본질적 목적이 있다. 수많은 사람이 진리를 추구하여 도달한 궁극적 실상은 무엇이며, 그렇게 개척하여 이룬 진리 세계란 무엇인가? 진리를 추구하면 무엇을 알 수 있고 이룰 수 있는가? **진리는 세계의 영원성을 규정하고, 세계의 궁극성을 지침으로 두며, 세계의 본질성을 표출한다.** 인류가 진리를 추구하는 것은 세계의 근원을 이룬 창조 바탕과 구조와 본질을 판단할 수 있는 심대한 방법론이다. 진리로 이루어진 것이 세계이고, 진리라고 굳게 믿고 구축한 것이 세계관이다. 그래서 진리를 추구하면 세계의 본질을 분열시켜 세계의 구조를 밝히고, 밝힌 구조를 통해 세계의 존재적인 본상, 곧 하나님의 창조주적인 본체 모습을 완성할 수 있다. 지금의 단계에서는 논리적인 비약

---

23) "프래그머티즘은 다윈의 종의 진화 개념을 사회의 발전 면에 적용한 철학임."-『교육 철학』, 김정환 저, 박영사, 1992, p.124.

상황을 피할 수 없지만, 이 연구가 교육론을 통해 지향하고자 하는 바는 바로 **"진리의 본상은 곧 하나님의 창조 원리상"**이란 사실에 논거를 두는 것이다. 진리적 판단 근거로서는 일찍이 동양의 선현들이 설파한 "하나가 만이요, 만이 하나"란 초월적 인식인데, 그런 인식적 원칙에 따라 만상은 정말 하나로부터 나왔고, 종국에는 하나로 귀일할 것이다. 선천에서는 하나님이 만 가지 모습으로 드러났지만, 이제는 하나인 모습으로 일관되리라. 이런 초월적인 창조 비밀을 간직한 것이 세상의 뭇 존재와 진리와 현상 세계의 알파이고 오메가이다.

교육론의 현실적 목적 대상인 인간은 과연 무엇인가? 선천의 지성들은 인간의 본성을 바르게 알고 교육 사상을 펼쳤는가? 인간은 무엇이라고 한 주장은 있지만, 본성을 확증해서 논거를 제시한 사람은 없다. 누가 이런 문제를 확실히 판정할 것인가? 권투 시합에서는 선수 자신이 상대를 이겼다고 주장할 수 없다. 그러나 심판은 아무리 비슷해도 판정을 하는 것처럼 인간의 본성 규정 문제도 그와 같다. 세상 안에서는 인간이 인간에 대해 무엇이라고 규정할 수 없다. 오직 인간을 존재하게 한 분, 그분이 때가 되면 밝힐 것인데, 그렇지 못한 지난날은 설사 옳은 설이더라도 존재성을 뒷받침한 창조 메커니즘까지는 제시하지 못했다. 선행된 세계와 진리의 본질이 드러나지 못한 탓이다. 이런 문제를 객관적이고 사실적으로 확인할 수 있는 근거는 오히려 세상 곳곳에 있다. 흔히 形而上學의 주요 관심은 궁극적 실재의 본질이고, 그런 대상을 추구해서 밝히고자 하는 것이 학문이다.24) 하지만 그런 形而上學적 주장은 검증될 수

---

24) 『교육 철학이란 무엇인가』, G. F. 넬러 저, 정희숙 역, 서광사, 2008, p.18.

없고, 실제로 적용될 수 없는 것으로 여겼다. 반대로 과학적인 연구 결과는 측정한 것인 탓에 신뢰할 만한 것으로 여겼다.[25] 진리를 판단하는 기준이 오직 현상적 질서에 국한되었고, 같은 잣대로 形而上學적인 실재를 판단하였다. 말은 궁극적인 실재라고 하면서 궁극적 실재로서 갖춘 창조적 본질을 제거했다. 현상의 분열적, 결정적 질서와는 차원이 다른 초월적 특성을 간과하였다. 이런 잘못된 판단이 서양에서 진화론을 낳고, 유물론을 낳고, 무신론 사상을 배태한 온상이 되었다. 드러나지 않았고 보지 못한 탓에 진리 세계를 판단하는 데 문제가 있었다. 지금은 "진화하는 세계에 사는 것을 상식으로 알고 있고, 진화 과정 안에 만사가 수렴되어 종국적인 통일의 실현을 지향하고 있다"[26]라고 굳게 믿는다. 진화론을 제창한 다윈이 "1859년, 『종의 기원』을 저술하기 이전인 19세기 중반까지, 자연의 질서를 설명하는 방식 중에는 두 가지 설이 유력했다. 하나는 만물은 神의 계획에 의해 정해졌고, 결국 神이 설정한 종말에 다다를 것으로 생각한 목적론이고, 다른 하나는 神은 존재하지 않으며, 시계를 모델로 했을 때처럼 자연을 화학과 물리학의 기계적인 법칙에 따라 움직이는 집합체로 가정한 데카르트의 기계론이다. 다윈의 진화 가설은 이런 목적론과 기계론에 큰 충격을 주었다."[27] 이에 기계론은 세계의 궁극 본질이 드러나지 못한 상태에서 주어진 조건만으로 근원 문제를 해결하고자 한 궁여지책이다. 다윈이 주로 반기를 든 것은 하나님이 無로부터 천지 만물을 한순간에, 한꺼번에 지었다는 기독교의 창조설로서, 다윈이 치명적인 허점을 찌를

---

25) 『철학 서설』, 앞의 책, p.16.
26) 『떼이야르 드 샤르댕의 사상 입문』, 앞의 책, p.162.
27) 『그림으로 이해하는 현대 사상』, 발리스 듀스 저, 남도현 역, 개마고원, p.29.

만큼 사실상 합리적인 창조 메커니즘을 제시하지 못한 선천의 우주론이다. 세계의 본질이 드러나지 못한 상황은 성경의 창조론이라고 해서 다를 수 없다. 여기서 이 연구가 지칭하는 창조 개념은 기독교 창조론과 구분된다는 사실을 분명히 밝힌다. 다윈은 분명히 한계성을 지닌 선천 창조설을 극복했다고 여겼고, 대다수 지성도 인정한 상태이지만, 창조된 본의를 밝힌 관점에서 보면, 이것은 지성들이 누천년의 세월을 두고 애써 구축한 창조론의 근간을 뒤흔든 결과를 초래했다. 이것이 인간의 본성을 황폐화시켰고, 세계가 종말을 향해 치닫게 한 신호탄을 쏘아 올린 격이다. 우리는 인류가 구축한 문명과 경험한 역사와 선천 사상 가운데 무엇이 잘못된 것인지를 추적해야 그로부터 잘못된 원인을 진단할 수 있다. 나아가 교육을 바른 세계관 위에 세워 인류를 선도할 수 있다. 희망의 실마리를 그릇된 인간관의 제거 작업을 통해 찾아야 한다.

허황한 꿈도 그런 생각에 젖어 있을 때는 행복을 느낄 수 있겠지만, 환상에서 깨어났을 때의 나락과 비참함은 감당하기 어렵다. 인간이 무한한 가능성을 가지고 스스로 창조적인 생명을 지녔다고 한다면, 그처럼 고무된 인간관도 없다. "진화론이 제시한 새로운 세계상에 대해 답하는 것을 자신의 과제로 삼았던 베르그송은 획기적인 생명론을 전개한 것으로 인정된다. 그는 생명 속에 무수한 잠재력을 포함하고 있다고 생각했다. 예를 들어 작은 원형질 덩어리인 원초적 생물 속에는 무한정의 힘과 다양한 가능성이 미분화된 상태로 내재하여 있다고 하였다."[28] 창조론이든 진화론이든 베르그송의 생명론이든, 생명의 존재 조건에는 무한정의 힘과 다양한 가능성이

---

28) 위의 책, p.29.

필요하다. 단지 베르그송은 창조주가 부여한 생명의 창조 에너지를 제거한 다윈의 주장을 더 구체화하고자 한 사명을 지닌 탓에, 미분화된 상태라고 하는 합리적 가정을 전제로 고스란히 생명 자체 속으로 이전시킨 것뿐이다. 미분화된 무한정의 힘과 다양한 가능성이 작은 원형질 덩어리에 불과한 원초적 생물 속에 어떻게 잠재할 수 있게 된 것인지에 대한 이유는 불문에 부친 채…… 오직 오늘의 고등한 인간이 존재한 결과를 성립시키기 위해…… 하지만 그렇게 요청한 원시 생명체의 전제 조건이 역설적으로 근원된 창조 본질이 갖춘 조건이라는 사실은 눈치채지 못했다.

비슷한 맥락으로 사르트르가 내세운 "실존(實存)이 본질에 선행한다"라고 한 실존 철학 명제를 본받아 교육 이론을 건설한 볼노우(O. F. Bollnow)는 "만남이 교육에 선행한다"라고 하였다. 이후로 이들 두 명제는 철학과 교육학에서 새로운 지평을 연 선언으로 평가되었다.[29] "실존이 본질에 앞선다는 말은 먼저 인간은 존재하고, 출생하고, 현장에 나타나고, 그리고 오직 그 이후에만 그 자신을 분명히 규정한다는 의미이다."[30] 근원 본질을 무시한 진화론적 아류인데도 제2, 제3의 동조자가 끊이지 않았다. 그 기저에는 "神이 인간을 창조한 것이 아니라 우리가 자신을 창조한다"[31]라는 무신론적 신념을 깔고 있다. 무엇이 잘못된 것인가? 국화는 꺾꽂이를 통해 번식시키기도 한다. 뿌리로부터 자라난 줄기(가지)를 꺾어 심으면 줄기로부터 다시 뿌리가 생겨 꽃을 피운다. 가지로부터 뿌리를 내린 탓에 그렇게 해서 번식된 국화를 통해서 보면 줄기가 곧 뿌리

---

29) 『교육 철학』, 김정환 저, 앞의 책, p.206.
30) 『교육 철학이란 무엇인가』, 앞의 책, p.100.
31) 『교육의 역사 및 철학적 기초』, 조영일 저, 형설출판사, 1993, p.339.

라, 실존주의자의 명제를 패러디해 줄기가 뿌리에 선행한다고 말할 수 있다. 이런 실존 철학적 인식을 천지간에 존재한 모든 대상에게로 확대했다. 이런 세계관 위에 세운 볼노우의 교육 철학과 인간관이 진리일 수 있겠는가?

언급한바 미국의 프래그머티즘도 근원 본질을 무시한 철학인 상황은 같다. 교육의 주류를 형성한 미국식 실용주의 교육관이 현대 교육을 어떻게 잘못 이끌어 왔는가를 알아야 한다.[32] 항구적인 본질 뿌리를 제거한 상태에서 그들이 초점 잡은 진리관은 상대적이고 변화할 수밖에 없다. 세상에 불변한 것은 없고, 인간은 원숭이로부터 무수한 세월을 거치는 동안 자연 선택과 적자생존 메커니즘에 따라 진화한 것처럼…… 당연히 "시공간을 초월한 절대적 진리는 없고, 진리의 기준은 오로지 실생활에서의 '유용성'에 있다."[33] 왜 그들은 이런 진리적 판단을 했고 그렇게 기준을 세웠는가? 이유를 알기 위해서는 영향을 끼친 원천 철학을 추적해야 한다. 즉, 프래그머티즘은 미국의 철학이라고 하지만, 사실은 "영국의 경험론을 발전시켜 미국의 토양에 맞게 토착화시킨 것이다."[34] 따라서 경험론의 진리적 특성과 한계성부터 살펴야 한다. 즉, 일체의 선험적 관념성을 부정하고(백지 상태) 모든 진리 인식은 경험으로부터 출발한다고 한 것은 그 시작부터가 지극한 편협성을 자초한 상태이다. 세계와 교감되는 인식 경로를 처음부터 제한함으로써 본질 세계로 나갈 수 있는 길을 막았다. 제 눈의 안경 격이랄까? 세계와 진리와 인간에 대해 보이는 것만을 인정한 극단적인 폐쇄형 요새를 구축하

---

32) 『공자 사상의 발견』, 앞의 책, p.357.
33) 『서양 교육 사상사』, 주영흠 저, 양서원, 2001, p.365.
34) 『교육 철학』, 김정환 저, 앞의 책, p.124.

였다. 그런 설계 도면을 본떠 펼친 것이 프래그머티즘인 만큼, 교육의 본질적 목적인 인류를 궁극의 근원처로 안내하는 역할을 가로막은 역작용을 일으켰다. 인류 구원을 요원하게 한 대죄를 저질렀다.

왜 오늘날은 교육받지 않은 사람이 거의 없게 되었는데도 인간성은 더욱 황폐해지는가? 고무해야 할 교육 원리를 잘못 적용한 탓이다. "교육은 행동 조작의 과정"이라고 한 행동주의자들의 이론 사례가 그러하다. 그들은 인간 행동은 행동 강화 인자를 조작하여 수정할 수 있다고 하였다. 교육의 임무도 요구되는 행동들을 끌어낼 수 있는 학습 환경을 창조하는 데 있다. 파블로프(1849~1936)는 반사작용에 관한 연구를 통하여 행동주의 심리학의 토대를 마련한 러시아 학자이다. 그는 개가 종소리와 음식 제공에 연합하도록 사전에 훈련받고 종을 울리면 침이 흐르도록 조건화된다는 사실에 주목하였다. 왓슨(1878~1958)은 인간 행동은 조건반사의 문제라고 하면서 만약에 어린이의 환경을 통제할 수 있다면, 그 어린이를 요구되는 어떤 유형의 인간으로 만들 수 있다고 하였다. 이어서 스키너(1904~1990)는 행동 수정, 교수 기계, 프로그램 학습과 같은 분야에서 행동주의 투쟁의 제일선에 나섰다.[35] 그들은 실험을 통해 확인한 행동주의 심리학이 인간 교육을 좌우하는 만능 원리인 것처럼 믿었다. 모두 다윈이 인간과 동물과의 존엄한 경계를 허문 탓이다. 전통적인 인간 본성의 규정과 창조성을 무시한 행동 원리 제일주의이다. 이런 원리가 현대 심리학과 교육학에 영향을 끼쳐 인류를 방황하며 죄악의 늪을 헤어나지 못하게 한 현상으로 드러났다. 본향인 하나님에게로 나가고 구원될 수 있는 길을 굳게 차단해 버

---

35) 『교육 철학』, George R. Kmight 저, 앞의 책, p.145.

렸다.

다윈 못지않게 인류의 보편적 구원의 길을 진리란 이름으로 가로막은 학자 중에는 정신분석학의 창시자 지크문트 프로이트(1856∼1939)가 있다. "빈의 베어가세 19번지에 있는 자신의 상담실에서 조용하게 일하던 프로이트는 세상에서 가장 잔학하게 神의 존재를 부인한 사람이다. 그가 우리에게 보여준 것은 계몽주의 시대에 확고하게 권위를 인정받은 위대한 이성의 神이 바로 위대한 사기꾼이었다는 것이다. 그에 의하면, 그 이성의 神이 우리의 원시적 본능을 봉합해 버리도록 했다. 말하자면, 대뇌는 단지 생식기의 하수인에 불과한 것이란 이야기이다. 그래서 우리가 가진 신성(神聖)에 대한 신념은 어리석고 정신병적 환상에 불과하다고 한 논조를 폈다."36) 문제는 이런 견해가 현대의 각종 교육 이론에 반영된 사실이다. 잃어버린 아이는 찾고자 하는 노력이 있는 한 언젠가는 부모 곁으로 돌아갈 가능성을 지녔다. 하지만 그는 神이 존재한 사실을 부인하고, 神이 세상에 존재하지 않는다는 전제를 가지고 온갖 이론을 펼친 것이다. 하지만 그가 살아 있었을 때와 달리 神이 존재한 사실에 대한 증거의 상황이 도래한다면 어떻게 되는가? 이론은 일시에 폐기되고 교육 목적은 다시 神을 향해 집중될 것이다. 프로이트 등에 의해 입안된 정신분석학은 판단컨대, 르네상스 이후 神을 버린 서양인들이 허술해진 정신의 비정상적인 자리를 채우고자 한 자구책이다. 이것이 산업 사회로 피폐한 인간 영혼을 땜질하였고, 더 나아가서는 이런 이론으로부터 파생된 행동심리학 등이 인간을 이해하고 가르치고자 한 교육학에 적용하여 인간성의 황폐화를 자초했

---

36) 『교육의 종말』, 닐 포스트만 저, 차동춘 역, 문예출판사, 1999, p.40.

다. 더하여 자연을 정복하고자 한 과학주의와 主知主義 교육관이 맞물려 인류사회의 종말성을 가속한 결과를 초래하였다.

이로써 이 연구는 오늘날 종말적 폐단을 낳은 선천 교육론의 문제점과 한계성을 지적하고, 교육론을 올바른 세계관 위에 세우는 방법으로서 선행된 세계란 무엇인가, 진리란 무엇인가, 인간이란 무엇인가에 대해 논거를 두었다. 그 세계, 그 진리, 그 인간의 본질이 과연 무엇인지에 대해 교육론을 개관하는 시점에서 이 연구가 단도직입적으로 무엇이라고 단언할 수는 없다. 그래서 지난날의 문제점과 당면한 한계성 원인을 시사한 것이고, 이것은 이 연구가 "세계교육론"을 확고한 세계관 위에 세우는 기초 작업이다. 교육론이 필요로 하는 세계와 진리와 인간의 본질이 정말 무엇인가 하는 것은 전 과정을 통해 펼칠 저술 과제이다. 그 무엇에 대해 세세하게 풀어나가는 것이 곧 "세계교육론"의 내용을 체계 짓는 과정이 될 것이다. 시간을 두고 이치에 맞도록 끌어내야 하는 정신 작업이다. **"교육의 위대한 사명"**이 무엇인지, 그 사명을 인류 앞에 펼치고 선언해서 고무하기 위하여…….

2. 현 사회의 교육적 요구

인류가 누천년 동안 지혜를 동원해 쌓아 올린 결과인 현대 문명은, 그러나 완전한 문명이 아니며, 호불호(呼不呼)가 함께한 문명이다. 과학과 기술을 발달시켜 지구 밖 우주 세계로 진출하게 되었고 교통, 통신, 인터넷의 발달로 동서 간의 거리가 획기적으로 단축되었다. 그 외에도 의료, 문화, 교육적 혜택 등등, 그런데도 현대 문명이 총체적으로 몸살을 앓고 있는 것은 인류사회에 새로운 도전으로서 극복해야 할 과제를 던진다. 현대 문명은 무슨 까닭으로 문명을 건설한 인류에게 심각한 고뇌를 안겨주고 있는가?[37] 고뇌뿐만이겠는가? 고통 주고 미래 역사까지 암울하게 만들었다. 여러 가지 이유가 있겠지만, 근본적인 원인은 인간 지혜의 편협함에 있다. 한 가지는 알았는데 다른 요인을 고려하지 못한 탓이라고 할까? 모든 것을 알고 계신 분의 뜻을 무시했고, 설정한 목적 궤도를 의도적으로 이탈했다. 한계성을 지닌 인간이 자신의 능력과 지혜만으로 자만의 바벨탑을 쌓아 올렸다. 이것은 추상적인 지적 같지만, 종국에 현대 문명이 당면한 문제와 인류가 당면한 고통 문제를 벗어나기 위해서는 본의를 알고 본래의 목적으로 돌아가는 길밖에 없다. 원인을 진단하는 데 있어 혹자는 "현대 문명이 인성화(humanization)되어 있지 못하다. 다시 말해 인간성과 정신성의 진보를 동반하지 않은 채 제 갈 길을 간 탓으로 돌렸다."[38] 다양한 길을 고려하지 않고 외곬길을 걸었다는 것인데, 왜 그렇게 되었는가? 인간이 처한 한계성을 알아야 했다. 더한 이유를 동반한 근본적인 진단이 아니란 뜻이다. "인간이 구축한 물질문명의 풍요로 인간 사회가 살벌하고 냉랭하고 기계적이며 모든 것을 부(富)와 힘으로 계산하려는 문명을 산출하였다"[39]라고 하지만, 물질문명은 모든 문제를 책임지고 해결할 수 있는 주체 대상이 아니다. 전가할 수 없는 원인을 물질만으로 풍요로움을 누리고자 한 인간에게서 찾아야 한다. 물질적인 풍요는 인

---

37) 『스승』, 오천석 저, 교육 과학사, 2004, p.195.
38) 위의 책, p.195.
39) 위의 책, p.197.

류가 정열과 지혜를 바칠 만한 혹한 목표였다. 지금이라도 선용만
된다면 얼마든지 지혜를 쏟아야 할 목표이다. 그렇게 물질문명을
건설하는 데 정열을 바친 만큼, 상대적으로 소홀해진 **"현대 문명의
인성화 작업"**은 인류가 건설한 이 거대한 괴물 속에 인간성이란 따
뜻한 피를 넣어주는 것이지만,[40] 물질의 풍요 자체에 수혈이 필요
할 만큼 문제를 일으킨 근본이 된 원인은 아니다. 그렇다면? 비인
간화를 재촉한 진리를 추구한 탓이다. 볼 것을 보지 못하고, 알아야
할 것을 알지 못하고, 잘못된 것을 옳은 것으로 판단한 것이다. 결
과로 온전한 진리를 공급받지 못한 현대 사회가 중병에 걸리고 말
았다. 어느 것 하나 조화되지 못하고 특정한 영역만 비대하여 균형
을 허물었다. 물질만능, 황금만능, 권력 지상주의 등등 이런 특성을
대변한 "자본주의 사회는 인간 부재 사회, 즉 인간이 상품화되고
부분품화되어 비인간화된 물화(reification) 사회"[41]를 조장하였다.
이런 사회적 조건 안에서는 인간 대다수가 인간다운 삶과 가치를
추구할 수 없다. 풍요 속의 빈곤과 불평등과 소외를 경험한다. 산수
가 오염되면 새가 떠나고 물고기가 병이 드는 것처럼, 인간 소외,
인간의 기계화, 인간의 사물화(事物化), 인간성의 상실을 초래한 현
대 문명은 그렇게 환경을 조성한 제도와 문명에 문제가 있다.

　이런 종말적 문명을 누가 어떻게 건설한 것인가? 그 주역은 그것
이 진리라고 믿고 추구한 인간이며, 수단은 교육이다. 교육이 발흥
한 "산업화를 뒷받침하기 위해 기술교육, 경제교육, 전문교육을 강
조해 인간성 발견과 자각을 위한 교육을 뒷전으로 밀어내 균형을

---

40) 위의 책, p.197.
41) 「마르크스의 사상과 교육론」, 양경숙 저, 경북여자외국어전문대학, 1집, p.210.

무너뜨린 것이다."42)43) 더하여 종교 진리가 절대적인 권위를 지녔던 시대가 있었던 것 이상으로 지금은 과학적인 진리가 그 자리를 대신하고 있다. 지식을 배워서 알고 일정한 자격을 갖추어야 전문가로서 인정받는 사회, 이런 "사회를 일명 지식사회라고 한다. 지식이 사회를 움직이는 근원이란 뜻이다. 지식이 없으면 아무것도 할수 없는 세상이 되었다."44)45)

사회가 지닌 환경적인 특성 탓에 지성들은 이구동성으로 인간성 부재를 개탄하면서 인간성을 상실하게 된 원인을 진단하고, 인간성을 회복하는 방안을 세웠다. "인간성을 회복하기 위하여 왜, 어떻게 우리가 비인간화되었는가를 묻고, 어떻게 사람답게 살 수 있으며, 올바르게 인간을 이해할 수 있는가를 캐물었다."46) 로버트 허친스 (미국의 교육 철학자, 1899~1977)는 "현대 문명은 물질 지상주의에 빠져 인간을 파멸로 몰아가고 있다고 보고, 이런 시련을 극복하기 위해서는 교육의 마당에서 과학 숭배 주의, 활동 숭배 주의, 사회 밀착 주의를 추방해야 한다"47)라고 외쳤다. 그것이 옳다고 믿고 추구한 진리로서 건설한 것이 과학 문명인데, 사회의 각 영역에서 문제를 일으켜 인간 소외와 아미노 현상을 초래했고, 급기야 인간성 상실과 윤리적 가치 판단에 마비를 일으켰다. 어느 시대에도 절

---

42) 「토머스 모어의 유토피아에 나타난 교육 사상」, 김평중 저, 교육논총 7, p.79.

43) "국가의 정책이 인문·사회과학 분야는 소홀히 하고 이공 계열의 학문을 장려한 것이 또한 인성교육을 제대로 시키지 못한 큰 이유 중 하나이다."-「맹자에 나타난 인성교육의 고찰」, 전재길 저, 인천대학교 교육대학원 교육행정, 석사, 1999, p.5.

44) 『교육 생각』, 김신일 저, 학지사, 2007, p.182.

45) "21세기 지식기반 사회는 지식이 자본인 사회이다. 인적 자본, 사회적 자본, 문화적 자본을 3대 자본으로 인정하여 가치 창출의 원천으로 보고 있다. 국민의 지적 수준이 국가 경쟁력이 되는 시대이다."-「도서관 활용과 독서 지도 과정」, 한국교육연수원, 2006, p.2.

46) 『철학적 인간학(2)』, 진교훈 저, 경문사, 1996, p.3.

47) 『교육 철학』, 김정환 저, 앞의 책, p.171.

대적 가치 판단에 대한 회의는 있었지만, 지금처럼 근본적으로 회의론이 팽배한 때는 동서양을 막론하고 일찍이 없었다.[48] "물질 만능의 풍조로 비인간적 현상과 불신 사조는 그 심도가 개인과 단체, 사회와 국가 간에도 극심하여 인류가 쌓아 올린 도덕과 전통문화가 한갓 잠꼬대 같은 상태가 되었다."[49] 인류사회가 인간이 건설한 기술 문명에 의해 짓눌리고 종속된 만큼, 주체성을 회복할 새로운 방안을 모색해야 하는데, 여기에 **"현 사회의 교육적 요구"**가 있다.

"금전 가치의 우위로 인한 윤리적 혼란과 기계문명으로 인한 인간 소외 앞에서 교육은 새로운 질서의 창조라는 시급한 당면 과제를 안았다."[50] "물질문명의 독주가 진정으로 인간의 미래와 행복을 보장해 줄 수 있을까? 미래에 대한 불안감을 떨쳐버릴 수 없다. 주지하다시피 현대인은 물질적 풍요와 정신적 공허 사이에서 방황하고 있는 것이 사실이다."[51] 그래서 "오늘날 인간 교육을 통해 풀어야 할 과제 중 하나는 현대의 기계화되고 자동화된 산업 사회의 구조 속에서 위협받고 있는 인간성을 어떻게 보호해야 할 것인가에 대해 해답을 구하는 일이다."[52] 누구나 문제의식을 각성할 수는 있지만, 고를 풀기 위해서는 보다 통합적인 관점을 확보해야 한다. 무슨 말인가 하면, 현대 문명의 위기성을 조장하고 인간성을 황폐화시키는 데 주된 원인을 제공한 서양 문명은 그들이 세운 어떤 사상과 교육 원리를 동원한다 해도 문제를 해결할 수 있는 지혜를 지니

---

48) 『철학적 인간학(2)』, 앞의 책, p.220.
49) 『남명 철학과 교학사상』, 최해갑 저, 교육출판사, 1986, p.3.
50) 『한국 유학 사상과 교육』, 한국교육학회 교육사연구회 편, 삼일각, 1976, p.192.
51) 『위대한 교육 사상가들』, 연세대학교 교육철학연구회 편, 교육 과학사, 2008, p.41.
52) 위의 책, p.145.

지 못했다. "유대-기독교 신앙과 그렇게 해서 쌓아 올린 학문적 전통이 현대 세계를 발흥시켰지만, 이제는 그렇게 해서 건설한 문명에 의해 세계는 지금 폐허만 남게 되었다."[53] 그렇지만 쉽게 실망할 필요는 없다. 길은 오히려 가까운 곳에 있는데, 그것을 발견할 안목이 없어 먼 길을 헤매었다. 동양인이 추구한 교육 목적과 가치와 전통이 그것이다. 시대가 급변함에 따라 우리조차 조상이 쌓은 전통을 버렸지만, 시대는 한 획을 그음과 함께 다시 지혜를 구해야 할 때가 되었다. 동양 문명은 다름 아닌 학문 추구가 인격 수양과 완성으로 이어지는 인간 교육 지상주의 문명이었다. 현대 문명의 문제를 각성한 혹자는 동양 문명을 지탱한 儒·佛·道 중에서도 "유학이야말로 인류의 생명이요 진리이며, 무한에의 가능성을 가진 학문이고, 난세를 구출할 명약이며, 신의의 인류사회를 회복하는 관건임을 자각해야 한다"[54]라고 힘써 강조했다. 충분한 가치를 지닌 것은 사실이지만 그때는 또 자연과학적 진리를 등한시한 시대인 만큼, 달라진 사회 구조 속에서 유학을 인간성 회복을 위한 명약 시스템으로서 곧바로 바꿀 수는 없다. 고장 난 기계 부품을 교체하듯……

그런데도 문명적으로 황폐한 인간성을 회복할 **"현 사회의 교육적 요구"**[55]에 대하여 인류는 동양이 일군 전통 교육의 가치성을 높일 필요가 있다. 동양 전통으로의 회귀가 아니라 일군 지혜를 재각성할진대, 미래 사회에서는 인류가 교육을 통해 인간다운 존엄성을

---

53) 『소명』, 오스 기니스 저, 홍병룡 역, 한국기독학생회 출판부, 2002, p.96.

54) 위의 책, p.5.

55) "지식 전달 위주의 교육 방식과 전통과의 단절로 인한 인성교육 소홀의 문제점."-「공맹의 교육 사상 비교 연구」, 김중희 저, 고려대학교 교육대학원, 한문교육, 석사, 2007, p.1.

회복하고 그 이상의 문명 세계를 창출하는 동양 문명의 대 부활 역사를 기대할 수 있으리라. 이런 과제와 교육적 요구를 누가 각성해서 해결할 것인가? 반만년 역사를 이어왔고 동양 문명의 한가운데 자리 잡은 "한민족은 외형적으로는 서구 교육 체제와 교육 원리에 의해 운영되고 있지만, 교육에 대한 의식 속에는 전통 교육의 규범과 원리가 여전히 깊숙하게 자리 잡고 있다(전통적 스승관과 엄부자모관 등등)."56) 이런 전통과 사상을 자양분으로 삼아 오늘날 교육에 부여된 인류의 보편적 구원 사명을 겸전한다면 대한민국은 능히 **"현 사회의 교육적 요구"**에 부응할 수 있는 지혜를 조상이 쌓은 고유한 전통으로부터 구할 수 있으리라. 주체적인 인간성 회복 원리를 세계 원리화함으로써 교육으로 만민을 구원하는 주도 나라가 될 수 있다. 6.25전쟁의 폐허로부터 지금의 사회를 이루기까지 우리는 선진 문화와 기술을 열심히 배우고 흡수하고 이해, 모방했지만, 반만년 문화 역량을 갖춘 한민족은 이제부터 태도를 전환해 조상이 일군 전통적인 사상을 기반으로 교육론을 재정립해 만민을 선도하는 길을 터야 한다. 그것은 또한 이 같은 요구를 자각한 이 연구의 저술 과제이자 완수해야 할 목표이기도 하다.

3. 인간 교육 가능성

사람의 성품, 인간다운 됨됨이를 뜻하는 인간성(人間性)은 인류가 생존한 이래 유구한 세월 동안 지켜 온 본성이다. 탐구하였고

---

56) 『전통 교육의 현대적 이해』, 김병희 저, 공동체, 2009, p.73.

교육하였고 갈고 닦아 인격적으로 품위를 높였다. 이런 인간성이 오늘날 황폐해져 위기에 직면했다는 것은 무엇을 의미하는가? 그토록 순수성을 지키고 품격을 높이려고 했던 이유는 무엇이었고, 그런데도 결국은 허물어져 버렸다는 것은 또 무엇을 의미하는가? 인간성은 그만큼 인류가 순수성을 지켜내어야 할 목적이 있었는데, 그것이 무너졌다는 것은 곧 인간다움을 잃고 타락하였다는 뜻이다. 이런 인간성의 황폐화는 바로 인류 심판의 지표가 된다는 점에서 심각성을 더한다. 황폐해진 인간성을 회복해야 하는데, 그러기 위해서는 왜 회복해야 하는지 이유를 알고, 본성이 지닌 가능성을 자각하여 **"교육의 위대한 인간성 회복 목적"**을 달성해야 한다. 인간은 참으로 인도될 수만 있다면 숭고한 본질로 정화될 수 있고, 교육자가 있는 한 세계는 선도될 수 있다. 교육이 뜻을 일구어 한 알의 밀알을 뿌림은 그들이 평생에 걸쳐 단 한 번만이라도 진정한 빛을 볼 수 있게 하기 위함이다. 이런 **"인간 교육의 가능성"**이 성립될 수 있는 일차적 근거는 교육 자체의 작용력이기 이전에 인간이 지닌 본성에 있다. 물이 얼음이 된 것은 온도의 냉각에 의한 것이지 온도 자체가 얼음이 된 것이 아니다. 물이 얼음이 되는 성질을 지녔다. 교육이란 작용도 마찬가지이다. 물이 얼음이 될 수 있도록 하는 데 교육적 역할이 있다. 동서의 지성들은 그런 인간적 본성을 꿰뚫기 위해 노력하였다. 본성을 어떻게 보았는가에 따라 인간성을 고무하는 접근 방법에 차이가 있었다. 그런데 본성을 잘못 보고 판단하였다면? 그것이 인간성을 황폐화시킨 만큼, 이 단계에서 지적하고 비판해야 한다. 이런 절차를 거쳐야 선현들이 인간성에 대해 건 기대만큼이나 교육은 일체 결과를 善하게 할 수 있는 메커니즘을 지녔다.

일찍이 왕양명은 인간은 양지양능을 타고난 존재라고 하였고, 칸트는 인간은 누구나 선의지를 가지고 있다, 주자는 공도(公道)의 선이 天理로서 지선에 이르면 삶의 나아갈 방향이 생긴다고 하였다. 정말 인간이란 존재는 천성적으로 빛나는 덕성을 지닌 존재이다. 그런데 그런 인간이 왜 그늘지고 황폐해졌는가? 유교에서는 원인을 인간이 쉽게 떨쳐버리기 어려운 인욕(人慾)에 두고, 욕심 탓에 明德이 가리어졌다고 보았다. 본성은 그렇지 않다고 해도 거듭된 잘못이 결국 본성을 고착시켜 버린다. 그래서 인간성을 빛나게 하기 위해서는 교육도 중요하지만, 일차적 목표는 인간성을 회복할 수 있는 자체 노력, 곧 인격을 도야하는 수양이 필요했다. 할 수만 있다면 인간의 마음은 무한한 감동으로 참을 거둘 수 있는 텃밭이라, 기적을 낳는 능력의 보배이다. 죄악은 인간이 마음을 인욕으로 가린 허상일 뿐, 神은 결코 惡을 창조하지 않았다. 단지 왜 본성이 처음부터 빛나는 바탕 본체인데 인욕에 가리어 그늘지게 되었는가 하는 것인데, 이것을 유교는 선천 종교로서 명확히 하지 못했다. 하지만 세상 법칙은 동일하게 적용된다. 엔트로피 증가의 법칙이 처음 우주를 완전한 질서로부터 출발시킨 것처럼, 明德도 처음 본성의 출발은 밝은 德으로부터이다. 본성은 갈고 닦으면 나날이 새로워진다(明明德). 엔트로피 법칙에 대해 결코 역행한 것이 아니다. 이런 결과 이유를 현상적 질서 안에서는 찾을 수 없다. 그것을 이 연구는 하나님이 창조를 통해 인간에게 明德을 부여한 것이라는 것에 논거를 제시하리라.

하나님이 인간에게 부여한 천부의 창조 본성을 자각하고 깨달아야 인류는 더는 방황하며 죄악을 저지르지 않고, 성현이 일깨우고 자 했던 본성에 대한 지고한 가르침과 교육 목적을 자각할 수 있 다. 인간성을 완성할 수 있는 길이 열리고, 도달 목표를 확인할 수 있다. 본성의 심오한 창조 바탕을 꿰뚫는다. 위대한 창조 목적을 향 해 나아가야 하나니, 도올은 진정한 창조주를 의미한 것은 아니겠 지만, "나의 존재의 근원인 聖을 회복하는 것이야말로 나의 神性을 회복하는 것이다. 이것이 위성(爲聖)의 구원"57)이라고 하였다. 존재 한 근원 본성을 聖으로 지칭하고 그것을 회복하는 것=神性을 회복 하는 것이라고 한 등식은 시사하는 바가 크다. 그리고 이제는 등식 이 성립되는 이유를 더욱 명확히 할 필요가 있다. 일찍이 동양의 맹자는 어떻게 인간의 본성이 본래 善하다(性善說)고 하였고, 순자 는 惡하다(性惡說)고 하였는가? 후세의 누가 이런 문제를 판가름하 였는가? 누구의 주장을 따라야 하는가? 이 연구는 인간성이 창조된 바 하나님의 거룩한 본성, 곧 神聖이 내재해 있다고 보는데, 예나 지금이나 모든 설은 주장했다고 해서 곧바로 인정되는 것은 아니 다. 합당한 근거를 밝히고 논거를 둬야 하므로, 이런 작업을 구체화 해야 그 위에 인류를 선도할 참교육론을 펼칠 수 있다. 인간성을 황폐화의 늪으로부터 건져내는 길이고, 인류를 하나님에게로 인도 하는 길이다.

때가 되지 못해 규명하는 데는 한계가 있었지만, 인생길을 치열 하게 걸은 수행자들은 자신이 지닌 품성을 통해 인간성의 궁극에 이르고자 한 원대한 목표를 세웠다. 불교에서는 모든 중생은 成佛 할 수 있고 가능한 본성[佛性]을 갖추었다고 하였고, 유교에서는 이

---

57) 「인간의 맛」, 김용옥의 중용 강의, 34강, EBS 교육 방송, 自誠明에서……

상적인 인격체인 君子로서의 완성과 성인은 배워서 될 수 있다고 하였으며, 기독교에서는 하나님이 온전하심같이 온전하라고 한 인생 목적을 명시하였다. 이것은 모두 인간의 잠재적 가치를 일깨운 것이고, 나아가서는 부여된 천부의 창조 본성을 시인한 위대한 성찰이다. 이런 인식에 바탕을 둘 때 우리는 **"인간 교육의 가능성"**을 확신할 수 있다. 인간성의 기초와 교육의 가능성에 대한 고무는 인간다움을 촉진하는 삶의 추구 방향이다. 이상은 완성을 지향한 위대한 목적이다. 이런 간절한 목적 탓에 인간으로서 인간다울 수 있는 창조 뜻을 수행할 수 있었다. 그런데 현대 사회는 물질적인 가치 추구가 극에 달해 외면적 가치에 치중한 것은 인간성의 고무를 가로막은 장애 요인이 되었다. 인간성이 더는 향진될 수 없게 되어 본성 면에서 인류라는 종의 퇴진이 불가피해졌다. 눈여겨보아야 할 본성적 가치와 목적과 교육 시스템을 허물고, 그 자리에 자연과 우주를 바라보는 눈으로 채운 문명적 조건 속에서 성현의 추구 목적과 창조 목적을 실현할 인간성 완성은 요원한 꿈이 되어 버렸다. 창조 뜻을 저버린 퇴조한 인간의 군상이 무더기로 쏟아졌다. 선현들이 선취한 위대한 교육적 가능성인 인간은 누구나 배워서 성인이 될 수 있다는 각성을 저버린 결과이다. 인류는 선현들의 추구 노력을 중단하거나 게을리할 수 없으며, 그런 노력 탓에 본향 속에는 이미 축적되어 있다고도 할 수 있다. 그리고 때가 되면 개화될 수 있도록 준비해 두고 있는 것인지도 모른다. 그래서 누구나 다 성인이 되어야 하는지에 대한 필연적인 목적을 자각한다면 인류는 분명 황폐해진 인간성을 회복하는 방향으로 나갈 수 있다.

인간은 하나님으로부터 지음 받은 피조체로서 거룩한 창조 본성을 자체 함유하고 있다. 하나님의 창조 본성을 인간이 간직했다. 선현들은 이런 본성을 천성이라고 했고(本然之性), 佛性을 지녔다고 했다. 알고 보면 그 말이 그 뜻이다. 인간은 神이 아닌데도 하나님의 몸 된 본체에 근거해서 창조된 탓에 神性을 간직했다. 그래서 배우고 일깨우면 본성으로부터 거룩한 품성(佛性, 창조성)을 끌어낼 수 있다. 이것이 동양적으로는 天人合一의 경지에 도달하는 것이고, 기독교적으로는 하나님과 하나가 되고 함께하는 것이다. 수행을 통해서건, 믿음을 통해서건, 배움을 통해서건, 중요한 것은 창조 본성을 간직한 탓에 인간이 하나님에게로 나가고 구원될 수 있는 길이 열린다.[58] **하나님과 하나가 됨은 인간성의 완성 극치이다.** 인류가 황폐한 인간성을 회복해서 성인이 되고, 또 그렇게 되어야 하는 이유는 분명하다. 창조 본성을 지향하고 완성해야 하는 이유는 하나님과 함께하기 위해서이고, 그리해야 이 땅에서 건설할 지상 천국의 초석이 다져진다.[59] 지상 천국은 그냥 세워지는 것이 아니며, 하나님의 권능만으로 부여될 선물 보따리는 더더욱 아니다. 본성을 개화시켜 하나님과 소통할 수 있어야 한다. 인간성을 聖化시켜야 죄 없는 인간, 죄 없는 세상에서 하나님과 함께하는 명실상부한 천국 세계를 건설할 수 있다.

일체의 가능성을 타고난 본성(인간성)을 통해 이룰 수 있고, 교육을 통해 성취할 수 있을진대, **교육은 하나님의 창조 목적을 집약시키는 위대한 작용 수단이다.** 자체적으로 노력하는 것만으로는 보편적 구원 수단이 될 수 없다. 인류의 구원 역사 패턴이 소승 불교

---

58) 수행은 인간성에 내재한 거룩한 본성을 갈고 닦아 하나님의 창조 본성과 동질, 동화, 일치하기 위한 노력임.
59) 인간성에 하나님의 본성이 내재해 있어 그 거룩성을 앙망한 것이 선현의 성인 지향 노력임.

에서 대승 불교로, 유대 민족만의 구원에서 이방 민족의 구원으로 확대되었듯, 오늘날은 그렇게 해서도 소외된 하나님이 사랑으로 창조한 백성을 빠짐없이 구원하기 위해 교육을 새로운 방법으로 택했다. 소수의 구원 방법을 토대 삼아 하나님에게로 나가는 길을 원리화시켰다. 인간성을 완성하는 것이 창조 목적을 완성하는 것과 일치한다는 사실을 알 때, 동양의 선현들이 지침을 둔 성인 지향 목적을 이해할 수 있다. 성인은 하늘이 부여한 천부 본성의 실현자이자 완성자이다. 그런데도 선천에서는 이 같은 목적을 누가 알았고 달성했는가? 손가락 안에 꼽을 정도이다. 하지만 끊임없이 배우고 수행하고 갈고 닦아 성인이 되고자 한 것은 인류가 하나님에게로 나가고 하나가 되고자 한 원대한 목표였다.[60] 지난날 이룬 노력이 헛되지 않고, 쌓아야 할 것을 쌓아 올린 만큼, 이 시점에서는 그렇게 해서 일군 소중한 가치와 목적과 지혜를 창조 목적에다 초점을 맞추어야 한다. 그리하면 하나님과 함께할 인간성의 계발 역사와 창조 목적을 자각한 자들에 의한 인도 역사, 곧 교육의 위대한 역사가 일어나리라.

4. 위대한 교육 역할

"교육이 지닌 위대한 사명"을 수행하기 위해서는 교육이 왜 위대한 사명을 지닌 것인지, 어떻게 하는 것이 위대한 사명을 수행하는 것인지에 대한 역할 근거를 확인하는 데서부터 시작된다. 마르틴

---

60) 인류가 삶의 완성 목적을 성인에 두고 성인이 되고자 하는 정진을 경주할 때 인간성이 고무되고 聖化됨.

루터(1483~1546)는 당시 가톨릭의 부패상에 대해 종교 개혁이란 바람을 일으킨 위인답게(개신교=프로테스탄트) "교육의 큰 사명으로 가장 중요하고 적절하다고 생각할 수 있는 것은 어떻게 하나님이 주신 천부의 재능과 기능을 잘 이용하도록 계발시킬 수 있는가에 두었다."[61] 인간이 가진 재능은 하나님이 준 것이란 믿음을 제외하고는 지극히 일반적이라, 그것이 교육의 위대한 역할이라고까지 말할 수는 없다. 듀이(1859~1952)는 "영원한 사회적 생명에 유한한 생물적 생명을 순응, 조정시키는 것을 교육의 사명이라고 보고, 경험을 계속해서 개조해 나가는 과정"[62]이 교육이 해야 할 역할이라고 하였다. 경험을 계속 개조해 나가면 어떤 인간으로 육성되는가? 생명을 순응, 조정시키면 어떤 결과를 얻는가? 짚어 보면 지극히 모호한 개념이다. 확실한 가치를 창출하는 데 모종의 역할이 있다. "교육적으로 중요한 일은 상대적으로 무지한 상태에서 그렇지 않은 상태로 이행(transition)"[63]하는 것일진대, 인류는 그동안 무엇에 대해 무지하였고, 무엇을 有知[교육]하게 할 것인가 하는 것이 문제였다. 교육의 역할이 그곳에 숨어 있기는 한데, 문제는 그것이 정말 무엇인가 하는 것이다. 교육은 궁극적으로 인간의 위대한 업적을 다루는 것이기는 하지만, 인류가 쌓아 온 훌륭한 업적을 가르치고 후세에 전수, 계승시키는 것 역시 위대한 역할은 아니다. 인류의 공영적인 목적과 부합해야 한다. 해답을 찾기 위해서는 교육이 왜 인간에게 필수적인 역할인지를 알아야 한다.

인간은 어떻게 태어나고 존재하게 되었건 다른 종과 구분된 특성

---

61) 『루터의 사상』, 지원용 저, 컨콜디아사, 1964, p.251.
62) 『인간 교육 이론』, 김수동 저, 책사랑, 2000, p.25.
63) 『듀이와 인문학 교육』, 폴 페어필드 저, 김찬미 역, 씨아이알, 2019, p. v.

이 있는 것인지를 불문하고 배움과 교육이 없으면 아무것도 될 수 없고, 이룰 수 없다. 산천은 절로 푸르고 유구한 것 같지만, 거기에는 필수 요소들이 작용하고 있다. 달에도 지구처럼 식물이 자라고 생물이 생존할 수 있는 것은 아니다. 텃밭에 씨를 뿌리고 모종을 심었다면 그것으로 끝이 아니다. 물을 주고, 거름을 주고, 김을 매고, 절기가 일러 냉해를 입지 않도록 대책도 세워야 한다. 즉, 지속해서 관심을 가지고 보살펴야 한다. 방치하면 연약한 뿌리가 자리를 잡지 못해 시든다. 심었다고 해서 시간만 지나면 절로 커서 열매를 맺는 것이 아니다. 인간도 마찬가지이다. 교육의 필연적 역할이 있다. 교육이 없으면 인간이 인간답게 성장할 수 없다. 『중용』에서는 "하늘이 命한 것을 性이라 이르고, 性을 따름을 道"라고 하였다. 하지만 性과 道의 본질을 명쾌하게 규정하면 무엇 하나? 천부 본성과 정해진 길을 따라 天意와 道를 이룰 수 없다면 아무 소용이 없다. 인생은 지극히 과정적이다. 부여된 性과 道를 이루고 완성하는 것이 교육의 역할이다. 하나님이 인세에 부여한 창조 목적과 뜻이 그러하다. 그것이 무엇이든 완성시키는 것은 하나님이 아니다. 敎를 통해 性과 道를 이룰 뿐이다. 교육으로 하나님의 창조 뜻과 부여된 性과 놓인 길을 완성한다. "하늘로부터 性을 부여받은 인간은 敎를 통해 道를 실현함으로써 사람다운 사람이 되고, 사회를 이롭게 하며, 우주의 보편 법칙에 가까워진다."64) 우주의 법칙을 세운 하나님의 창조 뜻을 간파해서 반영할 수 있어야 비로소 교육의 위대한 역할을 초점 잡을 수 있다. 인간을 향한, 그리고 창조한 하늘의 뜻을 삶과 행위 속에서 이루는 것이65) **"교육의 위대한 사명**

---

64) 「화엄경의 교육 사상 연구」, 최효순 저, 고려대학교 대학원 교육학, 박사, 2017, p.84.

역할"이다.

교육이 선지한 대로 인류의 보편적 구원 목적에 이바지하는 것은 하나님이 천지를 지은 창조 뜻에 부합하는 제일 과제이다. 교육이 어떻게 하나님이 노심초사한 인류의 구원 역할에 동조된다는 것인가? 왜 하나님은 창조 이래 인류를 구원하는 역사를 제일 과제로 삼았는가? 그것은 하나님이 인류를 얼마나 사랑하였는가 하는 뜻을 간파함으로써 이해할 수 있다. 하나님의 창조 역사는 100퍼센트 사랑 자체이다. 신구약 전체 내용은 고통받는 인간을 구원하고 잘못된 인간을 일깨우고자 한 것이 전부이다. 사랑을 확인시키기 위해, 아니 죄악에 찌든 인류를 구원하기 위해 하나님이 독생자 예수 그리스도를 이 땅에 보냈다. 왜? 사랑하기 때문에 인류를 구원하는 데 최고의 역사 가치를 두었다. 흔히 예수 그리스도는 십자가 죽음으로 인류의 죄악을 대속하였다고 하지만, 더 선행한 뜻은 그런 희생을 통해 하나님의 인류에 대한 사랑과 구원 의지를 확인시킨 것이다.66) 인간은 존엄한 것이며, 존엄함을 지킬 수 있도록 하는 데 **"교육의 위대한 사명 역할"**이 있다. 하나님의 뜻을 이해할수록 교육의 인류 구원 사명은 막중해진다. 신명을 바치는 데 최고의 가치 구현이 있다. 하나님이 사랑한 인류이고 목적을 둔 자식인 탓에 인간은 교육받을 정당한 이유가 있고, 교육은 그 당위성을 일깨워 인류가 최고로 존엄할 수 있도록 해야 한다.

이에 "페스탈로치는 19세기에 와서 망각되고 무시된 인간의 존

---

65) 『한국 교육 철학의 새 지평』, 이은선 저, 내일을 여는 책, 2000, p.7.

66) 하나님이 독생자를 이 땅에 보내고 희생을 감내한 것은 인류를 구원하기 위해서이고, 인류 위에 최고의 창조 목적을 둔 탓이다. 그래서 오늘날 황폐한 인간성을 회복하는 것은 교육의 지대한 역할임.

엄성을 재발견하고, 존엄성에 근거하여 교육 사상을 펼치고 실천하였다는 데서 교육자로서의 업적이 평가된다."67) "신하가 임금을 죽이기도 하고 자식이 그 아비를 죽이기도 하는 혼란과 무도(無道)한 시대에 태어난 공자는 그렇게 무도한 사회를 有道한 사회로 바꾸고자 각처를 다니며 교육에 전념하였다."68) 이런 노력 탓에 공자는 성인으로서 위대성이 인정되었다. 극악한 사회를 교육을 통해 구제하고자 했다는 데 교육이 지닌 위대한 역할이 있다. 오늘이라고 그런 역할의 중요성이 달라진 것은 없다. 철학자인 요나스는 "오늘날 인류가 과학 기술의 과도한 적용으로 인해 직면한 종말적 상황에서 그래도 희망을 버릴 수 없는 마지막 근거로서 인간의 교육을 들었다."69) "산업 사회의 급속한 변화에 따른 인간성 상실과 타락과 미래에 대한 불확실성이 예고된 현실 앞에서"70) 교육은 인류를 선도하는 비상한 진리력을 발휘해야 한다. 교육 목적과 역할의 기본을 망각한 현실은 참담하지만, 교육적 이상과 참 구원 원리는 그대로 존재한다. 그 현실적 목적을 깨닫지 못하고 잘못 적용한 만큼, 이제부터라도 다시 시작하면 된다. 교육은 현대의 총체적인 종말 상황과 도덕성 타락을 더는 좌시할 수 없다. 교육이 감당해야 할 본래 사명이다. 이런 확고한 사명 역할을 자각한다면 한 세대 안에 일체를 개선할 수 있다. 그 사명 역할을 하나하나 정립해 나가기 위해 교육의 보편적인 인류 구원 역할을 일깨워야 한다.

---

67) 『교육사 신강』, 송승석 저, 교육 과학사, 1994, p.255.
68) 『동양 교육 고전의 이해』, 김효선 외 2인 공저, 이화여자대학교 출판부, 1988, p.13.
69) 한스 요나스의 대담·『살림』, 「더 가까워진 종말」, 44호, 한국신학연구소, 1992, p.33.-『한국 교육 철학의 새 지평』, 앞의 책, p.46.
70) 『교육의 역사 및 철학적 기초』, 앞의 책, p.11.

흔히 구원 문제는 특정한 종교에서만 다루고 종교를 통해서만 가능한 것으로 알지만, 교육은 사실상 인생적 측면에서 하나님이 뜻한 인류 구원 역사에 참여하였다. 알다시피 루터는 교육을 통해 하나님의 구원 역사를 뒷받침하려고 하였다. 오늘날 제도화된 "국민교육의 발단과 의무 교육 확립"이 그의 사상과 종교적 구원 목적에서 비롯되었다. 루터는 당시 가톨릭의 면죄부 판매 등 부패상에 대해 반기를 들고, 그런 수단적 방법을 통해서가 아니라 인간은 믿음으로 구원에 이른다는 데 확신을 두고, 누구든지 예수 그리스도를 구주로 믿어 의롭다고 함을 입기 위해서는 자기 이성으로 하나님의 말씀을 깨달아야 한다고 보아, 이것이 누구에게든지 교육을 베풀어야 한다는 국민개학(國民皆學)의 교육적 기초를 낳게 하였다. 누구든지 읽을 수 있도록 성경을 최초로 자국어(독일어)로 번역하였다. 특권 계급에만 허용된 교육을 골고루 실시할 것을 권유한 것은, 누구나 다 교육을 받고 성서를 해득해 구원을 얻도록 하는 데 목적이 있었다.[71] 이처럼 교육은 알게 모르게 인류를 정신적, 영혼적으로 자각시켜(무지 극복) 하나님에게로 나아갈 수 있도록 하려고 섭리적으로 지적인 능력을 고양한 것이다. 종교인은 믿음과 신앙을 통해 인간 영혼을 구원하고자 하였다면, 교육은 인간의 본성 형성과 자아 정립기에 올바른 가치관 형성에 지침을 둠으로써 방황하는 영혼을 인생적으로 구제하는 역할을 수행한 것이므로, 이런 측면에서 교육은 분명 하나님의 인류 구원이란 원대한 목적에 동조하였다. "참되게 되어라, 바르게 되어라"고 함에, 그런 가르침은 인간이 올바른 가치 판단으로 그릇된 길로 가지 않도록 한 것이고, 그렇게

---

71) 『기독교 교육』, 심피득 저, 대한기독교 출판사, 1979, p.26.

해서 죄악을 저지르지 않도록 한 것은, 이것이 바로 교육자가 가르침을 통해 수행한 **"위대한 인생 구원 역할"**이다. 그렇게 해서 뭇 인간이 인생에서 참 열매를 맺고, 풍성한 결실을 거두며, 보람된 영광을 성취하였다.

루터는 믿음으로 구원을 얻는다고 하였지만, 교육은 올바른 가치관 지침으로 방황하는 인생을 인도하므로, 이것이 **"교육의 위대한 역할적 사명"**이다. "교육의 최종적인 과제는 지적 수수(授受) 관계가 아니다. 삶의 방향을 결정하고 세계관적 신념을 획득해서 도덕적 양심을 각성시키는 데 있다. 다시 말해 교육의 숭고한 사명은 인격적 차원에 있다."[72] 그런 본성을 선도하기 위해서 율곡은 인생의 근원적인 가치관을 설정하는 데 있어 입지(立志)보다 앞서는 것이 없다고 하였다.[73] 왜 그러한가? "진실로 仁에 뜻[志]을 두면 惡한 것이 없어진다"[74]라고 하였듯, 인생을 추진시키는 원동력인 마음속에 성인이 되고자 하는 의지와 善함의 씨앗을 심어야 하고, 그런 본성 환경과 품성 바탕이 만악(萬惡)으로부터 인생과 영혼을 구제하는 든든한 방제 역할을 한다. 이에 교육은 바탕이 된 본성을 사전에 마련하는 것이 긴요하니 그런 가치, 의지, 뜻을 씨앗으로 심는 것이 교육의 위대한 인생 구제 원리이다. 아예 죄악이 전 삶에 걸쳐 침투하거나 침식당하지 않도록 가치관의 방어벽을 철저하게 쌓아 두는 것, 그런 구원의 씨앗을 책임 있는 교육이 심어주고 기르고 인도하지 않고 무엇이 대신할 것인가?

교육은 갈 길 모르고 방황하는 인류에게 인생의 삶을 향도할 가

---

72) 『체계교육사』, 이원호 저, 제일문화사, 1978, p.193.

73) 『율곡전서』, 권 20, 성학집요(二), 입지 장.

74) 위의 책.

치관의 씨앗을 사전에 심어야 하고, 반드시 알아야 할 것에 대해 알지 못하는 무지로 인해 잘못된 생각과 판단과 삶을 사는 영혼을 밝은 진리 세계로 인도해야 한다. 이것이 교육의 절대적인 사명 역할이다. 선천 인류는 과연 무엇에 대해 무지하였고, 아직도 보지 못하고 있는 것이 무엇인가? 플라톤은『국가론』중 동굴의 비유에서 이런 처지를 잘 표현하였다. 평생 그림자만 보고 있는 죄수를 해방(구원)하여 찬란한 태양을 볼 수 있도록 하는 데 **"교육의 위대한 사명 역할"**이 있다. 동굴에 갇혀(인식의 한계) 벽에 비친 그림자만 보고 있는 인류는 지금도 자신들이 보고 있는 사물이 참 본질이 아닌 허상이며, 피조체로서 그림자에 불과하다는 사실을 알지 못하고 있다.75) 무지한 인류를 유지한 인류로 개명시켜야 하므로, 이 연구가 세계의 핵심 본질과 하나님의 본의를 밝힌 입장에서 하나하나 논거를 제시하리라. 때가 다다라 인류 역사가 종말을 맞이하였고, 영혼의 피폐 현상이 극에 달한 지금은 다른 방법이 없다. 그렇게 구원 역할을 담당한 종교는 인류를 보편적으로 구원하는 데 실패했다. 그런데도 하나님의 인류 사랑과 구원 의지는 변한 것이 없다. 반드시 성취해야 할 역사이다. 인간의 일차적 창조는 하나님이 하였고, 이차적 창조는 부모가 하였다면, 그렇게 해서 존재한 인류를 인간답게 창조하는 데 교육의 최종적인 역할이 있다. 교육은 하나님이 뜻한 천지창조 목적과 인류 구원 역사를 종합적으로 수행하고 완수해야 한다.

---

75)『학문과 교육(중1)』, 장상호 저, 서울대학교 출판부, 2006, p.348.

제2장 교육의 이해

1. 교육 개념

'교육'이라고 하면 통상 학교에서 학생들이 교실에서 선생님으로
부터 수학, 영어, 과학 등 교과목을 배우는 활동을 떠올린다.[1] 여기
서는 배우는 학생보다 가르치는 선생님 입장에서 "뭔가를 아는 교
육자가 아무것도 모르는 학습자에게 아는 지식을 전달"[2]하는 의도
적 활동 의미를 깔고 있다. 교육의 우리말인 '가르치다'도 "선세대
가 후세대에 살아가는 데 도움이 되는 그 무엇(지식, 지혜, 기술
등)을 전해 준다"[3]라는 뜻을 가졌다. 이것은 순전히 가르치는 선생
님과 지식적인 측면이므로 배우는 태도에 초점을 둔다면, 교육은
미성숙된 학생이 가진 "잠재적 능력이 잘 발현될 수 있도록 도와주
는 일"[4]이라고 할 수 있다. 다시 말해 "잠재되었다고 보는 개개 학
생의 능력을 최대한 발휘하도록 도와주는 것이다."[5] "교육을 통한
작용으로 비로소 인간이 형성되어 가는 것일진대, 교육은 교육자의
의도적인 조성 활동과 미성숙자의 성장하려는 내적인 힘에 힘입어

---

1) "교육=학교에서 하는 일, 가르치고 배우는 일 등으로 규정함(기술적 정의)."-『최신 교육학 개론』,
   성태제 외 12인 공저, 학지사, 2010, p.24.
2) 『실패한 교육과 거짓말』, 앞의 책, p.18.
3) 『교육의 이해』, 앞의 책, p.2.
4) 『최신 교육학 개론』, 앞의 책, p.18.
5) 『한 권으로 읽는 서양철학사 산책』, 강성률 저, 평단, 2009, p.86.

인간의 성장·발달을 도와주는 활동이다."6) 동양에서 교육이란 단어가 처음 등장하는 것은 『맹자』의 「盡心章」이다. 인생의 삼락(三樂)에 대해 말했는데, 천하의 영재를 얻어 교육하는 것을 세 번째 즐거움이라고 하였다(得天下英才教育之三樂也).

  그런데도 교육이 무엇인가에 대해 한 손에 잡히는 알맹이가 없는 것은 교육에 대한 몇 가지 정의를 살피는 것으로 해소될 수 있는 일이 아니란 뜻이다. 정의한 개념과 무관하게 상식적으로 교육을 말한다면 사과, 배, 감 등 구체적인 사물을 지칭한 개념과는 다르다는 것을 알 수 있다. 이들은 쉽게 접할 수 있는 과일이고, 맛까지 경험한 상태이므로 개념과 직결되어 있다. 하지만 교육은 즉각 포착하기 어렵다. 궁리해야 한다. 경험한 영역부터 살펴야 한다. 그렇게 해도 옳은 판단인지는 확신할 수 없다. 접근 가능한 객관적인 방법은 교육에 대한 사전적 정의부터 살피는 것이다. 사과도 아니고 배도 아닌 것이 '교육'이라고 한 데는 그만한 이유가 있고, 유래한 전통적 배경도 깔려 있다. 교육은 한자어로 가르칠 '敎'와 기를 '育'의 합성어이다. 먼저 "敎의 자의를 풀어보면, 기성세대가 후세대들에게 무엇인가를 전하여 주는 것과 관련이 있다. 삶의 길을 먼저 깨달은 앞선 세대가 그렇지 못한 후세대에게 전달하여 주는 것을 뜻한다. 이것이 점차 조직된 학문의 형태로 전해졌다. 그리고 育의 위의 자는 아들 子를 거꾸로 놓은 것으로, 상식에 어긋난다는 뜻이다. 그렇게 되면 가족과 사회에 큰 누를 끼치게 되므로 아이가 善과 惡을 선별할 수 있도록 도덕적인 역량을 키워준다는 의미이다. 다시 정리하면, 기성세대가 후세대에 가치 있는 옳은 삶의 길을

---

6) 『인간 교육 이론』, 앞의 책, p.25.

가르치는 것이다."[7) 영어에서 교육을 뜻하는 Education도 라틴어 어원을 추적하면 Educare가 E와 ducare의 합성어로서 E는 '밖으로 (out)'를, ducare는 '이끈다(lead up)'는 의미가 있어 인간에게 주어진 천부적인 가능성을 개발시켜 끌어낸다는 뜻이다.[8) 이런 뜻풀이를 종합하면, "교육은 성숙한 부모나 교사가 미성숙한 자녀나 학생에게 착하게 살도록 모종의 가치 있는 것을 솔선수범하여 가르치고, 자녀나 학생은 그것을 본받고 배우는 것으로 이해할 수 있다."[9) 이런 교육 작용을 한마디로 말하면 **"인간 육성의 과정"**이다. 목적을 달성하는 데 방법과 교육적 요소가 더해져 개념이 복잡해지고 차이가 생겼다. 다시 말해 "교육은 사람다운 사람을 만드는 일이고 올바른 인격 형성 작용으로서"[10) "잠재능력과 적성 등을 잘 발현할 수 있도록 끌어내는 것이다."[11) 교육은 눈에 보이는 것과 보이지 않는 것, 현실과 이상의 양면을 모두 보아야 하며, 잠재된 것에는 소질, 적성, 특기, 판단력 같은 정신 능력 등 다양하다.[12) 이런 요소를 도야하고 부딪친 문제를 풀어야 인간성을 완성하고 이상에 이른다. 곧, 꿈을 이룬다. 더하여 교육은 "한 문화가 내포하고 있는 생활양식을 전달하고 개선하는 역할"[13)까지 한다.[14)

---

7) 『교육의 이해』, 앞의 책, p.1.

8) 『교육의 역사 및 철학적 기초』, 앞의 책, p.321.

9) 『최신 교육학 개론』, 앞의 책, p.15.

10) 『뜻으로 산 세월』, 유재식 저, 소정 산고집 발행위원회, 1999, p.47.

11) 『최신 교육학 개론』, 앞의 책, p.17.

12) "교육이란 각자 인간 속에 자연으로부터 놓인 본래의 善한 것을 키우고 강화하는 기술이다."-『한국 교육 철학의 새 지평』, 앞의 책, p.215.

13) 『문화의 위기와 교육』, D. 브라멜드 저, 황종건 저, 배영사, 1982, p.58.

14) "교육학은 문화 정치"-『교사는 지성인이다』, 헨리 지루 저, 이경숙 역, 아침이슬, 2003, p.205.

교육 개념의 사전적 정의는 객관적이면서도 공통적인 분모가 있지만, 교육에 헌신한 교육자와 교육학이란 학문에 헌신한 학자의 교육관은 처한 세계관적 관점과 경험적 배경, 그리고 가치관 등에 따라 특성이 있었다. 언급한바 정범모는 교육에서 '인간을 기른다'라고 할 때의 인간은 '인간 행동'을 말한다고 보고, 교육에 관한 정의도 "교육은 인간 행동의 계획적 변화"[15]라고 하였다. 그는 그렇게 정의한 이유도 논거를 두었는데, 아무리 교육적 계획(조작)과 프로그램을 잘 갖췄더라도 그것이 인간 행동을 100% 변화시킬 만큼 영향력을 미칠 수 있는가? 그렇지 못한 것이라면 요소가 무엇인지를 살펴보아야 한다. 알지 못하면 교육이 잘못될 수 있다. 면모를 살필진대 크게 동양과 서양의 교육 사상을 비교할 수 있다.

칸트는 "사람은 교육으로 비로소 인간이 된다"라고 인식한 서양의 철학자이다. 그는 "교육이란 인간이 지닌 새싹으로서의 제 성능을 발전시키고 인류 종족으로서 도달하여 얻을 수 있는 완전한 선(Humanity)을 실현하는 궁극적 이상이라고 하였다."[16] 교육으로 이루어야 할 원대한 목적을 제시하였다. 이상적 교사상인 페스탈로치는 인간이 가진 교육 가능한 요소를 구체화했다. 그는 일단 교육작용을 인간의 조화로운 발전의 조성 작용, 즉 인간성 안에 내재하고 있는 여러 소질을 발전시키는 일로 보고,[17] 지성적인 힘, 정서적인 힘, 신체적인 힘(智育·德育·體育)을 가리킨 삼육론(三育論)을 제창해 실천하였다. 잠재된 능력을 고루 발전시켜 원만한 인격

---

15) 『최신 교육학 개론』, 앞의 책, p.27.

16) 『체계교육사』, 앞의 책, p.254.

17) "인간주의 교육 목표는 인간의 내부에 잠재된 위대한 인간성을 개발하는 데 둠."-「퇴계의 교학관 연구」, 앞의 논문, p.1.

을 형성하는 것이 교육이라고 생각하였다.[18]

> "사고하기 위하여 머리를 도야(陶冶)합시다. 이웃에 善을 베풀 수 있도
> 록 가슴을 도야합시다. 몸·손·발을 닦음으로써 기술을 익힙시다."[19]

　모두 부족함이 없는 개념적 정의인 것 같지만, 살펴보면 한결같
이 심오한 인간의 본성을 전제하지 못한 문제가 있다. 이런 부분을
동양의 전통적인 교육관이 보완하고 있다고 볼 수 있다. 유교 경전
인『중용』수장에서는, 하늘이 우리에게 命한 것을 性이라 하고, 그
런 본성을 따르는 것이 인간이 마땅히 지켜야 할 길[道]이며, 그런
길을 잘 닦아 나가는 것(마름)을 교육이라고 하였다. 하늘이 命한
것이 性인 탓에 인간은 정해진 길을 마땅히 가야 하고, 길을 갈고
닦아 마름해야 하는 것이 교육의 본질적 역할이다. 본성의 결정성
을 전제하였다. 맹자는 "교육이란 命해진 인륜을 밝히는 근본이라
고 하였고",[20] 성리학의 대성자인 주자는 "사람은 누구나 태어나면
서부터 理, 즉 구체적으로 인·의·예·지(仁·義·禮·智)란 도덕
적 본성을 부여받은 상태라, 命한 본성을 바르게 구현하는 것이 인
간이 살아가야 할 길"[21]이라고 하였다. 이를 위해 동양적 전통은
스승의 가르침과 인격적 수양을 병행하였다. 본성 규정의 근원[天]
을 밝혔다는 점에서 서양은 근본이 뜨여 있는 정의 관점이라고 할

18) 『교육 철학』, 김정환 저, 앞의 책, p.12, 65.
19) "18세기 말부터 나타나기 시작한 '사회의 진보'라는 개념과 맥락을 같이한 것으로, 19세기 교
　육 사상가들이 심리학 연구를 통해 얻은 교육의 근본 개념이 곧 '교육은 개인의 발달 과정'이
　라는 것임."- 『서양 교육 사상사』, 앞의 책, p.301.
20) 『정약용의 교육개혁 사상』, 임재윤 저, 전남대학교 출판부, 2002, p.114.
21) 『강좌 한국철학』, 한국철학사상연구회 저, 예문서원, 1997, p.34.

수 있고, 동양은 그렇게 규정한 天의 모습이 확실한 상태가 아니라 아직은 그렇게 주장한 데 불과했다.

　다양한 관점과 입장과 전통과 경험을 통해 내린 교육에 대한 정의 중에서 틀린 것은 하나도 없다. 그렇다고 어느 한 정의만 중요하다고 내세울 수도 없다. 다양하게 도출된 교육적 요소를 포괄하는 것이 이 연구의 과제이다. 칸트는 밝힌바 교육은 인간에게 잠재된 소질을 계발하여 인격 완성과 인류 완성을 기하는 것이라고 하였지만, 소질을 완전히 계발하는 것이 인격을 완성하는 것인지, 어떻게 추구해야 인류가 완성의 목적지에 도달할 수 있는지에 대한 포괄적 목적 제시는 없었다.

　교육은 인간에게 무엇을 알게 하는 것이 주된 과제는 아니다. 인간의 생각, 사고, 가치, 인간성 정립 과제까지 포함한다. 소질뿐만 아니고 정신적인 능력을 계발하는 것, 나아가서는 "삶 속에서 삶을 학습하도록 하는 행위이기도 하다."[22] 교육은 인간적인 동시에 사회 문화적인 현상이기도 하다. 이들 요소를 두루 마름할 수 있는 교육의 정의 개념을 과연 도출할 수 있는가? 이전의 정의가 불명확했던 것은 인간이 어디서 왔고 어디로 갈 것인가 하는 본원처를 확실하게 알지 못해서이다. 칸트는 인간은 교육을 통해 완성된다고 했지만, 누구도 교육을 통해 인간을 완성할 수 있는 길은 보지 못하였다. 볼 수 있기 위해서는? 하나님이 인간을 있게 한 창조 목적과 역사 목적과 구원 목적에 근거해야 한다. 인간이 교육을 통해 완성된다고 했을 때 그 완성도 높은 극치는 하나님이 유구한 세월에 걸쳐 역사한바 인류를 한 사람도 빠짐없이 하나님의 품 안으로

---

22) 「불교의 교육 사상 연구」, 최웅호 저, 동국대학교 교육대학원 철학교육, 석사, 1988, p.3.

돌아갈 수 있도록 하는 데 맡은 역할을 다하는 것이다. 이것이 포
괄적인 교육 개념 정의에 응하는 이 연구의 저술 목표가 되리라.

2. 교육 의미

교육은 왜 필요한가? 교육은 사회에 대하여 어떤 의의가 있는
가?[23] 교육은 모두에게 지극히 중요한 관심사인 것만은 틀림없다.
하지만 너나없이 인간은 교육되어야 한다고 하면서도 왜?라고 질문
을 던지면 대답하기를 머뭇거린다. 교육에 대한 필요성과 의미를
제대로 인식하지 못한 탓이다. 정확히 알고 바르게 이해해야 교육
의 참뜻을 깨닫는다. 교육에 관한 일반적 의미로서는 '사람을 가르
치는 일'이다. 무엇을 어떻게 가르칠 것인가를 부수적으로 설명해
야 하겠지만, '가르치고 기른다'를 우리의 어원에 비추어 본다면 교
육은 항상 새롭게 발전해야 하고,[24] 그러기 위해서는 의미를 새롭
게 일구어야 한다.[25] 여기에 '배우는 일'을 더하여 가르침을 통해
배움의 반성적 사고를 형성한다.[26] 새롭게 일구되 더 중요한 것은
의미를 바르게 일구는 것이다. 허친스는 『미국의 고등교육(초판,
1936)』에서 말하길, "교육은 가르침이요, 가르침은 지식이요, 지식
은 진리이다. 진리는 모든 곳에서 동일하다. 그러기에 교육은 모든
곳에서 동일하다"[27]라고 하였다. 의미를 추적하다가 길을 잘못 들

---

23) 『교원의 지도성과 자세』, 조근도 저, 춘추각, 1974, p.31.

24) 『최신 교육학 개론』, 앞의 책, p.머리말.

25) "우리말에서 교육을 뜻하는 가장 대표적인 말은 '가르침'임."-위의 책, p.20.

26) 『남명 조식의 교육 사상』, 한상규 저, 세종출판사, 1990, p.8.

27) 『교육 철학』, 김정환 저, 앞의 책, p.177.

어서고 정상 궤도를 이탈했다. 가르침을 지식이 한정하고, 지식은 진리이며, 진리는 모든 곳에서 동일하다란 전제 조건을 앞세워 교육의 영역까지 동일성이란 틀로 묶어버렸다. 지성의 계발이 덕성의 계발로 이어진다고 했지만, 사실상 두 요소 간의 교육적 접근과 계발 방법은 상이하다. 의미를 잘못 일군 탓이다. 바른 의미를 구하기 위해서는 먼저 교육의 필요성과 가치성부터 인식해야 한다.

칸트는 "인간은 교육받아야 하는 유일한 피조물"[28]이라고 하여 인간을 철저히 교육받아야 할 존재로 보았다. 에라스뮈스는 "인간은 인간으로 태어나는 것이 아니고 인간으로 교육(형성)되는 것"[29]이라고 하여, 인간은 교육이 필요함을 역설하였다. 교육 없이 이성은 이성으로서 기능할 수 없다. 유교도 "인간 사회의 모든 질서는 인간의 교육으로 이루어질 수밖에 없다고 본 교육 제일주의 이념을 표방하였다."[30] 교육의 문화 전달력을 고려한 만해 한용운은 "교육의 성쇠에 따라 문명도 따라서 성쇠한다"[31]라고 하였고, 영국의 철학자 러셀은 "인류의 미래를 종교가 아닌 교육에다 걸었다."[32] 왜? 필요성의 이유는 교육을 받음과 받지 못한 결과로 발생하는 근본적인 차이 탓이다. 구슬이 서 말이라도 꿰어야 가치가 생기고, 갈고 닦아야 빛을 낸다. "인간은 한결같이 무한한 가능성과 풍부한 잠재력을 지녔다고 보는데, 이런 잠재력을 계발하는 자는 유능한 인물이 되고, 그렇지 못한 자는 무능한 인간으로 전락한다."[33] 동양의

---

28) 「칸트 도덕 교육론의 현대적 의의」, 김연수 저, 인천교육대학교 교육대학원 초등교육, 석사, 2003, p.15.
29) 『인본주의 교육 사상』, 김창환 저, 학지사, 2007, p.199.
30) 「주자의 교육 사상에 관한 고찰」, 최도형 저, 공주대학교 교육대학원 중국어 교육, 석사, 2014, p.1.
31) 「불교 수행의 교육학적 의미에 관한 연구」, 황미향 저, 중국대학교 교육대학원, 석사, 1995, p.10.
32) 『교육 철학』, 김정환 저, 앞의 책, p.116.

순자는 "인간과 금수의 분별은 바로 교육으로부터 시작된다고 하였고, 교육으로 인간의 귀하고 천함, 지혜롭고 우둔함, 부유하고 빈곤함이 분별될 수 있다고 하였다."34) "오랑캐의 자식도 막 낳았을 때는 같은 소리를 내는데, 자랄수록 풍습이 달라지는 것은 가르침(교육)이 그렇게 만든 것이다."35) 맹자도 이런 측면에서는 맥락이 같아 "사람이 교육을 받지 않으면 실제로 금수에 가깝다"36)라고 보고, 오륜(五倫)을 앞세워 기본적인 인간관계에 있어 사람이 지켜야 할 도리를 밝혔다.

> "사람이 배부르게 먹고 따뜻하게 입고 편안하게 살면서 가르침이 없으면 금수에 가깝게 되는 것이므로, 성인이 이것을 염려하여 설을 사도로 삼아서 인륜을 가르치게 하였다."37)

페스탈로치는 『은자의 황혼』을 통해 "실로 인간이 태어날 때는 다 똑같은 인간성을 가지고 태어났는데, 교육을 받지 않은 자는 그 자신의 인간성이 계발되지 않아 초가에서 살고, 교육을 받아 인간성을 계발한 사람은 와가에서 인간답게 살 수 있다"38)라고 하였다. 심지어 인간의 행·불행도 교육에 의한 인간성 계발 여하에 달렸다고 여겼다. 만약 태어난 쌍둥이 형제가 운명적으로 헤어져 한 아이는 정상적인 교육을 받으면서 성장하였고 다른 아이는 그렇지 못했

---

33) 『젊은이여 희망의 등불을 켜라』, 안병욱 저, 자유문학사, 1996, p.25.
34) 『순자』, 「권학」-「순자의 교육 사상 연구」, 정민지 저, 울산대학교 교육대학원 중국어교육, 석사, 2008, p.57.
35) 『동양 교육 고전의 이해』, 앞의 책, p.74.
36) 『유가 철학의 이해』, 이강대 엮음, 이문출판사, 1999, p.259.
37) 『맹자』, 등문공 상-『전통 교육의 현대적 이해』, 앞의 책, p.15.
38) 『교육사 신강』, 앞의 책, p.253.

다면? 혹은 그렇게 해서 서로가 다르게 교육받았다면? 장성했을 때, 그리고 인생의 결과 측면에서 가진 가치관, 자아 성취 수준, 인생 업적, 행복 지수 등은 어떤 차이가 날까? 상상해 보더라도 실감할 수 있는 결과이다. 동서의 지성들이 교육의 필요성을 절감한 것처럼 현대 사회에서도 미래의 삶에 영향을 끼치는 요인 중에는 '교육적 환경'이 중요하다. 이런 조건에 기반하여 우리는 "교육의 본질적인 의미를 개별적인 필요성과 분야가 아니라 전체를 아우르는 태도에서 깨달음으로써",39) 내외적으로 인생과 정신과 가치를 성취할 수 있도록 해야 한다. 교육의 의미 자각을 삶의 의미 자각으로 연결해야 한다. 삶의 의미를 알고 더 나아가서는 인생 구원의 의미를 깨닫게 하는 것이 교육이다. 그리해야 자아를 성취하고, 인격과 인간성의 완성으로까지 이어진다. 교육의 의미를 바르게 세운 결과이다.

그중 삶의 의미를 고취하기 위해서는 삶의 실존성과 존재하는 자가 피할 수 없는 생존적 현실도 진지하게 숙고해야 한다. 러셀은 그의 『교육론』에서 "본능·이성·정신의 조화를 성취하기 위해 교육을 통해 추구해야 할 특질로서 생명력(vitality)·용기(courage)·감수성(sensitiveness) 등을 선정하였다."40) 교육이 인간의 생명력에 기반을 두어야 하는 것은 당연한 조건이다. "교육은 삶으로 함께해야 하며, 현실적으로 절실한 것이다. 삶을 더욱 가치 있게 경험하도록 이끄는 것이 교육의 활동이다."41) 결국은 교육으로 인생 삶을

---

39) 「원효의 교육 사상」, 양예승 저, 조선대학교 교육대학원 역사교육, 석사, 1983, p.1.

40) 『현대 교육 고전의 이해』, 안인희 편, 이화여자대학교 출판부, 1985, p.223.

41) 「화이트헤드의 교육 철학에 관한 연구」, 김성호 저, 한성대학교 교육대학원 기독교 교육, 석사, 2009, p.8, 66.

구원하는 데로까지 연결한다. 그래서 "유네스코 세계 교육위원회 (1997: 24~25)에서는 21세기의 교육 원리로서 4개의 기둥, 즉 알기 위한 교육, 행동하기 위한 교육, 존재하기 위한 교육, 함께 살기 위한 교육을 말했다."42) 인간의 근본적인 출발점인 첫 탄생으로 돌아가 갓 태어난 어린 생명을 두고 부모와 가족은 어떤 마음으로 대할까? 잘 키우고 잘 가르쳐 훌륭한 사람이 되도록 각오를 다지지 않을까? 여기서 잘 키운다는 것은 건강하게 양육한다는 것이고, 잘 가르친다는 것은 곧 교육이다. 이런 영역 안에서 태어난 아이가 사회의 한 일원으로서 성장하여 삶을 원만하게 영위할 수 있게 하는 데 교육이 있다. 험난한 삶을 헤쳐 나가고 어려운 환경을 극복할 수 있는 생존 문제와 삶의 질을 향상하는 데 교육이 가진 원초적 의미가 있다. 잘 먹고 잘 살 수 있도록 하고, 품은 꿈을 이룰 수 있도록 부모는 태어난 자식의 초롱초롱한 눈망울을 보면서 기원하고 있다. 교육은 "인간이 생존하는 힘을 길러주는 과정이다."43) 한스 요나스는 최근의 한 대담에서 "인류가 그래도 희망을 버려서는 안 되는 마지막 근거로서 인간의 교육을 들었다."44) 어떤 이상적인 요인보다도 앞서서 "교육은 살아가는 데 필수 불가결한 것을 습득하는 과정이다. 물질적으로 풍요로운 삶을 살 수 있도록 하고, 사회적으로 지위를 획득하며, 경제를 발전시키는 활동 등이다."45) 페스탈로치는 그의 헌신적인 교육 생애 가운데서 "비참의 늪에서는 누구도 인간이 될 수 없다"46)라는 사실을 절감한 시절이 있었다고 하

---

42) 「다문화 시대의 교육적 과제」, 최관경 저, 2007, p.263.

43) 「교육론」, 임한영 저, p.263.

44) 『한국 교육 철학의 새 지평』, 앞의 책, p.119.

45) 『교육의 본질과 교육학』, 엄태동 저, 학지사, 2006, p.249.

였다. 배워서 사회적으로 독립할 수 있는 직업 교육이기 이전에 잘 살아갈 수 있는 생존 교육은 교육의 의미를 지탱하는 주춧돌이다. 알아야 면장을 하고 밥 먹고 살아갈 수 있음에, 더해서 갖추어야 할 앎이 있는데, 이것을 모르면 교육 일체가 무의미해진다. 인간 삶에서 교육은 소중한 것이지만, 이것을 알지 못하면 교육을 통해 배운 앎과 삶의 가치가 일시에 허물어진다. 교육 의미에 절대적인 영향을 끼치는 그것은 정말 무엇인가? 바로 교육의 인생 구원 의미이다. 하나님이 교육을 통해 인류를 구원하고자 한 목적과 뜻과 의지를 자각해야 한다. 그리하면 **"교육의 위대한 사명 혼"**을 불태울 수 있게 되리라.

3. 새 교육론 수립 필요성

인간을 중심 대상으로 한 모든 학문은 곧 교육학이고, 사실상 "교육은 모든 것이다. 교육 아닌 것이 없다."[47] 그런데도 기존 교육 체제와 다르게 미래지향적인 관점에서 새 교육론 수립이 필요한 이유는 무엇인가? 모든 것이 교육이므로 교육 아닌 것이 없다는 것은 결국 교육이 없다는 말과 같다. 왜 교육이 없겠는가? 교육의 본질을 정확하게 초점 잡지 못해서이고, 교육을 둘러싼 세계관적 문제를 해결하지 못해서이다. 노자는 道란 실체가 보아도 볼 수 없고, 들어도 들을 수 없고, 잡아도 잡을 수 없는 그 무엇이라고 하였다.

---

46) 『한국 교육 철학의 새 지평』, 앞의 책, p.203.

47) 『학문과 교육(상)』, 앞의 책, p.50.

"눈으로 보아도 보이지 않으므로 이름 지어 이(夷)라 하고, 귀로 들어도 들리지 않으므로 이름 지어 희(希)라 하며, 잡으려 해도 잡을 수 없으므로 이름 지어 미(微)라 한다."[48]

교육, 교육론, 교육 사상, 교육학은 있지만, 인간과 진리와 세계 본질과 시대적인 변화를 반영하지 못한 것이라면 존재하는 의미가 道와 다를 바 없다. 때가 되어 인간의 본성과 세계의 본질이 규명되고 창조된 본의가 밝혀지면 달라진 시대에 대처할 새 교육론 수립이 필요하게 된다. 세인들은 세상이 천년만년 변함이 없기를 바라므로 새로운 변화에 대해 능동적으로 대처하기 어렵다. 그래서 **"새 교육론 수립의 필요성"**은 안주하기를 원하는 사람들의 요구가 아니고 시대의 변화를 대비한 이 연구의 선재적 자각이다. 밝힌바 교육론이 정초되기 위해서는 인간의 본성을 규정하는 것이 우선되어야 한다. 그런 지적 성과를 근거로 인간 본성과 세계의 본질과 창조 본의를 밝힌 탓에 이 연구가 **"새로운 교육론 수립의 필요성"**의 논거를 제시할 수 있다. 외면적, 사회적인 가치를 일구고, 그 위에 어떤 이상적인 세계관을 세워도 근본적인 인간관 위에 세우지 못하면 결국 모든 것이 헛되다. 종말을 자초한다. 그것이 지금 확인하고 있는 교육의 현 실태이다. 인간과 세계의 본질을 규정하고, 命(창조)한 창조 뜻을 알아 그 위에 교육론을 세워야 명실상부하게 天·地·人 합일의 이상 세계를 건설한다. 그런데도 무시한 이전의 교육론은 세계적 목적을 이루는 데 참 역할을 수행했을 리 만무하다. 하나님의 실존적인 초월 특성은 하나가 만을 이루고 만이 하나를 이룸에, 이전에 모든 것이 교육이었던 것은 하나님이 모든 것을

---

48) 『노자도덕경』, 14장.

통해 인간을 일깨우고자 한 뜻을 지녔기 때문이고, 그를 통해 모든 뜻을 규합한 새로운 교육론을 수립하고자 하는 것은 때가 당도한 구원 목적 달성 의지이다. 인류는 역사적으로 이미 시대적인 변화에 대처하면서 자의건 타의건 구질서를 타파한 세계 질서를 창조하였고, 역사를 주도적으로 이끈 세력과 인물이 있었다. 이것을 교육으로 섭리된 뜻을 근거로 접근하고자 한다.

알려진바 서양의 "고대 교육은 자연을 중심으로 인격의 조직적 발달을 도모한 인문주의이다. 반면에 중세는 神을 중심으로 神에 복종하는 일에 전력을 경주한 神 중심주의이다. 게르만 민족에 의해 철저히 부서진 로마적 사회풍토는 틀을 바꾸어 새로운 사회질서를 수립하지 않을 수 없게 되었으며, 여기서 그 역할을 담당한 것이 기독교이다. 이후로 神을 떠난 교육의 내용과 방법은 있을 수 없게 되었다."49) 새로운 신권 질서를 세운 주체 세력이 기독교란 종교였고, 교육은 여기에 복무한 수동적 처지가 되었다. 역사의 중심에 서지 못했다. 그렇게 구축된 중세적 질서 체제는 하나님의 창조 본의와 구원 뜻을 크게 곡해했다. 그리하여 천년의 세월이 흐른 후 서구 사회는 다시 새로운 변화 질서를 갈구하게 되었으며, 그것이 르네상스(Renaissance) 운동으로부터 시작되었다. 외부적인 神의 절대적 권위와 형식적 구속에서 벗어나 순수한 인간 그대로의 모습으로 돌아가려고 한 일종의 해방운동이다. 핵심은 개인주의 (individualism)이며, 지적이고 사회적인 측면에서 권위에 대항하여 개인주의를 보호한 문화운동이다. 교회 중심적인 사상에서 벗어나 인간 본연의 상태를 회복하려고 하는 사상, 다시 말해 교회 제도에

---

49) 『교육의 역사 및 철학적 기초』, 앞의 책, pp.68~69.

대한 맹목적인 복종에서 인간의 선천적인 능력을 최대한으로 발전·개발시켜 인간 본위의 문화를 이룩하고자 한 사상이다.[50] 억압된 인간성을 회복하고 유가치한 모든 능력을 개발, 발전시켜 이 땅에 참된 인간의 세계를 건설하고자 정열을 바쳤다. 하지만 노력했는데도 왜 세계는 완성되지 못하였고, 인간성은 처절하게 황폐해졌는가? 神의 권위를 절대적으로 앞세운 기독교에도 잘못이 있지만, 전격적으로 인간 중심주의를 표방한 문예 부흥 운동의 주역자들에게도 문제가 있다. 창조된 본의 命을 어기고 神을 버린 인류는 근본을 잃은 종말성의 초래를 자초했다. 인류가 맞이한 이 같은 종말적 실마리를 분명하게 지적해야 새로운 질서 대책을 세울 수 있다.

문화와 지역에 따라 달리했던 인류 역사는 영국의 산업 혁명을 시발로 농업 사회에서 산업 사회란 큰 틀 안에서의 변화를 동서양이 모두 맞이하였다. "지금으로부터 2~3천 년 전에 공자·노자·석가·소크라테스·예수 등 인류의 영원한 스승이라고 불린 인물들이 배출되었다. 사회학적인 측면에서 보면, 이들은 농업을 기반으로 하는 촌락과 국가사회에서 끝없는 분쟁에서 벗어나 윤리적 질서를 유지하며 사이좋게 살아가는 방법을 발견하였다. 孝, 忠, 사랑, 자비 등의 가르침을 통해서 집단에 헌신하는 심성을 배양하였다. 사람들이 지속적인 사회관계를 맺어야만 하는 농경사회에 적합한 교육을 창안한 것이다. 이런 가르침은 수천 년간 계속되었다. 그런데 근대기에 이르면서 가르침과 사회 사이에 균열이 발생하기 시작했다. 근대 사회를 기획한 계몽 사상가들은 봉건적 신분 질서와 윤리와 도덕을 통렬하게 비판하였다. 그러면서 인간의 개성을 존중하

---

50) 『서양 교육사』, 차석기 저, 집문당, 1981, p.77.-『서양 교육 사상사』, 앞의 책, p.173.

고, 감정을 배양하며, 욕망 충족을 위한 기술적 지식을 습득하는 교육을 산업 혁명으로 인해 달라진 도시 생활을 위한 생활 규범으로 제공하였다. 산업 사회를 건설할 수 있는 인적 자원을 키워냄으로써 새로운 시대를 만들어 가는 신교육으로서 역할을 하였다."51) 그렇다면 이제 미래의 변화된 사회에 대응할 새로운 교육론의 수립 방향은? 현대 사회가 당면한 위기부터 진단해야 한다. 그것은 단지 산업 사회에서 정보화 시대로 전환되었다고 해서 겪는 혼란상인 것만은 아니다. 새로운 교육론 수립은 혼란하게 된 원인과 역사적 유래를 진단하는 자만이 할 수 있고, 어떻게 미래 사회가 변하고 전환될 것인지를 정확하게 예측하는 자만 새 질서를 교육론으로 수립할 수 있다.

이 땅 위에 인류의 지혜와 경험을 총집결해서 현대 문명을 건설한 것은 인간이고, 총체적인 문명의 위기를 일으킨 것도 인간이다. 興의 요인도 亡의 요인도 인간이 지닌 만큼, 위기를 극복할 요인 역시 인간이 지녔다. 그런데 중요한 것은 종말 요인은 인간이 생각을 잘못해서 그릇되게 판단한 데 있는 만큼, 생각을 개선할 수 있도록 하는 데는 일깨움을 통한 교육적 수단이 주효하다. "인간만이 문화를 창조할 수 있다고 할 때, 오늘의 문명적 위기 역시 극복해서 새로운 문명 질서를 재건하는 것은 결국 교육의 힘에 의지할 수밖에 없다."52) 그래서 수립해야 할 새로운 문명 질서는 정치나 경제가 아니다. 교육이 중심을 이루고 주도하는 세계 질서이다.53) 우

---

51) 「깨달음의 교육의 탈현대적 의미」, 홍승표 저, 계명대학교 사회과학연구소, 사회과학논총, 권 19, 2호, 2000, p.1.

52) 「불교의 교육 사상 연구」, 앞의 논문, p.4.

53) 『교사의 철학』, 한기언 저, 양서원, 1994, p.393.

주 생성의 전환기를 맞이하여 만 인류를 이끌 제3의 문명 체제를 세우는 데 **"교육의 위대한 사명"**이 있다. "교육은 인류에게 필요한 정신 개조를 성취할 수 있고, 새로운 세계의 시민으로서 현재 위협 받고 있는 파괴로부터 인류를 구제하여 새로운 세계로 향하게 하는 열쇠(the key to the new world)이다."54) 선천 교육이 인류 계도와 구원 역할을 제대로 수행하지 못한 이유는 때가 미처 도래하지 않았고, 하나님의 뜻을 몰랐고, 천지를 창조한 본의를 알지 못한 탓이다. 하지만 바야흐로 밝힐 바 하나님이 창조 이래의 선천 역사를 완료하고 문명 역사를 전환시킨 '지상 강림 역사 시대'를 맞이하여 문화의 변화, 인간관의 변화, 신념의 변화에 따른 새로운 실존 양식과 계도 역사가 불가피한 만큼,55) **"새 교육론 수립의 필요성"**이 긴요하게 요청된다. 교육은 온 인류가 하나님과 함께한 세계관을 건설하는 데 있어 핵심이 된 동력을 공급해야 하리라.

---

54) 『현대 교육 고전의 이해』, 앞의 책, p.223.
55) 『실존주의와 함께 한 학교 체육 제 모습 찾기』, 김상헌·김동교 공저, 영남대학교 출판부, 2008, p.77.

제3장 저술 기반

1. 저술 내력

　무릇 교육론을 펼치기 위해서는 세계관적인 조건을 갖추어야 한다. 인간을 대상으로 한 논거인 만큼, 먼저 인간을 이해해야 하고, 인간학을 살펴야 하며, 인간의 본성에 대한 알파와 오메가를 판단할 수 있어야 한다. 그것이 교육론 전개의 근본 바탕이다. 그리해야 그 위에 바람직한 세계관 집을 지을 수 있다. 이미 펼쳐진 이전 생각을 살피는 것만으로는 곤란하다. 그런 접근도 필요하지만, 반드시 갖추어야 할 조건은 인간이란 무엇인가에 관한 물음에 대해 답할 수 있도록 인간 본성을 탐구한 진지한 내력을 갖추는 것이다. 교육론은 교육학과 달리 신념화된 치열한 "교육 철학과 타당한 논리가 있어야 하고, 때에 따라서는 경험된 근거도 뒷받침해야 한다."1) 물론 교육에 관한 생각과 사상들이 관념 속에서만 이루어진 때는 없고, 평생을 교육에 몸 바친 결과물이 많듯, 이 연구가 펼치고자 하는 교육론도 일단은 40여 년 동안 교직에 있으면서 교육에 관해 일군 생각과 학생을 직접 가르친 경험을 바탕으로 한다. 세월이 짧은 것이 아닌데, 퇴임과 함께 그동안 일군 생각과 자료를 정리하게 되었다. 이 일은 교직에 몸담은 자라고 해서 누구나 할 수 있는 일은 아니

---

1) 『교육의 사회학적 이해』, 김천기 저, 학지사, 2003, p.7.

다. 때를 맞추어 필을 들게 된 것은 사전에 기반을 다진 본인의 **"저술 내력"** 덕택이다.

본인은 자아가 움튼 청소년 시절부터 갈라질 대로 갈라진 세계에 대해 의문을 품고 이런 의문을 풀고자 내린 모종의 단안인 '길'을 출발시켰다. 세상의 제 현상에 대해 '길은 어디에 있는가'란 명제를 앞세워 진리 탐구의 길에 나섰다. 이런 신념은 교사로서 재임한 동안에도 지속하였다. 그리하여 정년을 앞둔 시점까지 44년간에 걸쳐 세계와 진리와 인생에 대해 사색한 소정의 과정을 완수하였다. 그 내력은 표지에 소개한 저술 역정이 대변하거니와, 전반기 38권을 마무리 짓고, 이 연구는 후반기 첫 권에 해당한다. 그 내력을 살피면, 이 연구가 어떻게 해서 저술될 수 있었는지 이유를 알 수 있다. 20대 후반과 30대 초반에 걸쳐 저술된 『길을 위하여』 1, 2, 3은 단문으로 구성된 진리 탐구 역정이다. 이를 기반으로 본격적인 '논'으로 체계 지은 세계론 시리즈로 나갔고, 그것이 50대 초반(2008년)까지 이어졌다(『세계통합론』, 『세계본질론』, 『세계창조론』, 『세계유신론』, 『세계섭리론』, 『세계수행론』, 『세계도덕론』). 그리고 곧이어 "세계교육론"으로 나가고자 하였지만, 그동안 엮은 인쇄본을 단행본으로 출판해 전국의 독자에게 알릴 기회가 주어져 쉴 새 없이 달려온 것이 『창조증거론 2』를 출판한 2019년 10월 31일까지이다. 세계론 주제를 총 21권으로 나누어 단행본으로 출판하였다. 이런 역정을 통하여 본인은 "세계교육론"을 펼치는 데 있어 가일층 세계관적 기반을 다졌다. 이제 와 의미를 살필진대, 긴 세월을 거친 저술 역정은 오늘날의 황폐한 영혼을 구원하기 위해 숙고한 섭리 뜻이 아닌가 생각한다. 그래서 저술 내력을 종합하고 보면, 이 연구는 지난날 추구한 길과는 성격을 달리한다. 완수 이전은 지극히 본질적, 내면적, 원리적인 주제를 다루었다면, 이후 펼칠 저술 계획은 지극히 현실적이고 실질적이다. 선천 질서를 갈무리한 전반기 저술 과정은 어느 모로 보나 후천 질서를 펼칠 기반이 되어야 하므로, 그를 통해 첫길을 열게 되었다. 추구할 주제는 다름 아닌 종말에 처한 인류를 교육으로 구원하고, 하나님이 원하는바 창조 목적을 실현하는 데 있다. "세계교육론"은 하나님이 황폐한 인간성을 회복시켜 달성하고자 한 인류 구원 프로젝트의 첫 역사 일환이다. 이를 통해 하나님은 완비된 인류 구원 과정을 마련하고 구원 의지를 확증해서 마지막 최후 심판 역사를 펼치리라. 구원 과제를 해결하는 것은 시급한 역사이다. 하나님이 교육을 통해 인류의 본성을 회복하고, 사랑 어린 인도로 지상 천국에 입도할 세계적인 조건을 조성하리라.

본인은 걸어온 생애 동안 교육계에 투신한 교사로서 주어진 직분에 진실하게 임하였고, 경험하고 판단한 바를 세상을 향하여 체계화된 교육론으로 펼치고 싶었다. 구상컨대 그것은 인류를 하나님에게로 인도할 보다 구체적이고도 현실적인 진리 세계로의 인도와 천성의 발양과 하나님과 하나가 되는 길을 찾는 것이다. 배움, 가르침, 삶의 추구 자세, 올바른 인간상과 스승상 등등 인생의 목적성, 방향성, 가치성의 지침을 마련하고자 한다. 그것은 하나님이 뜻한 바 인류를 빠짐없이 구원하고자 하는 보편적 구원 방법이다. 그래서 본인은 무엇보다도 지난날 걸은 길의 추구 내력과 역정을 살핌으로써 인류 앞에 제시할 교육 목적과 가치와 원리성을 추출하였고, 방황하는 영혼을 선도할 지혜를 구하였다. 자고로 智・德・體

를 겸비한 전인 교육은 교육의 이상적인 목표이다. 경험한 바로 智교육은 오늘날 만연된 主知主義 교육의 문제점 지적을 통해, 德교육은 현 물질문명의 전도 인식과 동양 전통에 기반을 둔 패러다임의 전환 시도를 통해, 體교육은 본인이 체육 교사로서 일군 제반 가치성 인식을 통해 교육론을 구성하리라. 본인은 퇴임하는 날까지 학생을 가르치면서 인간의 본성을 이해하고자 하였고, 교육의 본질적인 문제를 숙고하였으며, 제자와 함께한 교육적 삶을 통해 그들의 인생길에 지침이 되고자 한 가르침의 책무를 다하였다. 품은 교육적 신념을 실천하기 위해 그들 속으로 파고들어 그들이 가진 고뇌를 이해하고 문제를 공유하면서 함께 길을 걸었다. 이런 경험은 교육을 주제로 한 백 권의 책을 저술하는 것보다 더 소중하다. 이런 자세로 퇴임하는 그날까지 교육의 참 가치와 메시지를 일구었다. 이런 추구 과정에서 본인은 교육에 부여된 위대한 사명 목적을 발견하였는데, 그것은 교육적인 사명이기 이전에 퇴임 이후로 추진할 보다 확대된 저술 사명으로 이어졌다. 교직을 떠난다고 해서 스승으로서의 책무마저 끝나는 것은 아니다. 인생 후반을 지배할 사명 인식, 곧 **인류의 영혼을 향해 하나님의 창조 본의를 교설할 가르침의 혼을 불사르고, 일깨운 교육적 사명을 실천해서 만 인류를 하나님께로 인도해야 한다.** 이런 **"교육의 위대한 사명"**을 수행할 세계관적 뒷받침에 지난날 펼친 길의 저술 역정이 있다.

2. 저술 목적

예수 그리스도는 33년간 걸은 생애를 십자가 희생으로 마감함으로써 독생자로서 믿음을 완성하였다. 죄악에 찌든 인류를 구원하는 길을 터 하나님의 인류 사랑 의지를 확증하였다. 부처님은 젊은 시절 출가를 단행하고, 6년간에 걸친 고행 끝에 깨달음을 얻고 45년간 설법의 역사를 펼쳐 중생을 교화한 위대한 覺者이다. 그리고 본인은 44년간 세계를 향해 의문을 품고 하나님의 인도 의지가 함께한 소정의 과정을 걸은 **"길의 완수자"**로서 **"교육의 위대한 사명"**을 저술하고자 한 분명한 목적을 밝혀 사명 목적에 충실한 구체적 방안으로서 교육론을 펼치리라. 이 연구는 지난날 저술 과정에서 인류 역사를 판가름할 중대한 선언을 하였다. 첫 번째는 2010년의 "세계의 종말 선언", 두 번째는 2011년의 "성령의 시대 개막", 그리고 세 번째는 2014년의 "지상 강림 역사"이다. 선천 역사를 마감한 역사이고 새로운 시대를 개창한 선언이다. 그중 "지상 강림 역사" 선언은 하늘 위에서 관념과 믿음과 차원적인 거리를 둔 하나님이 때가 되어 현실의 역사 위에 발을 내딛고, 억만년 분파된 진리의 전모자로서 본체를 드러낸 역사이다. 삼위일체의 신격을 통합한 진리의 성령이요, 이전과 모습을 달리한 "보혜사 하나님"이다. 이렇게 하나님이 강림하신 역사 시대의 도래를 일컬어 이 연구는 "하나님이 이 땅에 강림하셨다"라고 하거니와, 시대를 가른 전환 역사를 입증하기 위한 일환으로서 "세계교육론"을 계획하였다. 하나님의 3대 절대 권능에는 창조 권능, 주재 권능, 심판 권능이 있다. 창조 권능과 주재 권능은 선천 역사를 통해 이룬 바이고, 남은 것은 이들 역사를 마름할 심판 권능이다. 하나님은 창조주로서 가진 모든 것을 인류 앞에 나타내 보여야 하는데, 그중 중요한 것은 하나님이 뜻한 인류 사랑과 주재 역사를 표명할 구원 역사이다. 이를 위해 하나님이 모든 진리를 밝히고, 모든 모습을 나타내며, 밝힌 본의를 모든 인류가 깨달을 수 있도록 역사하리라. 하나님이 강림하신 것은 이전처럼 특정한 인물이나 민족을 앞세운 역사가 아니다. 만 인류의 삶과 영혼 위에 강림하시어 실감할 계도 역사를 펼칠 것인데, 그 방법적 수단으로서 선지된 것이 '교육'이다. 하나님이 장차 도래할 최후 심판으로부터 인류를 구원하고자 한 뜻을 가진 이상, 여태 껏 살아 역사하신 하나님이 이 연구를 통하여 말씀하고, 그를 통해 뭇 영혼을 교화할 역사를 펼치지 못하리란 법이 없다. 하나님이 뜻함에 이루지 못할 방법적 수단은 하나도 없다. 그래서 만인은 밝힐 바 이 연구의 저술 목적 의지를 이해하는 것이 필요하다.

이 연구의 구체적인 저술 목적은 강림하신 하나님의 본체를 보다 객관적으로 실체화시키고, 인류를 진리로 가르칠 성령의 역사를 실감할 수 있게 하기 위해서이다. 이를 통해 하나님이 강림하심과 살아 역사하심을 증거로 하고, 만세 전부터 뜻을 둔 인류 구원 목적을 성취해서 하나님과 교감할 길을 트리라. 이 연구가 '만생교육론'을 펼치고자 하는 것은 인간의 본성을 선도하고 정립하여 인류가 다시는 죄악을 저지르지 않고 온전하게 구원되어 하나님과 함께할 수 있게 하기 위함이다. 어떻게 교육이 모든 역할을 수행할 수 있는가? 교육과 하나님이 연관된 이유는? 교육의 주된 역할인 가르침의 주제는 진리인데, 그 진리의 궁극에 하나님이 계신 탓이다. 우리의 인생 삶은 바로 세계의 근본을 추구하는 것이고, 교육은 근본처를 가르치는 것이며, 그렇게 만유의 근본이 된 자리에 도사리고 계신 분이 하나님이다. 모든 진리는 하나님께 속해 있으며, 하나님은 일체 진리성을 결정한 창조주이다. 세계의 근원처를 안다면 인간 본성이 아무리 죄악에 찌들었어도 능히 하나님이 역사한 교육력에 의해 회복될 수 있다. 하나님의 뜻을 알아야 하나니, 인간으로서는 아무리 수행을 쌓고 道를 깨우쳤어도 궁극의 경지에 도달하는 데 한계가 있다. 하나님이 교육을 구원 수단으로 삼은 것은 한순간 고통받는 영혼과 민족을 위해서가 아니다. 모든 인류의 생애적 삶과 인생 과정 전체를 구원하기 위한 것이 목적이다. 하나님이 강림하신 것은 특별한 기적을 행하여 순간적으로 구원하고자 한 것이 아니다. 올바른 인생 목적과 가치관에 지침을 두어 인간의 본성을 바르게 육성할 교육력을 발휘함으로써 구원하고자 함이다. 그 진리력을 하나님이 일찍이 길의 완수 역사를 통해서 완비시켰다. 교육적인 적용 원리는 아주 간단하다. 잘못된 생각과 그릇된 행동을 일삼는 인간을 진리로 일깨우는 것이 인류를 구원하는 상식적인 길이다. 그런데도 이전에 이런 노력이 통하지 않았던 것은 인류를 구원하고자 한 교육의 사명 목적을 자각하지 못하고, 교육에 뜻을 둔 하나님의 보편적 구원 의지를 깨닫지 못해서이다. 하지만 이제 밝히는 본의에 입각할진대, 이 연구를 저술하고자 하는 목적은 분명하다. 인류를 한 영혼도 빠짐없이 구원하는 것은 강림하신 하나님이 만세 전부터 세운 뜻이고, 만인 앞에서 표명한 의지 命이다. 아집과 집착과 욕망으로 찌들어 無明의 세계를 헤매는 인류를 하나님의 빛이 머무는 모든 진리 세계로 인도하리라.

3. 저술 과제

성경에 기록되길, '하나님은 때가 이르면 인류를 모든 진리 가운데로 인도하고,[2] 성령을 만민에게 부어주리라'[3]라고 약속되었다. 그때가 언제인가? 하나님이 이 땅에 본체를 드러낸 때이고, 진리의 성령으로 강림하여 천지를 창조한 본의를 밝힌 때이다. 그 이전에는 누구도, 만인이 추앙한 성인이라 할지라도 우주의 기원에 대해서, 진리의 본질에 대해서, 종말의 도래와 구원 계획과 최후 심판 때에 대해 알지 못했다. 그래서 지상 강림 역사 시대의 개막은 우주의 선천 질서와 후천 질서를 가르는 대 전환점이다. 하나님이 강림하여 본의를 밝히고 본체를 드러낸 것은 인류를 모든 진리 가운데로 인도하고, 하나님과 영교(교감, 대화)할 수 있는 세계관적 기반이다. 그런 성령의 인도로 계시된 지혜를 받든 것이 **"길의 완수 역사"**이다. 지난날의 지성들은 특권 귀족층에 국한된 교육 기회를 확대해서 모두가 평등하게 교육받을 수 있도록 한 데는 이바지했지만, 펼친 교육론이 우주와 인간 본성과 교육의 제반 원리성에 대해 깊이 있게 통찰한 것은 아니다. 제반 영역에 걸쳐 부분적인 한계가 역력하다. 그래서 이 연구는 하나님의 창조 본의에 근거해서 교육목적과 원리와 실천 방법을 통합적으로 구성하리라. "세계교육론"을 완성하기 위해 이 연구는 세계의 지성들이 펼친 교육 사상과 지혜를 종합적으로 통찰해야 한다. 불교의 돈오점수설, 유교의 격물치지설 등등, 하지만 주된 판단 근거는 역시 **44년간**에 걸친 길의

---

2) "진리의 성령이 오시면 그가 너희를 모든 진리 가운데로 인도하시리니……"-요한복음 16장 13절.
3) "내 영을 만민에게 부어 주리니 너희 자녀들이 장래 일을 말할 것이며, 너희 늙은이는 꿈을 꾸며, 너희 젊은이는 이상을 볼 것이며……"-요엘 2장 28절.

추구 과정을 살피는 것이다. 길이 일군 진리성과 완수 의지와 계시된 말씀을 통찰함으로써 인류를 구원할 위대한 교육력을 일깨우리라. 세계론 시리즈는 저술 과제가 특정한 영역에 걸쳐 있었지만, "세계교육론"은 이들 영역을 통합적으로 집대성해야 하는 과제를 안고 있다. 기회를 확보하고 준비한 만큼, 가능한 때가 순숙하였다는 뜻이다. "세계교육론"은 길이 이룬 진리성의 바탕 위에서 미래 인류를 이끌 새로운 교육의 방향을 제시해야 하지만, 한편으로는 저술 작업을 통하여 지난날 논란을 일으킨 제 진리관, 세계관, 가치관, 교육관을 판가름하고 규정해야 하는 과제도 함께 지녔다. 무엇이 참된 진리이고, 무엇이 참된 가치이며, 인류가 나가야 할 참된 인생길인지를 정립할 기회를 가지리라. 그리해야 인류에게 무엇을 가르칠 것인가에 대한 교육론을 정초할 수 있다.

지성들은 그동안 선천이 지닌 세계관적 한계상 교육의 사명 목적을 전체적이고 통합적인 창조 목적에 두지 못했다. 그러나 이제는 지상 강림 역사 시대를 맞이한 만큼, 하나님의 본체를 인식하고 체득하고 교감할 수 있는 제반 영교적 교육 기반을 마련해야 한다. 강림하신 보혜사는 진리를 본체로 한 하나님이다. 인류는 지닌 영성을 바탕으로 지금까지 일군 문화의 전반적인 영역에 걸쳐 하나님에게로 나가는 길을 터야 하며, 그 중추 역할을 교육이 담당해야 한다. 그러나 하나님의 강림 실체를 파악하는 것은 또 다른 문제이므로 이것을 이 연구가 해결해야 한다.

종말에 처한 인류를 구원하여 약속된 나라로 인도하기 위해서는 교육론이 새로운 사명과 목적과 원리, 방법, 가르침에 근거해야 하며, 그러기 위해서는 무엇보다도 동양 문명이 일군 지혜에 주목해야 한다. 하나님이 창조주로서 주재한 역사 아래서 독립된 문명과 사상과 생성된 역사는 하나도 없다. 알다시피 서양의 르네상스란 "고대 그리스·로마 문화를 이상으로 하여 이것을 부흥시킴으로써 새 문화를 창출하고자 한 운동이다."[4] 탕제도 한 번 달이고 두 번, 세 번 달이면 약효가 반감되듯, 서양은 그들의 조상이 일군 전통문화 안에서만 맴돈 탓에 건설한 문명이 더는 새로운 것을 창출할 수 있는 문명적 에너지를 소진해 버렸다. 하지만 동양이 일군 본체 문명, 수양 문명, 인간 본성을 인격적으로 고무한 성인 지향의 학문 전통은 하나님의 보편적 구원 목적과 맞물려 제3의 문명 체제를 창출할 수 있는 잠재 에너지를 지녔다. 그래서 이 연구는 일찍이 추구한 동양의 진리적 이상과 학문 추구 목적과 방법, 가치를 하나님의 구원 목적에 맞추어 다시 부활시키리라. 서양 문명이 초래한 종말 문명의 끝자락에서 동양 문명이 부활의 대 신호탄을 쏘아 올리리라. 인류가 지향해야 할 교육의 목적이 동양에서 추구한 성인이 되고자 하는 데로 돌아가야 한다. 그것은 옛 전통을 선호한 복고 운동이나 회귀 운동이 결코 아니다. 동서 문명을 통합함으로써만 가능한 인간성의 회복 지혜이며, 강림하신 하나님과 함께할 수 있는 약속의 길이다. 길을 통하여 이 연구는 기회가 있을 때마다 동양 문명의 부활과 후천 시대를 주도할 한민족의 인류 구원 역할을 강조하였거니와, 그 구체적인 추진 과정과 성과를 거두기 위해 노력하리라. **"교육의 위대한 사명"**을 일으키는 데 동양 문명의 부활 과제가 중추적인 역할을 담당하리라.

---

4) 르네상스-네이버 지식백과.

4. 저술 체계

교육을 통해 인류의 무지를 일깨우고 인간의 본성을 선도하고자한 사상가 중에는 자신이 생각한 교육에 관한 뜻을 저술을 통해 남긴 분들이 있다. 우리나라의 율곡은 "유교적인 관점에서 『격몽요결』을 집필했고, 서양의 사상가인 루소는 고대 그리스·로마의 교육 사상가들의 영향을 받아 중세 기독교의 神 중심 사상에 반대하는 자연주의적 교육 관점에서 『에밀』을 집필했다."5) 神 중심 사상에 반대하고 자연주의적 관점을 교육론에 반영한 것이었다면, 이 연구는 서양 위주의 교육 사상과 정착된 제도에 반대하고 동양의 본체 우주론 관점에서 교육론을 펼치고자 한다. 인간만을 두고 본다면 루소적 접근은 당위성이 있어 보이지만, 그렇게 해서 항해한 배가 도달한 지점이 엉뚱한 곳이라면 어떻게 되는가? 정박할 항구를 끝내 찾지 못한 상태라면? 서양 문명 전체가 神을 버리고 귀환할 근본처를 잃어버린 상황인데 루소인들 어찌할 수 있겠는가? 배는 정상적으로 작동하고 있을지라도 도달한 목적지가 어긋나 버렸다면 결국은 인류를 본향 세계로 인도하는 교육론이 될 수 없다. 교육론은 자체로서 갖추어야 할 구비 요소도 있지만, 전체적으로는 정당한 교육 목적을 설정하는 쪽으로 향도되어야 한다.

이에 "교육 사상이라고 하면 교육의 목적과 실현을 위한 교육적 원리를 체계적으로 전개한 사상을 말한다. 이상적인 교육 모습을 규범적으로 펼칠 수도 있지만, 통상적으로는 교육의 궁극적 목적이나 목표를 제시하는 것을 특징으로 한다."6) "세계교육론"의 구성

---

5) 「율곡과 루소의 교육 사상 비교 연구」, 김준영 저, 한국외국어대학교 교육대학원 영어교육, 석사, 2009, p.12.

체계도 이런 기본적인 요건을 갖추려고 한다. 교육 목적 제시와 목적 실현의 원동력인 교육 원리, 교육 방법, 교육 과정과 내용, 교육 평가 등등 여기에는 제시한 교육 목적을 실현할 수 있는 원동력인 "학문 교육론", "발달 교육론", "전인 교육론", "수행 교육론" 등으로 제반 내용을 구성하고, 교육의 주체적 작용인 배움론, 가르침론, 스승론을 병행하였다. 밝힌바 총 5권으로 나누어 체계 짓고자 한다. "교육에 대해 논할 때는 누가(교사론), 누구에게(학생), 무엇을(교육 과정), 어떻게(교육 방법), 왜(교육 철학), 결과는(교육 평가)? 기타 (교육 행정, 제도 등) 분야 등에 대한 논의를 종합적으로 다루는 것이 바람직하다."[7] 그중 교육론으로서 필수적인 것은 "교육 목적 설정과 그것을 이룰 수 있는 계획, 다시 말해 교육 과정을 구성해야 인간을 목적한 바대로 변화시킬 수 있다."[8] 교육학의 기초 영역에는 교육 원리와 교육 철학(목적 제시)이 포함된다.

동서양 사상가들이 펼친 교육적 저술을 살펴보아도 이 같은 요소를 반드시 내포하고 있다. "코메니우스(1592~1670)는 33장으로 구성된 저서 『대교수학』에서 교육 목적, 교육 방법, 교육 제도를 논하였다. 역시 중요한 것은 목적인데, 그는 천국에 있어서 神과 합치하는 영원한 행복을 위해서라고 하였다."[9] 지향한 목적이 다르면 접근하는 방법도 차이가 생긴다. 율곡의 저술 체계와 목적과 강조한 교육적 요소인 이상적인 인간상, 인륜 및 의리 실현, 도달하기

---

6) 『교육사 교육 철학 연구』, 앞의 책, p.2.

7) 「코메니우스의 교사론 연구」, 김승겸 저, 연세대학교 교육대학원 교육 경영 및 평생 교육, 석사, 2007, p.1.

8) 『교육의 이해』, 앞의 책, p.16.

9) 위의 책, p.97.

위한 교육 방법에 관해 살펴보면, 그는 교육 이념(철학)으로서 입지(立志)와 성실(誠實)을 기초로 두고, 성인과 君子로서의 인격 완성, 교육 방법으로서는 『격몽요결』, 『학교 모범 초』를 통해 수양을 강조하였다.10) 율곡이 "立志와 誠의 중요성을 강조한 것은 독자적인 교육 사상으로서 인간 본성의 심오한 통찰에서 비롯된 것이다. 이런 세계관에 근거하여 교육의 목적, 과정, 방법, 평생 교육 원리를 제시하였다."11)

아울러 주자의 교육 사상은 거대한 본체론에 기초했다고 할 수 있다. "우주의 본체와 작용에 대한 논의인 理氣론, 인간의 마음과 본성을 주제로 논의한 심성론, 인간됨의 완성을 위한 공부론 등이 그것이다."12) 공부론이 교육론이라고 할 때 우주론, 본성론에 근거한 교육 이론은 더 확고한 기반 위에 섰다고 할 수 있다. 그가 집대성한 "주자학은 形而上學, 윤리학, 정치학, 역사학, 경학 등 거의 모든 분야를 유기적으로 연속시켜 유교가 학문(유학)으로서 완전한 체계를 갖추게 하였다."13) 교육 사상 역시 '논'과 학문으로 정초되기 위해서는 구성 요소를 완벽하게 갖추고 체계지어야 한다.14) 하지만 그렇게 하고자 한다고 해서 모두 그렇게 되는 것은 아니다. 선현들의 업적이 축적되어 있어 집대성할 수 있는 때를 기다려야 한다. "주자가 살았던 시대는 정치적으로는 상당한 파란이 있었지만, 사상적으로는 굉장히 융성한 시기였다고 할 수 있다. 송학(宋

---

10) 「율곡의 인간 교육론」, 이주영 저, 경희대학교 교육대학원 역사교육, 석사, 1999, p.2, 49.

11) 위의 논문, p.5.

12) 「주자의 공부론 연구」, 황금중 저, 연세대학교 대학원 교육학, 박사, 2000, p.3.

13) 『동양 윤리 사상의 이해』, 조현규 저, 새문사, 2006.

14) 교육 사상이 교육론으로서 실행력을 갖추기 위해서는 이념-목적-원리-방법-과정-텍스트-평가-제도화-목적 구현이란 절차와 요소를 갖추어야 함.

學)을 집대성하여 초기 유학을 주자학(=성리학)으로 체계화할 수 있었던 것은 당시의 성숙한 사상적 풍토에 연유한 것이다."15) 여기서 집대성(集大成)이란 선현의 사상을 集하여 크게 이루었다는 뜻이다. 주자가 이룬 것은 바로 그렇게 集한 노력과 방법에 있다. 하지만 학문 방식이 과거 경전의 정리와 재구성에 그친 것은 결코 아니다. 새로운 관점을 가지고 해석을 시도했다는 데 그의 위대성이 있다. 저술 목록을 통해서도 확인되는바 방대한 경전을 해석하는 과정에서 자기 철학을 수립하였다.16) 해석 관점은 또 다른 세계관을 확보해야 가능하다. 이것은 정상에 올라야 그 너머 세계를 볼 수 있는 것과 같다. 선현들의 업적과 그것을 집대성할 관점을 확보해야 한다. 이런 조건과 시기와 관점은 아무 때나 주어질 수 없다. "교육학은 그 자체가 이미 자생적인 학문으로 출발한 것이 아니고, 타 학문으로부터 개념을 차용하는 방식으로 형성된 역사를 가지고 있다."17) "미국의 학문 발달은 오랜 전통과 역사에 따라 축적된 유럽 학문의 성과 위에 있다."18) 교육 사상은 기본적으로 언젠가는 집대성 작업이 필요하므로 이전까지는 시기상조적이었다고 볼 수 있다. 그것을 이 연구가 흩어진 교육 사상을 집대성할 호기로 인식해서 "세계교육론"을 통해 성과를 가시화시키고자 한다.

교육학의 고전인 존 로크(1632~1704)의 『교육론』은 흥륭기 영국의 교육 이념을 담은 것으로, 그가 역설한 이념은 오랜 세월에 걸쳐 가정과 학교에서 성실하게 실천되었다.19) 존 듀이(1859~

---

15) 『동양 교육 고전의 이해』, 앞의 책, p.112.
16) 「주자의 교육 사상에 관한 고찰」, 앞의 논문, p.25.
17) 『학문과 교육(상)』, 앞의 책, p.10.
18) 『교육 철학』, 김정환 저, 앞의 책, p.43.

1952)가 1916년에 발간한 『민주주의와 교육』은 교육 철학을 체계화하고 집대성한 대저로 20세기의 교육 방향을 제시하였다.[20] 그리고 바야흐로 이 연구가 펼치고자 하는 "세계교육론"은 하나님이 강림하신 후천 시대를 이끌 "인간 교육론"으로서 교육적 가르침으로만 인류를 하나님에게로 인도하리라.

19) 『존 로크 교육론』, 존 로크 저, 박혜원 역, 비봉출판사, 2011, p.6.
20) 『교육의 역사 및 철학적 기초』, 앞의 책, p.246.

제2편

교육 목적론

교육으로 인해 악화한 인간성 문제를 교육으로 풀기 위해서는 어떤 교육 탓에 인간성이 황폐해진 것인지를 정확하게 진단해야 하고, 일련의 절차가 정상화되었을 때 비로소 선현들이 믿은 바대로 인간성을 회복할 방법과 원리와 목적을 지침으로 둘 수 있다. 어떤 목적보다도 교육은 황폐해진 인간성을 회복시켜야 할 본질적 사명이 있다. 그것을 자각해야 선현들이 바친 노력과 일깨운 지혜를 교육의 위대한 목적 지침으로 승화시킬 수 있다.

제4장 개관

　고속도로를 밤낮으로 질주하는 수많은 차량들, 우리는 알 수 없더라도 그들은 각자가 도달하고자 하는 목적지가 있으리라. 우주는 끊임없이 생성하고 있는데, 그렇다면 운위되고 있는 목적이 있는가? 도달하고자 한 목적지는? 이런 질문에 대해 긍정적인 태도를 목적론적이라고 하고, 종교철학에서는 역사와 우주의 목적성을 중점적으로 강조하였다.1) 반면, 역사에서의 임의성, 우연성, 반복되는 순환성, 무목적성을 강조한 주장도 있다. 목적을 추측한다는 것, 아예 목적 같은 것은 세상에 없다고 단정하는 것 모두 선천 세계관이 지닌 특성인 동시에 한계이다. 지난날의 교육 목적 제시도 이처럼 세계가 처한 조건 상황을 벗어날 수 없다. 미국에서는 "1930년대에 이르러 진보주의 교육론의 비판으로부터 나타난 본질주의 교육론 이외에 절대적인 것을 추구한 일군의 학자가 항존주의(perennialism)란 교육 이념을 내세웠다. 피레니얼(perennial), 즉 항구적이라는 어의에서 짐작할 수 있듯, 하늘 아래서는 새로운 것이 하나도 없다는 신념을 가지고 교육 또는 학문의 임무에서 절대적인 것, 시간과 공간을 초월하여 변하지 않는, 곧 언제 어디서나 항구적으로 존재하는 보편적인 원리, 제1 원리를 발견하려고 하였다."2) 제일 원리는

---

1) 『교육 철학』, George R. Kmight 저, 앞의 책, p.26.
2) 『교육의 이해』, 앞의 책, p.112.

반드시 발견되어야 하며, 영원한 진리성을 교육이 추구해야 하는 것은 맞다. 하지만 문제는 어떤 지성들도 시공간을 초월하여 절대적인 그 무엇을 확증하지 못한 데 있다. 인류는 여태껏 영원한 진리를 추구하였고, 앞으로도 추구하리라. 그런데 왜 새삼스럽게 다시 강조하고 나섰는가? 진리의 절대적, 초월적, 항구적인 근원 본체를 미처 보지 못해서이다. 그러니까 안목 좁은 자들이 영원한 실체란 없다고 단정하였다가 문제점이 생기니까 다시 주목하고 나섰다. 이것이 선천의 세계관적 특성이다. 하나를 보고 도달은 했지만 다른 요소는 버리고 만 양상이다. 항존주의 교육 이념도 마찬가지이다. 진리의 절대성과 불변성을 강조하기 위해 우리가 보는 변화하고 일시적인 모습을 거부했다. 불변한 본질과 변화하는 현상, 영원한 진리성과 일시적인 생멸성을 연결 지을 수 있는 관점을 확보하지 못했다. 이것을 이 연구가 '지상 강림 역사'와 '창조 본의'에 근거해서 제시하고자 한다.

우주에도 목적이 있느냐는 문제에 대해 답하기 이전에 의문이 생기게 한 선천에서의 제반 목적이 포괄적이고 구체적이지 못했던 것은 세계의 본질이 분열을 완료하지 못해서이다. 여기에 우주가 쉼 없이 생성한 이유가 있다. 목적이 있어 이유를 밝히기 위해 끊임없이 생성한 것인데, 그 시점이 세계의 본질이 분열을 완료한, 곧 하나님이 본체를 드러낸 지상 강림 역사의 완수 때이다. 우주의 목적, 역사의 목적, 진리의 목적, 개개 삶의 목적이 하나님의 지상 강림과 창조된 본의를 밝힌 선행된 이념의 설정 때를 기다려야 했다. 선행된 세계관이 자리 잡지 못한 상태에서는 그 위에 있는 그 무엇도 자기 자리가 될 수 없다. 가변, 가설, 단정, 추측, 논, 설, 주장일 따름이다. 확증된 진리가 아니다. 교육 이념은 목적이나 목표, 원천이 되는 이상적인 관념으로서, "교육적 행위의 전체를 지휘하는 근본 원리이다(오천석)."[3] 그런 원리가 이상적인 관념에 그친 것은 세계의 핵심 본질을 규명하지 못한 탓이다. 선천에서는 발 디딘 세계관적 기반이 유동적인 관계로 인간이 확보한 관점에 따라 삶의 지향 목표가 달랐다. 그러므로 우리는 교육의 목적이 무엇인가를 밝히기 이전에 교육이 나아갈 세계관을 규정하는 것이 우선이다. 다시 돌아가 "우주에는 목적이 있는가?" 답할진대, 태초에 하나님이 아무런 목적도 없이 천지를 창조하였겠는가? 그런데도 인류는 아직 그 목적을 모르고 있다. 천지 실상이 거꾸로 되어 목표가 목적보다 구체화된 가지로, 이념이 목적보다 관념적, 이상적, 形而上學적이다. 창조 목적과 본의가 장막에 가려 볼 수 없게 되었다. 천지가 창조되었음에도 분열을 완료하지 못한 탓이다. 하지만 때가 된 지금은 본의에 초점을 둔 교육 이념이 관념성, 모호성, 形而上學성을 탈피하고 그동안 제시된 교육 목적을 실상화, 구체화할 수 있게 되었다. 교육의 이상적 목적은 우주의 목적, 창조의 목적과 맥락을 같이한다. 그 분명한 이유는 교육이 곧 원천 목적을 실현할 수 있는 절대 수단인 탓이다. 교육은 하나님이 뜻한 창조 목적지에 인류를 실어 나르는 보편적인 수송 수단이다.

인류를 하나님에게 이르게 하고, 그 나라에 도달하게 하는 '배'로서 역할을 감당하기 위해서는 하나님의 뜻에 근거하여 지난날 지성들이 추구한 교육 목적을 두루 포괄할 수 있도록 목표 설정이 통합적, 공영적, 실질적이어야 한다. 잘못된 가설과 교육관을 바로잡

---

3) 「교육 목적에 관한 일 연구」, 주용태 저, 경상대학교 교육대학원 교육철학, 석사, 1986, p.10.

고 확실한 이념과 목적을 통해 달성할 수 있는 이상적인 교육 목표를 세워야 한다. "교육 목적을 체계적으로, 논리적으로 고찰하는 것은 모든 교육적 노력 중에서도 최우선 과제이다. 교육에서 목적과 가치를 제거하면 훈련이란 범주를 벗어날 수 없고, 교육자에게 교육하는 목적의식이 없으면 표류하는 배와 다를 바 없다. 교육 목적은 교육 활동의 도달 방향과 지향 목표를 설정하고, 성취동기를 유발하며, 신념과 용기를 가지고 교육 활동의 결과들에 대해 평가하는 기준을 제공한다."4) 마치 자동차의 핸들 같은 역할을 하는 데 교육 목적이 지닌 중요성이 있다.5) 하지만 문제는 역시 필요한 조건을 충족시킬 교육의 목적이 무엇인가 하는 것이다. 통렬한 문명 비평가인 슈펭글러는 『서구의 몰락』에서 근세 서양 문명을 떠받들고 있는 자본주의 정신은 부패했고, 끝없는 전쟁으로 도덕적 감각을 잃어가고 있어 인류는 얼마 안 가서 멸망하고 말 것이므로, 이것을 각성해야 한다고 설파했다. 역사가 토인비는 각 문명이 고유하고 독특한 문화를 지니고 있는데, 현대에 와서 기독교 문명만이 독주해 인류를 파멸로 몰아가고 있다. 기독교는 다른 종교, 다른 문화를 이단시, 야만시하는 독선을 버려야 한다고 비판했다. 헤세는 인류가 자연이라는 고향을 대상화하고 인간을 위한 수단으로만 여겨 혹사함으로써, 결국은 인간의 고향을 황폐하게 만들어, 인간을 실향민으로 만들고 있는 데서 현대 문명의 비극을 보았다. 이런 비

---

4) 위의 논문, p.48.

5) "교육은 有 목적적인 활동이다. 교육이 바라는 성과를 거두기 위해서는 무엇보다도 교육 목적이 분명해야 한다. 그렇지 못할 때는 거기에 쏟은 숱한 노력이 헛수고가 될 우려가 있다. 그래서 오늘날은 교육 활동의 시초로부터 교육 목적을 신중하게 설정하는 작업을 게을리하지 않는다. 그 이유는 교육 목적은 교육 활동에 방향을 결정해 주고, 목적 달성을 위한 가장 효과적이며 능동적인 노력을 촉발하는 역할을 하기 때문이다."- 「율곡의 인간 교육론」, 앞의 논문, p.12.

평들은 역사가, 종교가, 작가들만의 전유물이 아니다. 교육도 현대 문명이 당면한 문제를 해결할 수 있도록 함께 고민해야 한다. 브라멜드(T. Brameld)로 대표되는 문화재건주의자들은 현대 문명의 병폐를 진단하고, 대처 방안으로 멸망해 가는 문명을 교육을 통해 재건하고자 하였다. 교육은 세계를 건설하는 도구가 되어야 하며, 교육이라는 과정을 통해 이상사회를 건설해야 한다.6) 교육이 원대한 우주적 목적의 실현 수단이라고 말한 이 연구의 주장과도 맥락을 같이한다. 교육 목적은 지성들의 문명 비평 인식을 두루 포괄한 그 무엇이어야 한다. 오늘의 분파된 이념과 주의와 사상과 국경의 장벽을 넘어 인류가 공통으로 도달해야 할 그 무엇이 되어야 한다. 인류가 추구해야 할 교육 목적을 포괄할 수 있으려면 공유된 목적을 설정할 수 있어야 함에, 이 연구가 44년간에 걸친 길의 추구 과정을 통해 일체를 준비하였다.

그것은 절대적이고 항구 불변하며 보편적인 진리를 발견하지 못했을 때의 교육 목적에 대한 인식을 진리를 발견한 이후의 관점으로 이해할 수 있어야 하고, 잘못된 판단을 바로잡아야 한다. 선천의 한계 조건 안에서는 "교육이 현실적으로 있지도 않은 절대적인 진리를 전제로 해서 이룰 수는 없다. 오히려 상대적인 지식을 가정하면서 이루어져야 한다"7)라고 단언하였지만, 이런 판단은 더 이상 방치할 수 없다. 잘못 설정한 교육 목적을 냉철하게 비판해야 한다. 목적의 무시, 곧 교육의 무목적성이 이전에는 용납되었지만, 이제는 정확하게 설정하는 데 정열을 바쳐야 한다. "경제 활동, 정치 활

---

6) 『교육 철학』, 김정환 저, 앞의 책, pp.185~186.
7) 『학문과 교육(상)』, 앞의 책, p.35.

동에는 목적이 있듯이, 인간의 활동에도 목적이 있으며, 교육의 활동 역시 목적이 있다. 존 듀이는 이런 목적의 성격에 관해 기술하길, "목적이란 결과에 관련되기에 목적 문제에서 고려해야 할 것은 목적을 추구하는 일이 내재적 계속성을 소유하고 있느냐 하는 점이다. 모든 목적은 과정의 연속성과 시간의 계기성을 가진 활동에 적용된다. 목적은 질서 있는 활동을 시사하고, 그 질서는 과업의 점진적인 완성에 의존한다"[8]라고 하였다. 한마디로 목적 설정은 일체 교육 활동에 관여된다. "교육에 관한 제반 활동이 교육의 목적을 달성하고자 하는 과정, 혹은 수단인 탓에 더욱더 그렇다. 바람직한 교육은 차원 높은 교육 목적 설정으로 가능하다. 플라톤으로부터 지금까지 교육 철학이 계속 깊은 관심을 가진 유일한 것은 교육 목적에 관한 문제였다(후크)."[9] "교육 이념과 그에 따라 목적을 정립하는 일이 교육 활동 중 으뜸가는 일임은 고금(古今)을 통해 변함이 없다."[10] 교육 목표는 교육 이념과 목적에 의하여 결정되는 것이므로, 이념과 목적 없는 교육은 있을 수 없다. 율곡은 『격몽요결』의 「입지」 장에서, "不可有一毫自小退托念"이라고 하였다.[11] 곧, 입지(뜻을 세움) 없는 삶의 과정은 없다는 뜻이다.

교육 목적을 설정하는 것이 중요한 만큼, 목적은 모든 것을 밝히고 모든 것을 알아야 가능한 지적 작업이다. 이런 일이 가능하도록 길을 인도한 분이 인류를 모든 진리 가운데로 인도하리라고 한 보

---

8) 「존 듀이의 교육 목적론에 관한 연구」, 하주철 저, 경성대학교 교육대학원 교육행정, 석사, 1990, p.29.

9) 「교육 목적에 관한 일 연구」, 앞의 논문, p.1.

10) 「율곡의 인간 교육론」, 앞의 논문, p.14.

11) 「격몽요결에 나타난 율곡의 교육 사상」, 오정출 저, 이화여자대학교 교육대학원 교육학, 석사, 1977, p.17.

혜사 진리의 성령이다. 오늘날 대두된 문제를 해결하고 요구를 수용한 포괄적인 교육 목적을 제시하기 위해서는 핵심이 된 실마리를 붙들어야 하며, 그것이 다름 아닌 강림하신 하나님의 뜻을 아는 것이다. 옛 성현들은 하늘을 향해 뜻을 물었고, 天命을 받들었다. 공자는 그런 노력으로 "당시까지 전해진 우주와 인간 세상에 대한 모든 생각, 곧 윤리·도덕·철학·사상·문물·제도 등을 집대성하고, 체계화했으며, 유교라는 인류의 영원한 삶의 길잡이를 정립하였다."12) 역사와 인생과 교육의 대 목적에 지침을 마련했다. 하지만 그렇게 제시한 목적과 이념이 오늘날의 사회에서도 적용되는 보편적인 것인가 하는 것은 의문이다. 유교란 거대한 문명 체제라도 역사와 전통을 달리한 문명에 대해서는 상대성을 면하지 못했다. 그렇다면? 당시는 창조된 본의가 밝혀지지 못한 상태였지만 밝혀진 지금은 그렇지 않다. 하나님의 창조 뜻은 온갖 상대성이 생기기 이전에 발원된 것이고, 주재 역사는 일체 대립성을 초월했다. 원효가 각성한 一心(한마음)의 세계가 그것이다. 一心이란 온갖 물상이 창조되기 이전의 근원된 바탕으로서 창조 역사로 생겨난 有無, 주관 대 객관, 物과 心의 구분선을 넘어섰다. 상대와 대립한 구분선이 있기 이전의 궁극처가 바로 하나님의 창조 본체이다. 궁극처를 알아야 그곳으로 갈 수 있음에, 그 궁극처를 이 연구가 안내하리라. 인류가 공유할 보편적인 **"교육 목적론"**을 세워야 하리라.

---

12) 「유학의 신관에 대한 기독교적 이해」, 호남신학대학교 신학대학원 신학과, 석사, 1998, p.3.

제5장 교육의 인간성 육성 목적

1. 시대적 교육 목표

과거나 지금이나 시대마다 요구된 조건을 막론하고 교육 목적은 어떻게 미래 사회에 임할 인간을 육성할 것인가가 공통된 관심사였다. 교육은 통상 어떤 사람을 기를 것인가가 관건이다. 그중 인간이 장차 어떤 사회에서 살 것인가? 다시 말해 그들이 살아갈 미래 사회를 어떻게 예측하는가 하는 것이 교육 목표에 크게 영향을 끼친다. 오늘날은 무한 경쟁 시대를 살아가는 인간상으로서 건강한 사람, 창의적인 사람, 자주적인 사람, 도덕적인 사람을 육성할 것을 상정하기도 한다.[1] 시대가 변함에 따라, 그리고 그 시대의 요구에 따라 교육 목표도 끊임없이 변천하는 과정을 거쳤다. 하지만 인간 교육의 본질적 목적 궤도를 이탈한 경우는 없다. 그 큰 맥락이 **"교육의 지대한 인간성 육성 목적"**이다. 어떤 시대라도 "교육이 교육답기 위해서는 참되고 올바르고 아름다운 경험을 인간 형성과 육성 목표에 연결할 수 있어야 한다."[2] 이런 "교육 목적 논의에 크게 영향을 끼친 사상가로서는 정의로운 국가 건설을 목표로 본 플라톤, 개인의 자유와 성취를 목표로 본 루소, 개인의 성장과 진보적인 민

---

1) 『뜻으로 산 세월』, 앞의 책, p.178, 186.
2) 『서양 교육 사상사』, 앞의 책, p.3.

주사회 건설을 목표로 본 듀이, 이상적인 목적은 반드시 필요한 것이 아니고 중요한 가치를 추구하는 과정과 절차가 중요하다고 본 피터즈 등이 있다."[3] 각자가 지향한 목표가 다른 것 같지만, 인간이 지닌 역량(인간성 계발)을 모토로 했다는 점에서는 공통점을 지녔다. 교육의 목적에는 개인적 목적, 사회적 목적, 시대적 목적, 국가적 목적 등 다양하지만, 중요한 것은 그런 특성을 가진 교육 목표의 본질을 꿰뚫어 집약시키는 데 있다. 동서의 많은 사상가가 교육의 목적을 제시하였지만, 교육의 본질을 밝히지 못한 상태에서는 목적을 통합할 수 없다. 그래서 중요한 것은 분열된 목적 특성을 꿰뚫을 수 있는 세계관적 관점을 확보하는 것이다. 창조 이래 세계의 본질이 분열을 거듭한 만큼이나 표출된 수많은 정의가 끝내 교육의 본질을 밝히는 데 이바지하리라. 그런 노력으로 시대에 따라 변화한 특성을 꿰뚫을 수 있는 본질적 관점의 첫 초점이 바로 **"교육의 인간성 육성 목적"**이다. 교육은 시대에 따라 인간에 대해 파고든 관점이 다른 만큼, 긍정적인 관점에서 인간과 교육의 본질을 파악하기 위한 지성들의 다양한 노력이 있었다. 그 한 중심에 **"교육의 인간성 육성 목적"**이 있다.

"교육의 중요한 내용은 사람됨의 올바른 정신과 이상을 깨닫게 해 주는 것인바(박동서, 1990)"[4] 그런 기반은 결국 주어진 인간성을 계발하는 데로부터 시작된다. 본성을 이해하는 데 따라 차이는 있지만, 대개는 선천적으로 지녔다고 보고, 그것을 계발하는 것을 교육의 중요한 목적으로 삼았다. 동양의 유교는 전체적으로 보면

---

3) 「존 화이트의 교육 목적론에 관한 연구」, 김희봉 저, 전남대학교 대학원 교육학, 석사, 1996, p.8.
4) 「맹자에 나타난 인성교육의 고찰」, 앞의 논문, p.4.

"인간 본성에 관한 논의의 역사이다. 더 구체적으로는 인간 본성과 교육의 개념적 관련을 철학적으로 설명하고, 그 의미를 삶과 교육을 통해 구현하고자 한 역사였다고 할 수 있다."[5] 그런데도 조선 후기의 다산 정약용(1762~1836)은 유교, 특히 전통을 이은 주자학에 반대하여 실생활에 어떤 도움을 주지 못하는 허위성을 규탄하고 정치·경제 등 백성의 복리 증진을 위한 사실의 문제로 전환할 것을 주장하였다.[6] 시대가 변함에 따라 인간성 계발 외에 새로운 요구에 봉착한 것이다. 이런 다양한 사항을 각 시대에 따라 추적하면 미래 인류가 공유해야 할 교육 목적의 본질을 어느 정도 간파할 수 있다.

서양 문명의 기둥인 고대 그리스는 군소 도시국가들이 난립하였다. 그중 스파르타의 교육 목적은 이상적인 군인 육성에, 아테네는 인간의 선미(善美)롭고 원만한 조화로운 육성에 중점을 두었다. 이런 환경 속에서 누대에 걸쳐 존경받는 성인, 곧 인류의 위대한 스승이 한 분 나타났다. 소크라테스(B.C. 469~399)는 당시 아테네 시민의 무지를 일소하기 위해 진리를 발견할 것을 외쳐 교육 목적의 고전인 지행합일(知行合一)을 주장하였다.[7] 신념과 진리를 지키기 위해 독배를 마신 스승의 삶과 죽음을 지켜본 제자 플라톤(B.C. 428~348)은 그의 저술 속에서 스승의 모습을 새겼다. 주저에 해당한 『국가론(Republic)』에서는 교육의 목적을 유능한 시민 양성과 이데아(Idea)를 실현하는 데 두었다. 여기서 이데아란 眞·善·美가 이룬 절대 가치 세계이다. 이상적인 이데아 세계를 실현하기 위해

---

5) 위의 논문, p.4.
6) 『교육사 교육 철학 연구』, 앞의 책, p.352.
7) 「교육 목적에 관한 일 연구」, 앞의 논문, pp.28~29.

서 "인간이 가진 이성적 능력을 강조하였고, 교육이 그 이성의 힘을 훈련하는 일이라고 하여 후대에 많은 영향을 끼쳤다."8) 인간성 육성과 계발 목적을 이성에다 초점을 맞춘 것이다. 이데아를 실현할 목적 원리로서는 "인간의 영혼이 궁극적인 실재를 향하도록 하는 데 두었다."9) 인간 본성에 대한 정확한 인식과 도달 원리와 교육 목적을 거의 일치시킨 것인데도 후대에 관념적이라는 비판을 피하지 못한 이유는 무엇인가? 그것은 세계의 궁극적 본체가 드러나지 못한 상태에서 인식상 이데아의 세계는 참다운 세계요, 현 세계는 그것을 모방한 가상의 세계(그림자)라고 한 데 있다. 상식에 반한 설을 세인이 이해하는 데는 시기상조적인 문제가 있어 중대한 진리성을 시사한 목적 규정인데도 불구하고 후인들이 많은 반대론을 양산한 온상이 되었다. 문제는 "이데아는 불멸 불변하며, 경험 세계에 나타나는 모든 물건은 각각의 이데아를 모방하여 성립한다"10)라고 한 주장이다. 이데아란 실체가 지닌 창조적 역할을 제대로 설명하지 못했다. 善의 이데아는 사실상 일체 만상과 인간 본성 속에 내포되어 있다. 존재를 이룬 바탕체 역할을 한 것인데, 이런 본체 작용에 대한 설명이 없었다. 그러니까 아무리 이데아가 근본이고 이상적인 원형으로 인류가 도달할 절대적인 가치 세계라고 해도 반신반의하였다. 플라톤도 교육의 구체적인 목표는 지침을 두지 못한 것이다. 이데아 세계의 실체를 명확하게 밝히지 못했다. 이데아란 절대적 가치를 추구할 수밖에 없는 당위 근거에 논거를 두어야 했다. 궁극적인 목적 제시는 근원과 근본을 찾아 영혼을 구원하

---

8) 『교육 철학 및 교육사의 이해』, 앞의 책, p.158.
9) 『스콜라주의 교육 목적론』, 김승호 저, 성경재, 2004, p.189.
10) 『교육의 역사 및 철학적 기초』, 앞의 책, p.35.

고 영생에 대한 신념을 획득하는 데 있다. 하나님의 영광을 감득함으로써 삶을 은혜롭게 해야 한다. 그것을 어떻게 가치적으로 지침을 두고 구체화할 것인가가 이 연구의 과제이다.

인류 역사는 크게 고대, 중세, 근대로 나눈다. 그만큼 시대적인 차이가 큰 탓이리라. 중세(5~16C)에 대해서는 다양한 평가가 있지만, 교육적인 측면에서는 신앙을 인생 문제를 해결하는 핵심 열쇠로 보고 종교적인 인격을 완성하는 데 목적을 두었다. 내세주의, 주정(主情)주의, 개인주의, 교권주의, 집중주의 등등 이 시대에 특기할 교육 영역 중 기사 교육이 있다. 기사 교육의 목적은 "야만적 기사로 하여금 기독교적인 정신을 습득시키는 데 두어 기독교 신앙에 충실한 무인을 양성하고자 하였다."[11] 오직 神을 중심에 둔 신앙 체제를 구축하는 데 주력하다 보니 인간의 본성은 상대적으로 억압되었고, 교육의 인간성 육성 목적을 등한시하였다. 이것은 향후 르네상스 시대(15~16C)에 인문주의자들이 등장하여 인간의 존엄성을 드높이는 교양 교육과 인간 가치 중심적인 기치를 들게 한 계기가 되었다. 즉, 네덜란드 출신의 위대한 학자인 에라스뮈스(1469~1536)는 중세의 절대적인 신권 질서 체제로부터 근대를 연 과도기상에서 교육 목적을 지성을 갖춘 인간성 계발에 둔 선구자이다. 인간의 내부에 잠재된 위대한 인간성을 일구고자 하였다. 영국의 존 로크(1632~1704)는 방치된 신체 교육의 중요성을 강조하고, 그를 통해 교육 목적을 신사 양성에 둔 것은 특기할 만하다. "자연이 부여해 준 것을 최대로 이용하고, 악덕에 빠지지 않게 하며, 천성적인 결점을 보강해 가면서 소질을 마음껏 발휘할 수 있도록 교

---

11) 『교육사 교육 철학 연구』, 앞의 책, p.80.

육이 모든 편의를 제공해야 한다"12)라고 하였다.

16~17세기 영국에서 활동한 프랜시스 베이컨(1561~1626)은 『신오르가논』에서 귀납법 등 자연을 정당하게 지배할 수 있는 새로운 방법을 제시하였다. 그에 의하여 교육의 목적은 획기적인 전환점을 맞이하였다. 곧, "지식의 획득이 교육의 목적이라고 하였다. 특히 단순한 지식 자체보다 인간 지력의 연마 수단으로서 교육이 필요하다고 역설하였다."13) 이런 사상을 기반으로 서양 교육은 主知主義에 편중되었고, 다시 논거를 둘 바 현대 인류의 인간성을 황폐화시킨 실마리가 되었다.

중세기로부터 근대 사회로 접어들면서 인류사회는 매우 급격한 변화를 겪게 되었다. 문예 부흥 운동→종교 개혁→과학 혁명→산업 혁명→프랑스 대혁명(1789) 등등 그중 18세기 후반(1760년대 이래) 영국에서 시작된 산업 혁명은 "과거의 가내공업을 공장생산으로 전환해 새로운 공업도시에 인구의 집중과 증가, 소년노동・도시불결화 등 사회문제를 가져왔고, 이런 사회 구조의 격심한 변동은 불거진 문제를 해결하기 위해 교육 문제를 진지하게 다루게 하였다."14) 격동기를 거쳐 19세기에는 국가주의(nationalism)가 활발하게 일어났고, 드디어 오늘날과 같은 모습을 갖춘 근대 국가가 성립되었으며, 민주주의 사상이 급성장하였다. 이런 사회질서 구축을 교육이 주도했다고 볼 수 있다. 헤르바르트(1776~1841)는 개인주의, 主知主義, 과학주의, 자본주의로 퇴조된 인간성 중 도덕성 도야를 교육목적의 전면에 내세웠다. 페스탈로치는 유구한 역사를 거친 교육의

---

12) 「존 로크의 교육론」, 최현아 저, 전북대학교 교육대학원 교육학, 석사, 2004, p.20.

13) 「교육 목적에 관한 일 연구」, 앞의 논문, p.25.

14) 『체계교육사』, 앞의 책, p.282.

목적을 모든 인간의 내적 능력을 계발하는 데로 회귀시켰다. "그는 모든 사람에게 천부적으로 주어진 인간성 계발이야말로 참된 교육의 목적이어야 한다고 굳게 믿었다."15) "오랫동안 특권 계급 계층의 독점물이 되어 왔던 교육이 프랑스 대혁명 이후 민주주의의 발달과 함께 대중화되기 시작했다. 특히 20세기에 접어들면서 신교육 운동을 부르짖은 미국의 진보주의 교육자 존 듀이는 전통적 교육관에 정면 도전하고, 아동 중심 교육을 제창, '개인의 성장'을 교육의 목적으로 삼았다."16) "듀이는 자주 교육을 성장과 같은 것이라고 말했다. 성장은 그가 사용한 중요한 생물학적 은유 중 하나이다. 하지만 많은 사람은 무엇을 향한 성장인지에 관해 물었다. 이에 대해 듀이는, 성장은 그 자체로 목적이어서 무엇을 향한 성장인가란 물음은 성장 개념과 맞지 않는다고 하였다. 성장은 더 나은 성장으로 가는 것이어서 우리는 그 방향을 명확히 제시함으로써 개념을 경직되게 해서는 안 된다"17)라는 궤변을 늘어놓았다. 마치 다윈의 진화론이 모든 생물 종에 있어서 하나님의 창조 목적을 무산시킨 것처럼, 듀이는 지성들이 유구하게 추구한 교육의 본질적 목적을 무산시켰다. 지고한 교육의 인간성 육성 목적을 한낱 유기적인 생명체의 성장과 같은 것으로 전락시켰다. 근본과 본의를 저버린 상태에서는 인류가 돌아갈 귀의처가 그 어디에도 없다.

도올 김용옥은 「교육입국론」에서 말하길, "우리의 교육은 거룩한 성직자를 양성하기 위한 것도 아니요(서양 중세), 왕조의 지혜로운 신민을 기르기 위한 것도 아니요(조선왕조), 폴리스의 유능한 전사

---

15) 『스승』, 앞의 책, p.42.

16) 위의 책, p.26.

17) 『넬 나딩스의 교육 철학』, 넬 나딩스 저, 박찬영 역, 아카데미 프레스, 2010, p.35.

를 기르기 위한 것도 아니다(그리스 도시국가들). 오직 민주사회의
시민을 교육하기 위한 것이다"[18]라고 하였다. 이것은 지난날 인류
가 얽매인 지나친 종교 교육 전통에 대한 반감에서의 생각을 피력
한 것이겠지만, 그것 역시 오늘날 요구된 시대적 특성 목적일 뿐,
인류가 추구한 요구를 두루 충족시키는 포괄적 목적 제시는 아니
다. 현 세대에서 맞이한 지상 강림 시대를 대비하여 지난날 인류가
쌓아 올린 경험과 지혜와 문화적 유산을 총동원하여 하나님과 대화
하고 함께할 수 있는 길을 터야 한다. 인간의 의식을 고양하여 세
계의 본질을 직관하고, 하나님이 이룬 창조 세계를 이해하며, 天·
地·人이 총화를 이룰 수 있는 세계에로의 인도가 요망된다. 그것
이 가능하도록 교육적 수단과 방법을 모색하는 것이 미래의 인류사
회를 이끌 위대한 교육 목적이리라.

2. 인간성 회복 목표

　기독교가 인간의 도덕적 타락상과 하나님의 심판 운운한 것은 익
히 아는 바이다. 불교가 지옥과 극락세계를 대비시켜 인간 죄악을
경고한 것은 큰 두려움이다. 유교가 천자로부터 서민에 이르기까지
인욕을 제거하고 天理를 보존할 것을 강조한 것은 모두 인간성의
회복과 깊은 연관이 있다. 고금을 통하여 지성들은 신앙을 통해서
건, 수양을 통해서건, 학문 추구를 통해서건, 인간이 저지른 죄악과
도덕적 타락에 대하여 어떻게 하면 그 상태를 정상화시키고 회복시

---

18) 『도올의 교육입국론』, 김용옥 저, 통나무, 2018, p.20.

킬 것인가를 큰 주제로 삼았다. 살폈듯이 시대가 바뀌고 세계가 전환되면 이에 맞게 교육의 목적과 방법도 전환되지만, 욕망과 죄악으로 인해 끊임없이 허물어지는 인간 본성의 타락상을 저지하고자 한 노력은 지성들이 신념을 가지고 가능성을 개진하면서 추구한 인간 교육의 항구적 목표이다. 그런데 근대 교육은 양상을 달리하여 본원을 이탈한 목적이 인간성을 황폐화시켰다는 점에서 재고할 여지가 있다. 이전에는 본성에 대해 희망과 가능성을 가지고 회복을 고무하였지만, 지금은 인간의 존엄성이 허물어지고 인간성마저 삭막해져 인류가 이룩한 문명 역사의 종말성이 극대화된 지경이다. 이것은 앞으로 논거를 둘 바 근대에 서양이 세운 유물론적 세계관과 과학으로 건설한 물질문명, 인간성 육성과는 거리가 먼 主知主義적 교육 방식 등에 원인이 있다. 교육으로 인해 악화한 인간성 문제를 교육으로 풀기 위해서는 어떤 교육 탓에 인간성이 황폐해진 것인지를 정확하게 진단해야 하고, 일련의 절차가 정상화되었을 때 비로소 선현들이 믿은 바대로 인간성을 회복할 방법과 원리와 목적을 지침으로 삼을 수 있다. 어떤 목적보다도 교육은 황폐해진 인간성을 회복시켜야 할 본질적 사명이 있다. 그것을 자각해야 선현들이 바친 노력과 일깨운 지혜를 교육의 위대한 목적 지침으로 승화시킬 수 있다.

교육으로 인간성을 회복하고자 한 선례는 동서양의 전통 안에 두루 걸쳐 있다. 먼저 서양에서 인간성 회복을 교육의 중요한 목적으로 삼은 교육학자로서는 코메니우스가 있다. 17세기 이전의 교육 이론과 방법론을 과학적 체계로 발전시킨 현대 교육의 창시자인 그는 기독교적인 입장에서 "당대의 미로와도 같은 세상에서 마음에 천국을 이루기 위해서는 무엇보다 최고의 피조물로 지음 받은 하나님의 형상으로서의 인간성 회복이 중요함을 인식하였고, 이를 실현하기 위해서는 교육이 절대적으로 필요함을 직시하였다. 그리스도를 모범으로 하는 교육을 통해 이 땅에서 인간성을 회복하고, 하나님의 나라에서 영원한 기쁨과 행복을 누릴 것을 주장하였다."[19] "교육을 통해 인간이 타락한 죄로부터 하나님의 고유한 형상, 곧 인간 본래의 모습을 회복할 수 있다고 믿었다."[20] 이런 교육 사상을 통해 주목하고 넘어갈 것은 역시 기독교적 창조관에 따라 아무리 죄악을 저지르고 타락해도 인간이 창조된 본래의 바탕 본성, 곧 하나님의 형상을 자각하면 창조된 바탕으로 돌아가고, 하나님의 형상인 善한 본성을 회복할 수 있다는 가능성 인식이다. 이것은 동양인들이 내세운 인간성 회복 원리와도 맥락이 통하므로 인간성을 회복할 수 있는 공통된 가능 원리가 된다. 브라질의 파울로 프레이리(1921~1997)의 경우도 역시 교육의 본질적 목적을 인간성의 회복과 인간 해방으로 보고 실천한 교육 사상가였다.[21]

교육의 목적론에 천착(穿鑿)하지 않더라도 본래의 본성 문제는 수양 문화를 일군 동양의 지성인들이 치열하게 고민했고 추구한 주제이다. 이를 통해 그들이 일군 본체 문명의 가치를 재고할 수 있고, 학문 추구 전통을 교육 목적으로 부활시킬 수 있다. 주자에 의해 집대성된 신유학(=성리학)은 선진 유교의 사고 구조와 인식과 세계관적 틀을 벗어나지 않은 탓에 공자와 맹자의 사상적 전통을

---

19) 「코메니우스의 대교 수학 연구」, 임용덕 저, 고려대학교 교육대학원 교육사 및 철학, 석사, 2016, p.2, 72.
20) 「코메니우스의 교육 사상에 관한 연구」, 박연경 저, 연세대학교 교육대학원 종교교육, 2000, p.46.
21) 「프레이리 교육론 연구」, 김승아 저, 서울교육대학교 교육전문대학원 초등교육, 석사, 2016, p. i.

계승한 것으로 인정된다. 모두 학문하는 목적을 성인의 경지에 도달하는 데 둔 것이라든지, 도달 방법을 배움(교육)에 두고 누구든지 배우면 성인이 될 수 있다고 본 것이 그것이다. 그렇게 세운 목표인 성인은 기질의 구속이나 사람의 욕심에 가려지지 않고, 마음과 본성의 善함을 완전히 발현한 이상적 인격자이다. 여기서 중요한 것은 배우면 성인이 될 수 있는 원리성 틀이 확고하다는 데 있다. 범부가 배움을 통해 성인이 되는 절차는 진화적인 과정을 거쳐 전혀 새로운 인격체로 탄생하는 것이 아니다. 인간은 타고난 인간성을 지녔는데, 이것을 배움이란 과정을 통해 재발견하고, 잃어버린 본성을 되찾는 것이다. 그것은 원래 가진 善한 상태로 돌아가는 것이다. 전혀 새로운 종의 창조가 아니다. 곧, 천부 본성을 회복하는 것이다. 이것이 유교가 제시한 위대한 수양론의 요체이다.22) 인간의 본성이 善하다고 본 성선설(性善說)은 대립한 성악설(性惡說)과의 시비를 논하기 이전에 본성이 황폐해진 오늘날에는 그 의미를 **"교육의 위대한 사명"**에 근거해서 재구축해야 한다. 인간 본성이 왜 본래 善한 것인가 하는 문제는 다시 다루겠지만, 기본적인 인식과 원리성 측면에서는 창조 원리와 구조가 같다. 충분히 천부 본성(천성), 고유성, 善한 본성은 善의 이데아로서, 하나님의 형상과 동일한 창조 바탕, 곧 창조 본성(창조성)이다. 그 같은 본성이 곧 하늘이 품부한 것이라고 할진대, 이것은 하나님이 인간을 창조했다고 한 기독교 창조론과 진배없다. 그러면서도 기독교는 철저히 인간을 피조체화시켜 하나님과의 관계를 잘못 설정했지만, 유교는 관계를

---

22) 「주자의 본체론과 수양론에 관한 연구」, 권혁준 저, 경희대학교 대학원 동양철학, 석사, 1996, p.45.

정상화했다. 인간 본성에 대한 확실한 바탕과 추구 목적을 가지고 본성의 회복 원리를 개진하였다. 진리성에 대한 신뢰가 기독교의 창조 신앙보다도 더 지극했다고 여겨진다. 기독교는 하나님의 본성과 권능과 영광을 온갖 미사여구로 찬양해 마지않았지만, 맹자는 하늘의 본성을 仁·義·禮·智·信으로 규정하고, 이것이 다 사람의 마음에 기반하였다고 하였다. 즉, "仁은 사람의 마음이요, 義는 사람의 길이다."23) 이렇게 중요한 仁과 義를 사람들이 버려두고 찾지 않는 것은 잘못이라고 한탄하면서 잃어버린 마음[放心]의 바탕을 찾는 것이야말로 교육의 목표라고 했다.24) 인간의 본래성을 회복하는 문제는 방법상의 차이를 막론하고 선현들이 고심한 흔적이 역력한 교육의 항구적 목표이다. 유교가 추구한 학문의 궁극적 목표 전체가 인간이 지닌 본래적인 자기 근원으로 돌아가는 것일진대, 이것은 기독교가 추방된 에덴동산으로 다시 복귀하고자 희망한 것보다도 더 갈급한 형태이다. 에덴동산으로의 복귀는 타락한 인간 본성을 회복하는 데로부터 길이 열린다. 그 길을 유교가 "命天理 滅人欲"으로부터 구했다. 주자는 잃어버린 본래성을 회복할 수 있는 근거로 "理在氣中"을 들었다. 인간은 창조된 탓에 理와 氣가 함께하며(하나님의 형상을 인간이 지녔다는 말과 같음), 氣가 있어 순수한 理가 혼탁해질 수는 있지만 반대로 理在氣中이라, 理가 있어 氣를 제어할 수도 있다. 그래서 주자는 기질의 변화를 理가 함께한 탓에 끊임없는 노력으로 본래성의 회복과 근원으로 돌아가는 것이 가능하다고 여겼다.25) 맹자가 "학문의 방법으로서 놓아버린 마음을

---

23) "仁人心也 義人路也."-『맹자』, 고자 상 11.

24) 위의 책, 위의 절.-「공맹의 교육 사상 비교 연구」, 앞의 논문, p.56.

25) 「주자의 교육 사상에 관한 고찰」, 앞의 논문, p.41.

구하는 것일 뿐"이라고 한 말과 같다. 주자는 "性의 본체는 기질 속에 있으면서 기질을 경과해서 자기를 표현하는 것이라, 교육을 통해서 그렇게 기질의 부여된 본성을 회복하는 것을 제일 목표로 삼았다."26) 교육 이념이 처음부터 끝까지 유교의 전통적인 인식 틀을 벗어나지 않았다. 그 바탕은 "仁이며, 仁·義·禮·智·信이며, 본연지성(本然之性)이다. 다시 말해 仁의 회복이요, 仁·義·禮·智·信의 회복이다. 본연지성의 회복이고, 道心의 회복이다. 일괄해서 性의 회복이고, 바탕이 된 太極性(=창조성)의 회복이다."27) 仁으로의 본래성 회복이 하나님의 善한 본성과 무엇이 다른가?28) 그런 인간성, 그리고 본래성의 회복이 유교의 선현들이 애쓴 교육적 목표이자 기치인 것만은 아니라, 오늘날 황폐할 대로 황폐한 인간성을 회복하는 것이야말로 온 인류를 구원하는 지름길이기도 하다. 종말에 처한 세계와 인류를 구원하는 것은 그 어떤 사상도 원리도 믿음도 아닌, 하늘이 命한 천부 본성을 인간적인 가치로 회복하는 데 있다. 그런 본성적 가치를 정립해서 교육적 지침을 두는 것이 인류를 구원하는 첩경이다. 인류가 강림하신 하나님과 함께할 수 있는 길은 인류가 강림하신 하나님의 본체와 함께할 본성을 회복하는 데 있다. 그리해야 모순에 찬 선천 역사를 매듭짓고 새로운 문명 차원으로 진입할 수 있다.

여기에 지성들이 본래성으로 회귀하고자 했고, 교육이 회복시키지 않을 수 없게 된 지대한 목표가 있다. 다시 강조해 교육의 대

---

26) 「플라톤과 주자의 기초교육론 비교 연구」, 장예 저, 연세대학교 대학원 교육학, 박사, 2016, p.46.
27) 「주자의 교육 사상에 관한 고찰」, 앞의 논문, p.47.
28) "주자는 인간의 마음속에 天의 理인 仁·義·禮·智가 본래부터 갖추어져 있음을 알고(거기에 바탕이 되었다는 말임), 이것을 밝혀내는 것이 『대학』 교육의 목적인 동시에 교육의 이상이라고 함."-위의 논문, p.50.

인간성 회복 목표는 다름 아닌 강림하신 하나님과 함께하기 위해서이고, 인간성을 회복하기 위해서는 인간에 대한 정당한 가치를 일구는 것이 근본 과제이다. 미래 인류가 지향해야 할 교육의 추구 목표는 현 인류가 당면한 인간성의 피폐와 종말적 상황을 극복하는 데 있다. 더 큰 당위성은 인간성을 회복해야 이 땅에 건설할 지상천국의 神民(하나님의 백성)이 될 수 있다. 하나님의 왕국이 하나님의 나라를 간절하게 원하는 백성들에 의해 구체화되리라. 하나님은 이미 강림하셨으므로 하나님과 함께할 백성만 구성하면 나라가 세워지는 것은 시간문제이다. 인간성을 회복하는 것은 온 인류가 하나님께로 나아가고, 그 나라를 건설하기 위해 추구해야 할 교육의 위대한 목표이다.

3. 인간성 완성 목표

교육의 목표는 크게 나누어 지식성을 추구하는 방향과 인격성을 추구하는 방향이 있다. 지식성이든 인격성이든 그곳에는 육성하고자 한 다양한 세부 목표가 있겠지만, 크게 나눈 지식성과 인격성은 서양과 동양이 가진 문명 특색을 구분하기도 한다. 나아가 인격성에 초점을 맞춘다고 하더라도 바탕이 된 인간성을 완성한다는 측면에서 보면 여기서도 서양과 동양이 바라보는 방향과 도달 기준이 다르다. 현대 문명이 인간성을 황폐하게 한 결과론을 놓고 볼 때, 이런 문명을 서양적 경험과 전통이 일으켰고, 중심 자리에 방향을 지침을 둔 교육이 자리 잡고 있다고 할진대, 인간성을 완성하기는 커녕 피폐시킨 실마리를 서양 교육의 대 목적관으로부터 발견할 수 있다. 사실 서양은 인류 역사에서 엄청난 사회적 변혁(산업 혁명, 과학 혁명 등)을 주도한 주역답게 교육이 인간 자체를 목표로 하여 완전성을 추구할 겨를이 없었다. 진리 추구 관심이 자연과 외부 세계에 집중하여 인간이 가진 내면의 가치와 품성과 인격성보다는 "지식이나 기술을 익혀 마치 기계의 부속품처럼 기능적으로 유능한 인간을 육성"[29]하고자 한 현실적 요구 충족에 급급했다. 지식과 기술을 익히고, 목적에 합당한 정신 능력과 신체 기능을 도야하는 데 정열을 쏟았다. 칸트가 경고하길(정언명령), 인간을 어떤 경우에도 수단화해서는 안 된다고 선을 그었지만, 급속한 산업화가 진전되는 과정에서는 다양한 영역에서 수단화된 경향이 짙다. 교육의 목적은 바람직한 인간성을 육성하고 가치성을 실현하는 것인데, 그런 인간성을 육성해서 완성하고자 한 방향과 목표와 도달 기준이 제각각이었고, 명확하지 못했다는 데 문제가 있다. 각자가 정한 기준대로 인간성을 완성하였다고 자인한다 해도 완성 이후의 목표는? 이것이 완성을 제창하고 개개인이 도달하고자 노력은 했지만, 누구도 해결하지 못한 선천 교육의 한계이다. 이런 측면에서 동서양이 주력한 인간성 완성 요소를 비교하면, 동양은 인간의 덕성적 요소를 수양과 인격 도야를 통해 이루고자 하였고, 서양은 정신적 요소를 학습을 통해 배양하고자 하였다. 고대 로마 시대에 "대 정치가로서 통령이 된 키케로(B.C. 106~43)는 교육 사상가로서도 이름이 높은데, 인간이 가진 천부의 소질을 완성하여 이성적 존재로서의 덕성을 발휘하는데 중요성을 두었다."[30] 여기서 천부의 소질이란 인간

---

29) 「법화경의 교육 사상 연구」, 이학주 저, 동국대학교 교육대학원 종교교육, 석사, 1994, p.57.

이 잠재한 다양한 능력이고, 그런 소질을 계발해서 이성적 존재로서 덕성을 원활히 하는 데 둔 것은 수단과 목적과의 연관성이 미흡하다. 소질을 갈고 닦아 완성하는 것을 이성적 판단으로 이룬 정신적인 사고력과 관련시킨 것은 동양의 선현들이 내면의 가치를 知行合一로 이루고자 한 노력과 대비된다. 독일의 철학자 칸트(1724〜1804)도 "교육은 기성 사회를 존속시키는 목적에 이바지하는 것을 이상으로 삼을 것이 아니다. '완전한 인간성의 실현'을 목적으로 해야 한다고 하였다. 아동의 타고난 자연적 본성을 발달시키는 것이 교육이라고 한 루소의 생각을 발전시킨 칸트는 교육이 인간성의 완성을 목적으로 해야 한다는 계발주의 이념을 제시했다."[31] 완전한 인간성 달성 요소에는 지적 요소, 덕성 요소, 체력 요소, 소질 요소, 영성 요소 등 다양하다. 그렇다면 칸트가 완전한 인간성의 실현 요소로 삼은 것은 어디에 해당하는가? 덕성 역시 이성적 작용과 무관하지 않고, 체력과 소질 요소는 내면과 대비된 이성적 요소이다. 영성은 종교적 요소로 분리하여 교육에는 포함하지 않은 문제가 있다. 서양의 인간성 완성 목표는 진정한 본성적 요소와 거리를 지닌 한계를 지녔다. 칸트가 완전한 인간성의 실현을 목적으로 삼은 것은 교육을 국가가 통제하여 국가적 목적을 달성하는 수단으로 삼으려고 한 당시의 교육 체제에 반대해서이다. 그러니까 완전한 인간성 실현에 대한 도달 기준과 방법론까지는 제시하지 못했다. 인간성이 잠재해 있는 본성 안으로 파고들지 못했다.

하지만 동양에서 수립한 수행을 통한 인간성 완성 노력은 인간이

---

30) 『교육의 역사 및 철학적 기초』, 앞의 책, p.62.
31) 『교육 철학 및 교육사의 이해』, 앞의 책, p.274.

지닌 품성과 인격과 가치관에 깊은 영향을 끼쳐 본성적 변화를 통해 인간성을 완성하고자 한 방법론으로 주효했다. 조선 시대의 유학자인 퇴계는 70 생애를 건 삶의 대명제가 구인(求仁)에 있었고, 가진 교육 목적관도 仁을 체득하는 데 있었다. 仁은 과연 무엇인가?32) 조선 후기의 다산 정약용(1762~1836)은 교육 개혁 사상으로서 인간의 본성 실현이라는 목표를 앞세워 다양한 방안을 제시했다. 그런데 그 본성 실현은 맹자의 성선설에 근거한 것이다.33) 仁과 본래의 善한 본성을 회복하고자 한 뚜렷한 완성 목표가 있었다. 바탕과 근거와 도달 기준이 없는 막연한 정신 능력과 이성 기능의 신장에 있지 않았다. 이런 추구 특성은 동양 문명을 뒷받침한 儒·佛·道 전통에 기인한다. 그중 유교 교육의 일반적인 목표에는 "지식의 획득으로 남(민족·국가)에게 봉사하려는 위인지학(爲人之學)이 있고, 자신의 인격 도야를 목표로 하는 위기지학(爲己之學)이 있는바, 성리학의 본령은 어디까지나 爲己之學에 더 강점을 두었다."34) "유교의 학문적 이상은 수기치인(修己治人)에 있으므로 목표는 당연히 앎 자체가 아니다."35) 이런 유교(=儒學, 儒家)의 전통적인 사상은 선진(先秦) 시대의 공자로부터 비롯되었다. 즉, "공자 사상의 주제는 仁이며, 仁은 공자 학문의 정수이자 극치이다. 공자는 仁을 몸소 실천함으로써 훌륭한 삶을 이룩하려고 노력하였다. 仁을 통해 인간성의 완성을 시도한 것이다."36)

---

32) 『한국 유학 사상과 교육』, 한국교육학회 교육사연구회 편, 삼일각, 1976, p.58.
33) 『정약용의 교육개혁 사상』, 앞의 책, pp.ⅳ~ⅴ.
34) 『공자 사상의 발견』, 앞의 책, p.369.
35) 『동서양의 가치를 화해할 수 있을까』, 김교빈·김시천 엮음, 웅진지식하우스, 2007, p.214.
36) 『중국 철학사』, 김능근 저, 탐구당, 1973, p.46.-「공자의 교육 사상 연구」, 조영갑 저, 공주대학교 교육대학원 국민윤리, 석사, 2004, p.4.

그렇다면 仁이란 무엇이고, 어떻게 해서 仁을 통해 인간성을 완성할 수 있다고 보았는가? 仁은 지고한 본질적 품성이다. 왜 이런 가치 품성이 존재하게 되었는가 하면, 하늘의 품성과 연관이 있다. 기독교인은 하나님의 본성(무한성, 영성, 인격성, 유일성)과 절대적 인격에 속하는 속성(영원성, 불변성, 편재성, 전지전능성) 외에도 도덕적 속성으로서 거룩성, 공의성, 사랑, 은혜, 인내, 善하심, 신실하심37)을 찬양하거니와, 仁은 그런 하늘의 본성을 인격화한 가치 품성이다. 그리고 이런 본질적 품성을 命받은 것이 곧 인간의 性이라고 굳게 믿었다. 교육의 항구적 목적 일환인 인간성을 완성한다고 할진대 그 목표는 인격적으로, 가치적으로, 진리적으로, 도덕적으로, 깨달음적으로 지향할 수 있지만, 유교에서의 명확한 목표 인식은 하늘이 命한 절대적인 가치 품성을 삶의 배움과 수행을 통해 인격을 도야함으로써 도달하고자 한 것이다. 이런 목표 인식과 기준에 따라 유교는 인간성의 인격적 완성체인 성인이 되고자 함과, 본질의 승화 목표인 하늘과의 일체 상태(天人合一적 경지)를 지향할 수 있었다. 유교의 아성(亞聖)인 맹자의 교육 이념도 仁義의 구현에 있는바, 하늘이 지니면서 命한 본성적 품성에 기초하여 仁을 인간의 중심으로, 義를 인간 행동의 도리로 규정했다. 仁義란 본질적 가치를 전 생애에 걸쳐 추구하고 지키고 구현하는 것이 인간 완성의 도달 기준이자 목표였다. 하늘과 命과 仁義란 품성과의 연관성에 있어서 창조된 본의만 알면 과히 仁義란 하나님이 천지를 창조하는 데 있어 질료적 요소로 제공한 바탕, 곧 '창조 본체'라고 할 만하다.

---

37) 동행-네이버 블로그(blog.naver.com).

반면에 동양 문명의 또 다른 주축 기둥인 도가와 불교에서는 유교와는 방향이 다른 인간성 완성 목표와 도달 기준을 제시한 듯한데, 노자는 인류사회에 道라고 하는 현실과는 질서 인식이 다른 차원 개념을 제시하였고, 불교는 수행과 깨달음을 통해 차원 세계를 향한 길을 제시하였다. 이에 儒·佛·道 전통이 함께한 조선 시대의 불교에서는 삼교일치 회통 사상이 무르익었거니와 太極, 理氣, 仁, 道, 法, 梵 등이 과연 무엇이냐고 했을 때, 천지 만물을 있게 한 바탕 본체란 점에서는 이론이 없으리라. 지극히 본질적이고 궁극적이며 본체적이다. 이름하여 창조 본체라, 창조로 존재한 현상적 모습과 결정적 법칙과 분열적 질서와는 차원이 다른 초월적 실체이다. 바탕이 된 본질체라는 점에서 정말 三敎는 한 솥을 떠받친 세 발 다리처럼 공히 본질적이다. 이런 차원 세계로 진입하기 위해 불교는 교육의 본질을 자아의 각성으로 보았다. 그리고 도달할 자아 완성 지표를 成佛하는 데 두었다. 그 같은 목표 달성이 가능한 것은 인간의 본성은 누구나가 다 佛性을 지닌 것으로 믿은 탓이다. 정말 창조 본체에 근거한 것인데, 이것은 인간이 하나님에 의해 창조되었다고 믿은 기독교 신앙과 인식 구조가 같다. 유교는 仁義를 인간성의 완성 목표로 삼았듯, 불교는 "중생을 佛이라는 완전하고 이상적인 인격으로 변화시키고자 다각적인 방안을 세웠다(『법화경』)."[38]

　　하지만 불교나 유교나 역시 문제는 도달한 仁義의 구현과 성인, 그리고 成佛의 완성이 인간으로서 이룬 궁극적인 가치의 완성 극치

---

38) 「법화경을 통해 본 불교의 교육 사상」, 이갑훈 저, 동국대학교 교육대학원 윤리교육, 석사, 1986, p.5.

112　교육의 위대한 사명

인가 하는 점이다. 완전한 지혜 도달인 깨달음, 수행으로 도달한 본질의 승화 극치인 인격체로서의 부처, 그리고 仁義의 품성적 가치 구현인 도덕적인 인격의 완성(성인)이 전부일 수는 없다. 유교에서는 "도덕적 자기완성을 추구하고(修己), 이를 근거로 齊家·治國·平天下"39)란 원대한 달성 목표를 제기하였지만, 修身을 통한 인간 완성이 지향하는 바는 濟家와 治國의 합치로 세속의 平天下를 이루고자 하는 것이 아니다. 그래서 인류는 때가 된 지금 강림하신 하나님의 뜻을 알아야 한다. 모르면 진리도, 섭리도, 삶의 추구 가치도, 그 무엇도 완성할 수 없다. 하나님의 창조 본의가 밝혀지지 못한 선천에서는 그 무엇을 이루어도, 혹은 경지 세계에 도달해도, 항상 그 너머에는 추진해야 할 그 무엇이 또 남아 있었다. 하나님이 천지를 창조한 본의를 더해야 진정한 완성과 매듭을 이룬다. 교육이 이루어야 할 이상적 도달 기준과 지향 목표도 마찬가지이다. 그 끝 간 데의 도달점이 곧 창조 본의를 깨닫고 타고난 본성을 삶의 과정을 통해 구체화하는 데 있다. 그 길과 추구 과정과 이룰 경지를 이상적인 완성 기준으로 삼아 본성 차원에 도달하고 일치할 수 있도록 길을 가르치고 인도하고 안내하는 것이 **"교육의 위대한 사명"**이다. 그래서 동양의 선현들이 수행으로 인간성의 궁극인 하늘의 뜻과 합일하고자 정열을 불태웠다. 인간의 존재 바탕이 완전한 하나님의 본체에 근거한 만큼, 교육이 시공을 초월해서 **"인간성 완성을 목표"**로 설정한 것은 과거의 빛바랜 목표가 아니다. 지금도 추구되고 있고, 미래 인류가 언젠가는 구현해야 할 영원한 교육의 지표이다.

---

39) 「주자의 교육론과 성인의 교육적 의미」, 고대혁 저, 동양고전연구, 4집, 1995, p.290.

제6장 교육의 보편적 구원 목적

1. 진리 추구 목표

인류의 보편적인 구원 목적은 하나님이 천지를 창조하고 인류 역사를 섭리한 처음의 뜻이고, 끊임없이 역사 위에서 의지를 표명한 항구적인 뜻이다. 진리 가운데로 인도되지 못하고, 본체를 완전하게 밝히지 못하며, 믿음이 필요한 한계 조건에서 하나님이 천지를 창조한 사랑의 목적은 구원 의지로 표명될 수밖에 없었다. 그래서 지금까지 인류가 추구해서 이룬 지혜와 가치와 업적은 모두 구원 목적을 지향했고, 그 안에 포괄된다. **"교육의 보편적 구원 목적"**도 예외는 없다. 하나님이 이루고자 한 대 인류 구원을 위해서이며, 인류의 진리 추구 행위도 결국 하나님의 구원 목적에 포함된다. 만인의 지성화 목표와 만인의 성인화 목표도 인류를 한 영혼도 빠짐없이 구원하고자 한 보편적 구원 의지를 완수하기 위해 섭리되었다. 사랑하는 자식이 행동을 잘못하고 그릇된 일을 저지르면 부모가 질책하고 엄포를 놓지만, 결국은 자식을 깨우치기 위함이다. 하나님이 사랑한 인류에 대해 징벌과 심판 운운하였지만, 진정한 목적은 무지한 인류를 일깨워 품 안으로 인도하기 위해서이다. 그런 역사의 한 중심에 인류의 **"궁극적인 진리 추구 목표"**와 교육의 영원한 일깨움 목표가 있다. 최후 심판을 예고하였지만, 그 이전에 하나님은 완전한 구원을 이루고자 하였다. 그것이 본래 천지를 창조한 완전한 사랑에 대한 하나님의 역사적 확증이다.

어느 시대에 어떤 사상가를 막론하고 진리를 추구하였고, 그렇게 해서 이룬 모든 것이 진리라고 믿지 않은 때는 없었다. 신념을 가지고 표명한 설이고 논이며 주장인데도 편파, 비판, 대립된 관점이 발생한 이유는 무엇인가? 미국의 진보주의자들은 교육에 있어 "변화와 새로움을 강조하였지만, 항존주의자들은 절대적인 원리를 주장했다. 사회적인 격변과 변동에도 불구하고 변화보다는 영구한 것이 실재적이고 이상적이라고 생각했다. 쉬지 않고 변화하는 현상의 모습보다는 이면의 순수 형상이 물질적인 것을 초월한 궁극적 목적으로서, 여기에 근거하는 것이 우리가 의존할 수 있는 확실성인 것은 맞다. 항존주의자들은 불안과 불확실성이 급증하는 세계에서 확고한 교육 목적과 안정된 교육적 행동보다 더 유익한 것은 없다고 주장했다."[1] 그렇다면 진보주의자들이 의욕을 가진 변화를 통해 일군 새로움에 대한 발견은 버려야 하는가? 이런 문제 탓에 우리는 진리를 추구하여 이룬 진리성에 대하여 진리가 지향하는 궁극처가 어디이고 목적이 무엇인가를 알아야 한다. 항존주의자들이 변화하는 일체를 떨쳐버리고 영구한 것만을 교육의 이상적인 목표로 세운 것은 겉으로 드러난 진리적 속성을 강조한 것이다. 내재한 섭리 뜻을 간과하였다. 그러니까 진리의 영원성에 근거했지만, 그로 인해 파생된 제반 요소를 포괄하지 못해 대립을 유발했다. 진리 성립 조건을 영원성에 국한해 담을 수 있는 그릇 용량이 제한되었다. 항존주의건 진보주의건 그들이 세계를 바라본 관점에는 본질적인 한계

---

1) 『교육의 철학적 이해』, 박준영 저, 경성대학교 출판부, 1998, pp.310~311.

가 드러난다. 일체를 초월할 수 있는 본체적 관점을 확보하지 못했다. 선현들이 진리란 결국 하나라고 하였는데도 말이다.

따라서 우리는 진리가 무엇인가를 아는 것도 중요하지만, 진리를 존재하게 한 진리의 본질이 무엇인가란 문제도 풀어야 하고, 진리를 통해 이루고자 한 섭리 뜻이 무엇인지까지도 알아야 한다. 인류는 역사상 많은 시간과 정열을 바쳐 일군 업적들이 있는데, 영광의 절정을 이룬 거대한 제국들도 결국은 멸망했고, 수많은 희생을 치른 진시황의 만리장성도 지금은 허물어져 가고 있지만, 진리만큼은 고스란히 쌓였고 전승되었다. 진리를 위해 삶을 헌신한 영혼들이 유사 이래 끊이지 않았다. 그 이유가 도대체 무엇인가? 더 나아가 그들이 진리를 추구하였고, 또 가르치고자 한 목적은? 진리가 이르는 곳에 바로 인간 영혼의 구원이 있고, 귀의해야 할 궁극처가 있기 때문이다. 그래서 교육의 목표에는 인간성 육성도 자리 잡고 있지만, 한편으로는 정신적, 영혼적, 본질적 실현 목표인 인류가 참 진리를 알고, 참 진리를 깨닫고, 참 진리를 구할 수 있도록 안내하고 가르치는 것도 자리를 차지한다. 참 진리, 그곳에 인류가 근원적으로 나아가야 할 길이 있다. 길, 즉 궁극적인 道를 보고 알고 깨닫게 하는 데 인류가 진리를 추구하고 교육이 진리를 가르쳐야 하는 목적이 있다.[2] 여기서 왜 진리를 추구한 궁극적인 도달 목적지가 道이고, 道를 알게 하는 것이 보편적 구원 목적을 달성하는 교육적 역할인가 하면, 현상 안에 나 있는 이치에 맞는 길과 그와 구분된 道가 무엇인가 하는 것을 알게 하는 것이 구원 목적과 깊이 연관되어 있어서이다. 지금까지 진리를 추구하였고 앞으로도 진리를 추구

---

2) 인간을 바르게 육성하기 위해서는 참 진리가 무엇인지를 알게 하고, 깨닫게 해야 함.

할 것이기 때문에 그동안의 성과만으로도 진리가 지향한 바와 진리가 무엇인가를 모른 것은 아니다. 진실을 간파했고, 본질을 엿보았다. 단지 그 같은 통찰과 정의를 확실하게 인준하고 이해하지 못한 데 문제가 있다. 예나 지금이나 일부 믿음을 가진 자와 覺者들은 궁극의 道를 체득했고 구원 목적을 달성했다. 하지만 그런 성과가 완전히 객관화, 진리화, 보편화되지는 못했다. 선현들이 진리를 추구한 것은 마치 소승 불교가 개인의 구원 상태에 머문 것과 같아 이후 등장한 대승 불교처럼 보다 확대된 구원 요구를 수용하지 못했다. 이에 이 연구가 인류의 영혼을 한 사람도 빠짐없이 구원하고자 한 하나님의 뜻을 대신하여 **"교육의 보편적 구원 목적"**을 표방한 것은 소승에서 대승으로 이어진 불교의 중생 구원과 유대교에서 가톨릭으로 이어진 기독교의 구원 역사보다도 더 확대된 보편적 구원 목적을 궁극적인 진리로의 인도로 달성하기 위해서이다. 소수가 도달한 진리의 궁극처를 모든 인류가 도달할 수 있게 함으로써 하나님이 뜻한 보편 구원 목적을 교육을 통해 이루고자 한다.

여기에 道의 본질이 함축한 근원성의 빗장, 바탕성의 빗장, 창조성의 빗장을 풀어야 하는 과제가 있다. 道가 지닌 본질적 차원, 현실과는 차원이 다른 초월의 강을 건널 수 있도록 다리를 놓는 데 **"교육의 보편적 구원 역할"**이 있다. 道를 구하고 깨닫고 인도하여 알게 하는 목적, 그리해야 현상 질서에 가로막힌 차원의 벽을 뚫고 영원한 안식처, 영생할 세계가 있는 약속의 땅으로 건너갈 수 있다. 道를 알아야 구원의 세계에 이르는 길을 뚫고, 안좌한 하나님에게로 이르는 강을 건넌다. 지성들이 구하였고 궁금하게 여긴 道란 바로 현상적 세계와는 차원이 다른 본질 세계이고, 그곳에 이르게 하는 길이다. 그것이 가능하도록 차원의 강을 건널 수 있게 하려면 선현들이 애써 추구한 발자취를 과거 역사를 통해 확인할 수 있어야 한다. 유교를 창시한 공자는 선대의 "周나라 문화가 형식주의로 흘러 허위와 가식으로 가득 찬 모습을 보고, 해결 방안으로 사람으로서 마땅히 걸어가야 할 人文의 道를 제시하였다."3) "명륜(明倫), 즉 사람으로서 마땅히 지켜야 할 도덕과 행해야 할 윤리를 밝히는 것을 교육 목적으로 삼은 것은 공자 이래로부터의 진리이다."4) 이처럼 진리에는 인간 사회에서 마땅히 행해야 할 근본이 된 길, 곧 인문의 道가 있다. 하지만 노자가 밝힌 것처럼 無爲自然적인 道도 있다. 人文의 道란 사람이 사는 사회의 道이고 세상의 道이다. 거기에는 법칙과 이치, 원리가 있고 명륜, 도리, 규칙 등이 있다. 다 결정된 법칙과 이치, 곧 놓인 길이다. 반면에 無爲自然의 道, 곧 無爲의 道란? 그렇게 결정된 세상 법칙과 이치와 人文의 道를 있게 한 바탕 道, 초월 道, 본체 道, 생성 이전 道, 한마디로 창조 道이다. 온갖 有爲를 있게 한 無爲의 道이고, 온갖 人文을 있게 한 無文의 道이다. 이것을 지난날은 확실하게 구분하지 못해 한쪽 기준만으로 편가름해 타 진리를 거부, 이단, 배척하였다. 민족과 나라와 문화와 역사를 구획 짓고 대립시킨 진원이다. 진시황의 분서갱유 획책과 일제강점기 때의 민족문화 말살 정책처럼 다른 문화와 진리를 인정하지 않고 파괴한 문명적 무지를 끊임없이 자행하였다. 이런 배척 역사는 세계 곳곳에서 아직도 진행 중이며, 반복해서 저질러지고 있다고 할진대, 인류는 끝내 궁극적인 진리에 도달해야 하고, 그를

---

3)「노자에서 본 무위자연의 교육 사상」, 박상욱 저, 강릉원주대학교 교육대학원 윤리교육, 석사, 2009, p.7.

4)『역사이해와 비판 의식』, 박성수 저, 종로서적, 1980, p.190.

통해 인류를 가르쳐야 하는 것이 교육의 피할 수 없는 진리 추구 목적이다.

이런 측면에서 본다면 플라톤은 무지한 인류를 영원한 차원의 세계로 인도하려고 한 위대한 철학자이다. 그가 진리를 추구하여 이루고자 한 "교육의 궁극적 목적은 이데아 중의 이데아인 善의 이데아를 인식할 수 있는 단계로 나가게 함에 있었다. 그렇다면 이 이데아란 무엇인가? 감각으로는 알아볼 수 없는 그 무엇이라고 했다."[5] 바로 감각적 인식으로서는 건널 수 없는 차원의 세계를 구분해서 설정한 것이다. 그리고 플라톤은 이데아 세계를 인간이 가진 이성으로 인식할 수 있다고 했지만, 과연 그런 방법으로 인류를 차원이 다른 세계로 인도했는가? 지침을 둔 이데아 세계를 후인들은 보지 못했고 이해하지 못했다. 이런 세계관적 한계성을 일컬어 관념론이라고 지칭한다. 유물론이란 또 다른 대립 관점을 유발했다. 인류가 궁극의 진리를 추구한 것은 현실 세계를 있게 한 본질의 세계로 나가는 데 있고, 그러기 위해서는 가로놓인 장벽, 곧 차원의 강을 건너야 했다. 궁극이란 강을 건널 수 있는 조건을 충족시켜야 한다. 하지만 그 길과 관점과 道(본질)적 바탕이 이성을 수단으로 삼은 서양의 전통 안에서는 생성될 수 없었다. 그렇다면? 그 길을 2,500년 전에 깨달음을 얻은 佛陀가 열었다. 깨달음을 얻는 것, 그것이 차원의 세계를 보는 것이고, 수행은 세계에 도달하게 하는 방법적 수단이다. 그리고 구한 깨달음의 道, 곧 法은 차원(본질)의 세계를 각성한 실상이다. 佛陀는 본질 세계를 정각해서 "일체중생에게 차원의 세계를 열어서(開) 보여주고(示), 깨닫게 하며(悟), 궁극

---

5) 「플라톤과 주자의 기초교육론 비교 연구」, 앞의 논문, p.9.

적으로는 佛세계에 들어가게(入) 하려고"6) 열반에 들 때까지 설법의 역사를 펼쳤다. 여기서 佛세계란? 人爲 이전, 현상 이전, 생성 이전, 창조 이전의 그 무엇이다. 현실과는 차원이 다른 근원적 세계이다[道].

그런데도 수많은 수행자가 佛陀가 지침을 둔 길을 추종했고, 동류의식으로 法의 세계를 깨달아 얻었는데도 法이 가진 道적 차원과 창조적 특성을 엿보지 못한 이유는 무엇인가? 무수한 法을 각성하였지만, 法의 본체를 완성하지 못한 탓이다. 세계의 본질이 분열을 완료하지 못한 한계에 기인했다. 불교 역시 선천 종교에 속하였고, 佛陀가 무상의 깨달음을 얻어 평생을 교설했음에도 불구하고 인류를 모든 法의 세계로 인도한 보편 구원 목적은 달성하지 못했다. 차원의 강을 건너는 확실한 다리를 놓지 못했다. 이것을 오늘날의 교육이 도맡아야 한다. 佛陀는 깨달음을 얻은 성인이지만, 그렇게 해서 깨달은 일체 法을 완성한 분은 아니다. 이후의 수행자도 法을 생성시키는 데 이바지했을 따름이다. 모든 길(진리), 모든 道, 모든 法을 완성한 분은 오직 한 분, 이 땅에 강림하신 보혜사 하나님이다. 진리의 성령으로서 정말 道를 완성하고 法을 완성하고 하나님의 본체를 완성한 모습을 드러내었다. 인류가 선천 세월을 바쳐 궁극적인 진리를 추구한 것은 차원의 강을 건너 하나님에게로 갈 수 있는 징검다리를 놓기 위해서였고, 천지를 창조한 목적을 간파하기 위해서였다. 진리를 알고 진리와 함께하는 삶이 결국은 구원을 얻는 길이고, 하나님에게로 이르는 길이다. 진리는 다름 아닌 절대적인 하나님이 세상 안에 거함에, 그렇게 거하기 위해 화현된 하나님

---

6) 「법화경의 교육 사상 연구」, 앞의 논문, p.3.

의 존재 방식이었다. 창조주 하나님은 유일하고 절대적이지만 역사 위에서는 다양한 모습으로 화현되었고, 역사하였고, 함께하였는데, 인류가 그런 모습을 미처 분간하지 못하였다. 그렇게 화현된 존재 모습이 곧 성부, 성자, 성령, 알라, 法身, 人文의 道, 無爲自然의 道, 太極의 道, 一圓相의 道임에, 그렇게 임하여 역사한 진리의 본체 모습을 완성한 분이 보혜사 진리의 성령이다. 화현된 모습으로 강림하신 하나님을 만 인류가 확실하게 뵐 수 있도록 교육이 선지자적 본분을 다해야 하리라. 교육을 인류 구원을 위한 보편적 수단으로 설정한 이유이다.

2. 만인 지성화 목표

동서양을 막론하고 고대와 중세 시대를 거치는 동안 교육을 받을 수 있는 혜택이 왕족, 귀족, 승려 등 특권을 가진 계급층에만 주어졌다는 것은 잘 아는 사실이다. 시대에 따라서는 백성을 우민화(愚民化)시켜서 지배적인 세력을 강화하려고도 하였다. 지극히 이기적인 정책이다. 그런데 우리나라에서는 조선 시대에 통치자인 왕이 백성에게 문자 교육의 필요성을 인식해서 직접 연구를 거듭한 끝에 새로운 문자를 만들어 보급했다. 그것이 바로 '한글=훈민정음'이다. "용어에서부터 백성을 훈도한다는 의미를 내포한 것같이 민중 의식의 향상에 따라 조선왕조의 항구적 지배 질서 확립을 위한 수단으로 창제되었다. 백성을 훈도의 대상으로 생각한다면 그들이 문자를 모르고 禮를 이해하지 못하면 새로운 지배 체제로의 편입이 어렵게 된다. 다시 말하면, 15세기는 새롭게 등장한 조선왕조의 지배 질서를 확립하는 일이 급선무였던 때였다. 관료층은 물론 일반 민중에게도 고려 시대까지의 불교적인 생활양식을 청산하고 유교적인 생활 규범을 철저히 주입할 필요가 있었다. 이를 위하여 백성이 쉽게 배울 수 있는 글을 만들고 그것으로 각종 의례서를 지어 보급했다."[7] 그래서 조선왕조가 역사적으로 유례가 드물 만큼 500년 동안이나 맥을 이은 것인지도 모르지만, 이런 문자 창제와 백성에게 교육을 통해 훈도할 필요성을 인식한 것은 하나님이 만세 전부터 세운 **"교육을 통한 만 인류의 지성화 목표"**에 이바지했다. 조선 시대의 세종대왕이나 나중에 국민개학(國民皆學)의 필요성을 절감하고 공교육 제도의 기초를 다진 서양의 성직자, 사상가, 교육자들은 당시의 시대적 요구와 필요성에 따라 관심을 쏟은 것이겠지만, 이것은 결국 섭리적으로 교육을 통해 인류의 보편적 구원 목적을 실현하고자 한 일환이었다. 새로운 왕조에 걸맞은 질서를 확립하기 위해서는 백성과 소통해야 하고, 문자가 쉬워야 정책을 전달하기 쉽다. 그런데 통용된 한문을 사용한다면 보아도 뜻을 모르는 백성 대부분에게 어떻게 무엇을 훈도할 수 있겠는가? 고려 왕조의 구습, 구질서, 불교적 가치를 타파하고 새로 건국한 조선왕조가 꿈꾼 유교 질서에 근거한 이상사회 건설이 어려웠으리라.

이런 시대적 요구와 교육의 필요성 인식은 창조주 하나님이 새로운 모습과 이름으로 강림하신 지금도 마찬가지이다. 국민개학에 이바지했던 인물들은 자체의 필요성 인식에 따라 만인의 지성화 섭리를 따른 것이지만, 하나님은 이들 역사를 총체적으로 주관하는 분

---

7) 『교육 철학 및 교육사의 이해』, 앞의 책, p.79.

이다. 하나님이 창조 이래의 침묵을 깨고 역사 위에 직접 등단하여 선천 질서를 매듭짓고 새로운 질서를 개창하기 위해 새 계시, 새 역사, 새 메시지를 펼칠 것인데, 사랑한 지상 백성이 여기에 대해 무지하고 이해, 수용, 각성할 수 없다면 어떻게 되겠는가? 하지만 공든 탑이 무너지랴! 이때를 위하여 만세 전부터 길을 예비하였으니, 그것이 전 역사를 통해 섭리된 **"만인의 지성화 지향 역사"**이다. 하나님이 강림하시어 인류를 모든 진리 가운데로 인도할 때를 위하여 한 사람도 빠짐없이 지성을 개오시키는 방향으로 나가야 했고, 가일층 업그레이드되어야 했다. 하나님의 창조 본체와 본의는 세상 질서를 초월한 것인데, 여기에 대해 무지해서는 안 된다. 철저하게 준비한 탓에 때가 되어 강림하실 수 있었다. 이 사실을 이 연구가 통찰한 뜻을 근거로 논거를 제시하고자 한다.[8] 정말 하나님이 인류를 놓침 없이 구원하고자 할진대, 아무리 전지전능한 창조주라도 권능을 발휘한 기적으로 단번에 해결할 수는 없다. 하나님은 가장 인내하고 오래 참는 분인데, 그 세월이 창조 이래 지금까지이다. 그 인내와 세상 질서를 통한 창조 목적 실현 역사를 무시하고서는 무엇도 도모될 수 없다. 가능한 방법이 곧 말씀을 통한 역사이고, 진리를 통한 역사이며, 준엄한 각성을 통한 역사이다. 성령으로 임한 계시 역사, 메시지 전파, 인격적 의지를 담은 가르침의 역사가 필요불가결한 방법이다. 기독교가 이천 년이 넘도록 복음을 땅끝까지 전파하라고 한 예수님의 명령을 아직까지 완수하지 못한 이유는 무

---

8) 모든 진리 가운데로 인도하리란 약속을 이루기 위해서는 하나님이 강림하시어 본의를 밝히고, 진리의 성령으로 임하여 모든 지혜를 계시해야 가능하지만, 한편으로는 역사와 메시지를 이해하고 수용할 수 있는 만인의 지성화가 함께 이루어져야 했다. 나를 알고 세계를 알고 진리를 알고 이 땅에 강림하신 하나님을 알아야 함.

엇인가? 하나님과의 교감과 말씀의 임함에 대한 세계 작용적인 원리와 인식 방법, 본의 해석 관점이 밝혀지지 못해서이다. 예수님의 신격과 神的 본질을 객관적, 원리적으로 밝히지 못하고 신비적, 비합리적인 언어로 표현한 탓이다. 이에 하나님은 때가 되면 밝히리라고 한 대로 밝히겠지만, 동시에 차원적인 말씀을 받들 인류의 지성도 함께 개오되어야 함에, 그 숨은 역할을 여태까지 교육이 담당하였다. 구원을 위한 섭리 역할을 동서양이 함께 분담하였다. 서양은 만인의 지성화를 위해 교육을 제도적으로 확대해 인류를 하나님에게로 인도한 보편적 구원 목적에 이바지하였고, 동양은 이후에 논거를 둘 바 만인의 성인화를 통해 원대한 하나님의 인류 구원 목적을 실행하였다.

선천에서는 교육과 구원 문제를 연관 지은 지성들이 많이 있었다. 그중 "플라톤과 페스탈로치는 교육을 통해 인류를 구원하려고 하였다."9) 그렇다면 교육과 구원과는 무슨 연관이 있는가? 왜 교육이 인류를 구원할 수 있는가? 지난날 기독교가 믿음만을 영혼 구원의 수단으로 삼은 것은 소승 구원, 개인 구원 형태이다. 만백성을 교화해야 함에, 여기에 보편 구원의 문이 필요하다. 그래서 교화를 통해 바른 삶을 살게 하는 것은 자칫 저지르기 쉬운 만악(萬惡)으로부터 인류를 구원하는 길이고, 하나님을 알기 위해서는 확대된 지성의 개오 노력이 필요했으며, 수행은 하나님에게로 나가는 의식의 문을 열게 했다. "모든 사람은 구원을 필요로 한다."10) 선결 조건은 오직 하나님을 아는 지식과 도달할 길을 아는 것이므로, 이것

---

9) 『교육 철학』, 김정환 저, 앞의 책, p.52.

10) 『루터의 사상』, 앞의 책, p.52.

을 교육이 담당했다. 강림하신 하나님은 모두를 빠짐없이 구원할 방법적 수단으로 교육을 선택하였고, 교육을 통해 만인을 개오시키기 위해 섭리하였다.

이런 역사의 한가운데서 루터는 종교개혁가인 동시에 오늘날 제도화된 국민교육의 발단에 공헌한 위대한 교육 사상가이다.11) "루터는 일생을 통하여 교육 사업에 지대한 관심을 가졌다. 그의 교육에 관한 관심은 당시 인문주의자들의 관심과는 성격이 달랐다. 즉, 그들은 고대 그리스와 로마의 세속적인 문화에서 새로운 삶의 이상을 발견하였고, 교육에 관한 관심은 부유한 신흥 시민계급이 인문적 교양을 갖추게 함으로써 소수의 정치지도자, 관료 또는 성직자를 양성하는 데 두었다. 반면에 루터의 생각은 더 대중적이었다. 루터는 원시 기독교 정신에서 새로운 삶의 이상을 발견했다. 개인이 교회조직이나 성직자의 권위가 아닌 성서의 권위에 의존하여 각자의 이성과 양심에 따라 신앙생활을 영위하는 것이었다. 이 같은 생활은 신도들이 직접 성경과 교리문답을 읽고 해석할 수 있어야만 실현된다. 루터는 빈부귀천, 남녀노소를 막론하고 누구나 글을 읽고 쓸 수 있도록 국가가 무상으로 교육의 기회를 제공하는 체제를 구상했고",12) 또 주장했다. "가톨릭은 교황 중심의 신앙을 지켜온 데 반하여 그로부터 독립한 개신교는 성서 중심의 신앙을 추구함으로써 교리(복음)를 널리 보급하기 위해서는 교육 기회를 확대해야 했다."13) 이런 목적을 달성하기 위해 루터는 "유명한 「취학의무에 관한 설교」에서, 국가는 학교를 세우고, 국가 재정으로 운영해야 하며, 필요하다면

---

11) 『기독교 교육』, 앞의 책, p.26.

12) 『교육 철학 및 교육사의 이해』, 앞의 책, p.215.

13) 『교육사 신강』, 앞의 책, p.212.

강제 수단을 써서라도 아동을 취학시켜야 한다는 점을 말하였다. 또한「기독교적 학교의 설립과 유지를 촉구하는 글」에서는 학교 교육의 중요성을 극구 강조했다."14) "루터는 초등교육의 공영화, 의무화는 물론 교직의 중요성까지 강조하였다."15)16)

루터는 하나님으로부터 인간이 구원을 받을 수 있는 길은 하나님의 말씀이 담긴 성서를 개개인이 읽고 쓰고 해석하는 데로부터 출발한다고 믿었다. 이것은 결국 만 인류를 지성화하는 방향으로 나아가 만 영혼을 구원할 수 있는 제도 면에서의 섭리 뜻을 충족시킨 것이다. 하나님을 알고 구원받기 위해서는 지적으로 깨어 백성이 지성화되는 방향으로 나가야 하지만, 더하여 강림하신 하나님과 교감하기 위해서는 영성적으로도 깨어 만인이 영성화되는 방향으로 나가야 하고, 의롭다고 함을 입기 위해서는 도덕적, 품성적으로 성인화되어야 한다. 그리해야 강림하신 하나님과 구원된 인류가 함께하여 영생 복락을 누리리라.

3. 만인 성인화 목표

나는 태어나 자아에 대해 궁금했던 청소년 시절, 장차 나아갈 인생길이 어디에 있고, 사명이 무엇인지를 자신과 하늘을 향해 물은

---

14) 『교육 철학 및 교육사의 이해』, 앞의 책, p.216.

15) 『교육사 신강』, 앞의 책, p.216.

16) 1642년의 매사추세츠 교육령: "보스턴을 중심으로 한 매사추세츠에 정착한 청교도들은 켈빈주의에 근거하여 사람이 하나님으로부터 구원을 받기 위해서는 교육이 필요하다는 생각에서 교육 제일주의를 주장하게 되었던바, 그 법적인 표현임."- 『교육의 역사 및 철학적 기초』, 앞의 책, p.117.

적이 있다. 누구나 때가 되면 인생의 길목에서 당면하는 문제로서
이것은 도서관에서 책을 열심히 뒤진다고 해서 풀 수 있는 문제가
아니다. 칸트는 "철학의 모든 문제가 최후에는 '인간이란 무엇이냐'
로 귀착한다"[17]라고 했다. 하지만 그런 철학적 문제는 나의 인생길
과는 거리감이 있는 객관적인 문제이고, 설사 인간이 무엇인가란
문제를 풀었다고 해도 무엇을 위해 살고 어떻게 나아갈 것인가에
대한 인생적인 목표 설정에서는 여전히 과제로 남는다. 누가 합당
한 정보를 제공할 수 있는가? 여기에 바로 동양의 선현들이 추구했
던 **"만인 성인화 목표"**가 있다. 그것이 인류가 나아가야 할 완전한
목표는 아니라고 할지라도 인간의 도덕성화와 인류를 구원하고자
한 하나님의 보편적 구원 목적에는 섭리적으로 이바지하였다. 동양
문명과 서양 문명은 어느 한쪽이 선진화된 문명이고 후진적인 문명
인가 하는 우월성 여부를 떠나 나름대로 대조된 특성이 있다. 언젠
가는 하나 되는 방향으로 조화되어야 한다. 하지만 하나님이 천지
를 창조하고 인류 역사를 주관한 보편적 구원 목적에 초점을 맞추
고 본다면, 서양이 세운 主知主義적 교육 목적은 재고되어야 한다.
물론 이전에도 대조되었지만, 특히 근대 서구의 철학과 근대 동아
시아의 신유학은 자연관, 인간관, 사회관에서 큰 차이를 지녔다. 먼
저 장점을 본다면, 서양 문명은 과학적 방법이고, 동양 문명은 인생
의 목적을 바르게 인식해서 지침을 삼았다는 데 있다. 자연과학과
인간학을 분리해서 성립된 현대 문명의 과제는 이들 문명을 통합적
지평에서 미래의 인류 공동체 발전에 힘쓰도록 창조해야 한다.[18]

---

17) 『체육 철학』, 오진구 저, 앞의 책, p.53.
18) 「주자의 교육 사상에 관한 고찰」, 앞의 논문, p.80.

양 문명의 장점은 살리고 단점은 준엄하게 지적해서 보완해야 한다. 그 중요한 관점이 곧 하나님의 보편적 구원 목적에 있다. 이런 뜻 안에서 볼 때, 서양이 일군 과학 문명과 지적 추구 방향은 현대 인류의 인간성을 황폐하게 한 주된 원인이다. 인류 전체가 멸망할 수도 있는 요인을 제공했다. 이것을 동양 문명이 저지하고 회복시키는 데 **"만인 성인화 지향"** 노력이 있다.

중국 明나라 시대에 태어난 왕수인(=양명, 1472~1528)은 성인 지향의 학문 추구 전통 중에서 한 가지 커다란 의문에 봉착했다. 송유(宋儒)의 격물치지(格物致知)인 "만물에는 반드시 표리정조(表裏精粗)가 있으니, 일초일목(一草一木)에 지리(至理)가 있다"라고 한 것을 읽고 벗과 竹의 理를 궁리코자 하였지만, 벗이 병이 나버렸다. 양명도 7일 만에 병이 생겼다. 성현은 각기 천분이 있는가? 자신은 미칠 바 아니라 여기고 좌절하였다. 용장(龍場) 생활의 죽음에 직면한 한계 상황에서 37세 된 어느 저녁, "선인의 道는 나의 본성으로 자족하다. 지난날 理를 사물에서 구한 것은 잘못이었다"란 깨달음을 얻었다. 외적 사물에 대한 지식이 아니라 심성 중에 具有하는 至善한 본체를 밝히는 내면주의가 옳다고 깨쳤다. 정주학의 즉물궁리(卽物窮理)는 필경 心과 理의 거리를 좁힐 수 없었다. 새로운 格物에 대한 해석의 발상이다. 격물이란 心外의 事理를 지지(知至)하는 것이 아니다. 心內의 不正을 正하는 것이요, 致知는 양지(良知)의 발휘이다. 즉, "心卽理"[19]의 발견이다. 진리를 구하는 데는 외향적 추구 목적과 내향적 추구 목적이 있는바, 양자는 분명히 구분된 것이다. 동양의 양명은 깨우쳤는데 서양은 거대한 지적

---

19) 「양명학의 체육 철학적 연구」, 권오륜·황철문 저, 체육철학연구소, 11호, 1995, p.3, 5.

체계를 구축하는 데만 몰입하여 인성을 도야하는 과제는 내팽개쳐 만백성의 성인화 길을 가로막았고, 인간성을 황폐화시켰다. 인간학도 인간의 본성을 고무하는 문제와는 거리가 멀었고, 자연적인 진리를 탐구하는 데 관심을 쏟았다. 성인이 되기 위해서는 인간성의 바탕인 본성을 닦을 수 있는 끊임없는 노력이 필요하다. 그런데 서양은 본성을 갈고 닦을 수 있는 수행 체제가 없다. 그러니까 천국은 요원하였고, 신앙심만으로는 하나님과의 거리를 좁히지 못했다. 기독교인이 하나님을 믿었음에도 약속한 나라의 도래와 하나님과 함께한 지상 천국을 건설하지 못한 것은 **"만인 성인화"**의 방법이 그들에게는 없었기 때문이다. 그래서 하나님은 서양 문명을 버리고, 동양이 쌓은 수행 문화와 성인 지향의 학문 추구 전통에 기대를 걸게 되었다. 여기에 동양적 가치와 세계관이 재고되고 부활하여야 하는 이유가 있다. 서양의 근대인들이 神을 버린 결과 인간관과 세계관이 갈 곳을 잃어버린 종말성과 그로 인해 맞이한 참담한 인간성의 황폐화 원인을 재고해야 한다. 서양인은 자신들이 神을 버리고 神을 죽음으로 몰아넣었다고 선언한 것으로 알고 있지만, 사실은 하나님이 서양을 먼저 버렸고, 하나님이 그들 문명을 통해서는 더 이상 태초의 창조 이상을 실현하는 데 희망이 없어 동양 문명을 통해 새로운 길을 모색하게 되었다.

서양의 기독교 신앙과 믿음으로서는 차원의 저 너머에 계신 하나님에게로 나아갈 길이 차단되어 있고(?), 한계성을 끝내 극복하지 못했다. 일부 선지자들만 하나님과 교통한 선천 종교에 그쳤다. 철학이란 영역도 마찬가지이다. 플라톤은 善의 이데아를 통해 현재 존재한 세계적 질서와는 차원이 다른 세계를 지침으로 삼아 이원화시키기는 했지만, 세계에 도달할 수 있는 길에 대해서는 침묵했다. 임마누엘 칸트는 현상계와 대비된 물 자체의 세계를 상정하고 구분했지만, 가진 현상적 조건과 인식으로서는 차원 세계를 파악할 수 없다고 선언하였다. 서양이 지닌 문명의 특성이다. 하지만 중국 위·진 시대 노장학(老莊學)의 시조로 불린 왕필(226~249)은 "경험적 현상 너머에 있는 영원하고 절대적인 본체 본질상을 명시함으로써 동양본체론의 문명적 특성을 명확히 했다. 왕필은 세계를 일종의 거대한 나무로 보고 세계 안의 모든 존재와 사건은 가지에 불과한 것이기에, 진정으로 세계를 장악하려면 뿌리에 해당한 세계의 본질을 이해해야 한다"20)라고 하였다. 본체 진리의 역할과 진리적인 특성을 동서양의 어떤 지성들보다도 분명하게 밝혔다. **"만인 성인화"**로 보편적인 구원의 길을 열고 하나님에게로 나가는 데 있어 서양은 한계성에 봉착했지만, 동양 문명은 쉽다고 말한 인식은 유사 이래 처음이다. 그뿐만 아니라 강림하신 보혜사 하나님을 서양 기독교가 아닌 동양의 본체 문명이 뒷받침하리라는 것은 토마스 아퀴나스, 데카르트 등 서양의 누구도 하나님의 존재 사실을 논증하는 데 실패한 반면, 동양의 儒·佛·道는 통찰된 인식 하나하나에 하나님의 절대적인 본체성을 뒷받침한 초월적 논거가 비일비재하다는 사실로서 확인된다. 이 지혜를 지성들은 볼 수 있어야 하고, 보아야 구원 섭리의 전환(서양식 기독교→동양식 기독교)과 역사의 주축이 될 동양 문명의 부활을 기대할 수 있다. 그 섭리 역사의 한 중심에 만세 전부터 예비된 선현들의 **"만인 성인화"**에 대한 가능성 인지와 추구가 있다. 동양에서 성인이 되고자 하는 것은 학문 추구의 공인

---

20) 『중국철학 이야기(2)』, 백민정 저, 신동민 그림, 책세상, 2006, p.17.

된 구호였다.

백범 김구(1876~1949)는 일제강점기와 해방 후의 혼란기를 겪으면서 "한민족이 인류의 모범이 되는 최고 문화민족 국가를 이룩하기 위해서는 민족 모두를 성인(聖人)으로 만들어야 하고, 그것은 교육의 힘으로 이룰 수 있다고 가르쳤다."21) 이런 필요성 인식은 모두 선대로부터 추구된 동양 문명의 전통적 인식에 근거한다. 전통을 거슬러 올라가 보면 "공자는 교육을 통해서 고대 周나라의 이상사회 건설을 목표로 하고, 그것을 실현하기 위해서는 인격의 완성자인 君子를 만들어내는 것을 교육의 목적으로 삼아야 한다고 역설했다."22) 이상사회 건설에 대해 서양은 제도적인 측면에서 강점을 두었다면, 동양은 인간성 도야에 초점을 두었다. 이런 인식에 근거한 주자는 "성인됨을 향한 노력은 인간으로서의 숙업에 해당한다"23)라고 강조하였다. 왜 인간의 숙업인가에 대해서는 인간성의 지고한 가치 완성 측면에서 다시 논거를 제시하리라. "이황이 『성학십도』를 짓고, 율곡이 『성학집요』를 쓴 것은 결코 우연이 아니다. 위로 임금에서부터 아래로 만백성을 성자로 만들겠다는 지치(至治)를 기획했다."24) 그 중 율곡은 『격몽요결』에서 누구나 노력하고 실천하면 성인이 될 수 있다는 교육의 가능성과 만능성을 주장하였다.

"순(舜)은 성인이다. 그러나 나와 별다른 것이 없다. 오직 입지(立志)
만 되면 성인이 될 수 있다. 신체와 체력과 용모는 변경할 수 없으나

21) 『단학, 그 이론과 수련법』, 이승헌 저, 한문화, 1994, p.193.
22) 「공맹의 교육 사상 비교 연구」, 앞의 논문, p.17.
23) 「주자의 격물치지에 나타난 공부론 연구」, 강경애 저, 울산대학교 교육대학원 중국어교육, 석사, 2007, p.77.
24) 『조선 유학의 거장들』, 앞의 책, p.428.

입지만은 할 수 있다. 중인과 성인의 차는 천품(天稟)의 차가 아니요, 입지의 견고불퇴(堅固不退)에 따라 이루어진다."[25]

그렇지만 인간의 도덕성을 고무하고 천부 본성의 완성을 추구한 동양의 **"만인 성인화 목표"**에도 문제는 있다. 성경에서는 "하늘에 계신 너희 아버지의 온전하심과 같이 너희도 온전하라(마 5: 48)" 라고 하였지만, 인간을 하나님처럼 완성으로 접근시킬 차원적 진리 시스템과 방법을 기독교가 마련하지 못한 것처럼, 동양도 개개인이 성인이 되고자 한 추구 목적과 가능성은 인지했지만, 만인을 성인 화시키고자 한 교육 목적 시스템은 구체화하지 못했다. 만인이 차 별 없이 성인이 될 수 있다면 바탕이 된 가능성과 원리성을 제시할 수 있어야 하지만, 그것이 지난날에는 불가능했다. 뿌리(창조)와 섭 리의 완성 결과를 보지 못한 탓이다. 공자의 만인 君子화 목표는 이상적인 윤리 도덕 사회에 이바지하는 인간상을 정립하고자 한 것 이고, 그 근거를 공자는 인간의 타고난 도덕적 신뢰에다 기초를 두 었다.[26] 알파(뿌리)를 밝히지 못했고, 오메가(완성 목적)를 지침으 로 삼지 못했다. 오직 신뢰에 근거한 믿음이다. 맹자도 인간의 본성 은 본래 善하다는 추측에 근거해 性善을 길러서 성인의 경지로 이 끌고자 한 교육 목적을 세웠다. 하지만 그가 세운 성선설(性善說)을 뒷받침한 善한 마음의 구체적 발현설을 살펴보면, 타고난 性善을 판단한 4가지 단초(측은히 여기는 마음 등)란 지극히 주관적이다. 그리고 왜 성인의 경지에 도달해야 하는지에 대한 이유도 명시하지 못했다. 성인이 되어 스스로의 자족함에 그칠 것인가? 공자도 성인

---

25) 「격몽요결에 나타난 율곡의 교육 사상」, 앞의 논문, p.67.
26) 「법화경의 교육 사상 연구」, 앞의 논문, p.48.

이고 맹자도 아성으로 인정된 성현인데, 그 이상의 도달 목표에 대해서는 지침을 둔 바 없다. 이상적인 목적 인지는 만세 간에 걸쳐 만인의 성인화 섭리를 주관한 하나님이 강림하심을 통해서 비로소 가능하다. 그것이 과연 무엇인가? 알고 보면 지극히 간단한 논거 성립인데도 조건을 갖추는 데 선천 세월을 기다려야 했다. 인간으로서 누구나 다 성인이 될 자격을 갖추고, 한 사람도 빠짐없이 **"만인 성인화"**가 가능한 것은 하나님이 모든 인류를 차별 없이 사랑으로 창조한 탓이다. 하나님이 몸 된 창조 본체를 근거로 善하고도 거룩한 인간성을 바탕지어 주었다. 이미 만세 전부터 인류의 지고한 성인화를 위해 섭리하였고, 때가 도래한 오늘날 강림하신 하나님과 함께할 지상 천민(지상 천국 백성)을 맞이하기 위해서이다. 그 논리란 확고하다. 강림하신 하나님과 함께하기 위해 만백성이 성인화되어야 했고, 그런 노력으로 인간 죄악을 근절한 보편적 구원 목적을 달성하기 위해서이다. 모두가 성인이 될 자격을 갖추고 성인화가 이루어져야 보혜사 하나님이 강림하신 성령의 시대를 맞이할 수 있다.

이 모든 때를 위하여 구한말 이 땅의 선지자들이 깨어 일어섰다. 동학의 창시자인 수운 최제우는 "모든 사람은 시천주의 주체로서 평등하므로 수심정기(守心正氣)와 성경(誠敬) 두자[二字]를 잘 지켜 누구나 현인군자(賢人君子)가 될 수 있다고 하였다. 모든 사람이 도성입덕(道成立德)하여 君子가 되면 지상 천국을 건설할 수 있다고 했으니",27) 수심정기와 성경으로 만백성의 성인됨의 목적이 지상

---

27) 「수운 최제우의 시천주 사상에 나타난 교육 사상 고찰」, 이덕수 저, 한국교원대학교 교육대학원 교육 철학 및 교육사, 석사, 2004, p.55.

천국을 건설하는 데 있어, 그 제일 조건을 君子화된 인간성의 회복과 완성에 두었다. 모든 사람이 시천주의 주체로서 평등하다고 한 것은 만인이 君子화될 수 있는 바탕이다. 시천주(侍天主)가 내 몸 안에 내재한 한울님이든 초월적, 인격적인 하나님이든 상제, 천주를 모신다는 뜻은 결국 함께한다는 의미와 비슷하다. 뜻을 보탠다면 **"만인 성인화"**란 강림하신 하나님과 하나 되고 함께하기 위해서 수심정기와 성경으로 인간성을 지키고 업그레이드시켜야 한다는 뜻이고, 그것은 곧 강림하신 하나님을 맞이할 수 있는 인간적인 준비 과정이다. **"만인 성인화 목표"**가 달성되면 하나님도 강림하시고 나라이 임한 백성도 도덕 君子화된 지상 천국 건설 조건이 충족된다. 수운이 누구이고 동학이 어느 민족의 종교인가? 바로 이 땅, 이 나라에서 실현되고 건설될 하나님의 나라에 대한 예지이며, 통찰이다. 동학의 시천주에 의한 만인의 君子화에 이어 증산교를 개창한 일부(강일순, 1871~1909)도 "후천개벽이 이루어지면 누구에게나 신명(神明) 개벽이 이루어지며, 조선은 필경 군자지도(君子之道)가 실현되는 땅이 될 것"[28]이라고 예언하였다. 그 통찰이 제한된 선천에서의 선각이라고 할진대, 증산교도 하나님의 지상 강림 도래를 언급한 바이다. 강림 역사로 하나님이 몸소 주도할 문명의 대 전환 시점을 후천개벽이라고 할 때, 그때가 되면 누구에게나 신명 개벽이 이루어진다는 것은 후천 백성이 강림하신 하나님과 직접 교감하고 대화할 수 있도록 영성이 개화되고 차원적인 진리 세계, 성령의 시대가 열릴 것을 일컬어 필연적인 천도의 운행 도수상 만인의 君子화가 달성된 상원갑(上元甲) 세계가 열린다고 한 것이다.[29] 만인의

---

28) 『종교철학 에세이』, 황필호 저, 철학과 현실사, 2002, p.222.

성인화란 강림하신 하나님과 함께한 백성 자격이다.

　만백성이 하나님이 거한 이상 세계로 인도됨에, 그렇게 될 때 비로소 하나님이 뜻한 인류의 보편적 구원 목적이 달성된다. 하지만 그때와 세계는 가만히 있는데 하나님이 무조건 이루어주는 것이 아니며, 나아갈 길을 모르는데 데려다주는 것도 아니다. 인류가 직접 길을 열고 문을 열어야 하지만, 그것이 지난날 너무 험하고 좁았다. 불교 역시 중생은 다 佛性을 가지고 있고, 신심을 돋우면 성불(成佛)할 수 있다고 했다. 그러나 佛陀가 개척한 그 완전한 궁극의 경계와 해탈의 경지와 현실과는 차원이 다른 반야(般若), 정토(淨土), 열반의 세계에 도달하기 위해서 얼마나 어려운 정진의 가시밭길을 걸어야 했던가? 그렇게 구원에 이르고자 한 고행의 행적은 선천 구도자의 희생으로 족하다. 몸 바친 지극한 헌신이 있어 만인이 구원받을 수 있는 길이 닦여졌다. 이를 바탕으로 이제부터 중요한 것은 만백성이 너나없이 나갈 수 있는 구원의 고속도로를 개통시키는 것이다. 유교가 만인의 君子화를 외쳤지만, 성인의 반열에 오른 자 몇 명이나 되는가? 불교가 불국토 건설을 외쳐 자나 깨나 成佛을 염원했지만 깨달은 자 몇 명이나 되는가? 삼천불상을 모신 불당이 있지만, 역사상 진정한 覺者는 석가모니 부처님 한 분뿐이다. 본인은 길을 추구한 젊음의 한때 인생의 본질은 해탈인가, 구원인가에 관해 물었던 적이 있다. 그때는 결론을 내리지 못했지만, 길을 완수한 지금은 하나님이 계시한 본의에 근거해 결론을 내릴 수 있다. 깨달음은 모두가 나아갈 인생의 궁극적인 가치 달성 목적과 완성 경지가 아니다. 깨달음은 구원적 목표에 종속되며, 구원의 가도 속에 깨달

---

29) 위의 책, p.222.

음이 있다. 하나님이 강림하시지 않았을 때, 그리고 화신된 조건 안에서는 해탈이 궁극이다. 하지만 그렇지 못한 백성은 하나님으로부터 구원을 받는 것이 하나님에게 이르는 성인화의 길이다. 그렇지 못한 상태에서의 해탈 목적은 자만이다. 도달하지 못할 길을 추구하는 것은 멸망을 자초할 뿐이다. 14억에 달한 인도인과 동남아 각처에 퍼진 불교도들은 아직도 헤어날 길 없는 윤회의 고리를 끊고 전생의 업으로부터 해탈하고자 전 삶을 바쳐 고행의 길을 마다하지 않고 있다. 그리고 지금도 갠지스강 강가에서 죽음을 기다리면서 후생에서는 더 나은 몸으로 환생하길 기도하고 있는데, 이들 영혼을 구원할 길은 과연 없는가? 사방이 차원의 장벽으로 막힌 선천 세계관의 한계성 탓이다. 윤회의 수레바퀴가 돌고 또 돌아, 온 힘을 모아 장벽을 뚫고자 하였다. 선천 세월이 다하도록 지력으로는 뚫을 수 없는 장벽을 하나님이 강림하시어 뚫어 주고자 하나니, 그 길이 바로 사랑하는 백성이 모두 드나들 수 있도록 개통시킨 보편적인 구원의 문이다. 한계의 늪을 헤어나지 못하는 인도인을 구원하고, 이슬람인을 구원하고, 유교도를 구원하고, 불교도를 구원하고, 증산인, 동학인, 원불교인…… 모두를 구원하기 위해 하나님이 강림하셨다. 하나님이 강림하신 것은 온갖 처지 속에 있는 인류를 구원하기 위해서이다. 하나님이 강림하시므로 이보다 더한 구원의 때는 다시 없다. 이전에는 교감에 어려움이 있고 길이 보편화, 원리화, 객관화되지 않아 확신과 믿음에 어려움이 있었다. 그래서 물에 들어갔다 나오면(세례), 혹은 믿으면, 너와 네 가정이 구원을 얻으리라고 문턱을 대폭 낮추었지만, 구원된 삶을 증험하기란 쉽지 않았다. 이런 문제를 해결하기 위해 하나님이 진리의 성령으로서 역사하시고 또 역사하셨다.

하나님이 강림하신 보편적 구원 목적은 선천의 가로놓인 일체 장벽을 허물어뜨리기 위해서이다. 오늘날 제도화된 교육의 목적 제시 영역에도 예외는 없다. 국가가 관장하는 단위의 교육에 있어 국가 이상의 상위 목적은 제시되기 어렵지만, 이제는 그 이상을 넘어 더 크고 고귀한 목적을 지상 강림 역사로 생성시켰다. 세상 그 무엇과도 비교할 수 없는 제도와 가치와 인생 삶 일체를 포괄한 목적, 그것이 무엇인가? 지상에 강림하신 하나님을 영접해서 그 하나님으로부터 구원을 얻는 것이다. 그리하면 윤회의 고, 저지른 업과 죄악으로부터 피할 길 없는 생멸의 고리를 끊고 영생을 보장받을 수 있다. 석가모니는 생로병사의 고통과 끝없는 윤회의 고리를 끊기 위해 출가와 고행을 결행했지만, 그런 방법과 成佛을 지향한 목적은 오늘날 강림하신 하나님이 뜻한 보편적 구원의 길이 아니다. **"만인 성인화 추구 목적"**도 마찬가지이다. 그 길에는 지극한 도덕적, 완성적 고뇌와 험난한 인생 과정이 가로놓여 있다. 그것은 소승의 길이며, 일부 택함 받은 자들만 걸은 좁은 구원의 길이다. 하나님이 강림하신 마당에서 길을 넓히기 위해서는 인간의 보편적인 본성의 자각 위에서 강림하신 하나님과 하나 되고 일체 될 수 있는 길을 터야 한다. 위대한 인생의 발자취를 남긴 위인들의 본성이 아니고, 평범한 삶을 살아가는 대다수 인류의 실존적 본성을 정확하게 꿰뚫어야 한다. 그들은 본능적 삶과 욕망을 떨쳐버리지 못하는 중생들이고, 마음을 다지고 또 다져보지만 미혹, 유혹, 현혹 앞에서 갈대처럼 흔들리다 꺾이고 마는 범인들이며, 그것이 바로 인간다운 모습이다. 그런 인간을 그렇다면 누가 창조한 것인가? 하나님이 아닌가? 손수 지은 탓에 하나님은 이 같은 본성을 모두 알고 있고 이해하고 있다. 그런데 정작 인간은 하나님을 모르고 자신의 본성조차도 모르고 있다. 욕망에 찌들고 하나님에 대해 무지한 인류가 다 함께 너나없이 하나님과 한 몸을 이루고 함께할 수 있는 길은 바로 인류가 자신의 죄인된 본성을 통회하면서 하나님 앞에 나아가 기도할진대, 어찌 용서함의 역사가 없겠는가? 자체만의 노력으로서는 어렵지만, 하나님은 용서 하나로 만백성이 하나님과 일체 될 수 있는 **"만인 성인화"**의 길을 활짝 틀 수 있다. 이것이 곧 인간의 뜻과 하나님이 뜻한 본의가 일치된 보편적 구원의 길이다.

본인도 돌이켜 보면 어제나 오늘이나 앞으로도 항상 하나님 앞에서 어리석은 죄인일 따름이다. 날마다 기도하고 반성하고 용서를 구하나니, 이런 부족한 자식을 한결같이 어루만지는 무후한 은혜로 말미암아 심령이 다시 새로워진다. "의와 진리의 거룩함으로 새사람을 입으라(엡 4: 24)"라고 命한 한량없는 말씀의 고무가 있어 죄악의 구렁에 빠지지 않고, 하나님 앞에 나아가 의롭다고 함을 입을 수 있다. 하나님이 말씀하시길, 왜 새사람을 입으라고 하였는가? 그것은 하나님이 창조한 인간 본성에 대해 너무나 잘 알기 때문이다. 하나님은 인류가 주어진 욕망과 고뇌 가운데서 장막을 뚫고 하나님 앞으로 나올 수 있도록 창조하였다. 그래서 또한 용서할 문을 열어 놓고 계셨고, 부족한 자식들이 나오면 새사람으로 만들어주실 의와 진리와 은혜의 구원 보따리를 항상 준비해 두었다. 그것이 곧 하나님의 한량없는 인류 사랑 마음이다. 배회와 방황과 버림과 의구가 있는 인류를 위해 언제라도 돌아서 새사람이 될 수 있도록 길을 준비해 두었다. 그런데도 완전한 해탈만 고집함은 인간 자체의 오만한 진리 충족 의지일 뿐이다. 끝없는 고뇌의 길에서 모든 인류가 택할 수 있는 보편적 구원의 길이 아니란 결론이다. 그 길은 성현의 반열에 오른 분들의 수효만으로 족하다. 부처님은 결국 하나님이 이 땅에 임한 법신의 화신인 탓에 완전한 해탈을 이루었다. 그렇게 길을 열었기에 소수나마 구원을 얻을 수 있었지만, 그것은 보편적 구원이 아니다. 더한 대승적 길을 펼치기 위해서는 진정 인간이 죄인일 수밖에 없는 실존적 본질을 간파하고, 그렇지만 하나님의 사랑과 용서가 있어 인류가 한 사람도 빠짐없이 구원될 수 있다는 사실을 이 순간 자각해야 한다. 비록 成佛하지 못하고 聖人이 되지 못한다고 해도 자신이 죄인임을 깨달은 자 이미 成佛한 것이고, 하나님의 본의를 깨달은 자 이미 하나님의 뜻과 통한 聖人이다. 활짝 개방된 구원의 가도 탓에 오히려 구원을 거부하고 마다하는 자들이 확실하게 구분되고 걸러지는 것이다. 하나님의 사랑과 인내는 한량없으되, 악인은 악인인 탓에 은혜의 그물망을 통과할 수 없다. 자만, 교만, 어리석은 멸망의 자식이 숨을 곳을 잃어 종국에는 발본색원 되리라. 그리하면 이 땅에 하나님의 백성이 거한 진정한 지상 천국이 건설되리라.

제7장 교육의 인류 공영성 달성 목표

1. 천인합일 목표

　공영(共榮)은 함께 번영함인데, 그 단위가 인류인 만큼, 과연 어떤 영역이 이 같은 가치성에 근접하고 또 추구할 수 있는가? 유사 이래로 지속되고 일관된 그 무엇이어야 하는데, 교육만큼은 이런 조건을 충족시킬 수 있다. **"교육의 인류 공영성 달성 목표"**가 쉼 없이 이 같은 가치를 추구하였다는 데서 확인할 수 있고, 거기에는 하나님이 이루고자 한 섭리 뜻이 내포되어 있다. 곧, 하나님이 천지 창조 목적을 달성하기 위한 수단으로서 교육을 작용시켰다. 그 두 주축에 천인합일(天人合一) 목표와 지상 천국 건설 목표가 있다. 양 목표는 동서양을 불문하고 일관되게 추구된 정신사적 대맥이다. 기독교를 신앙한 서양은 그렇다손 치더라도 동양까지 웬 섭리된 발자취가 남아 있는가 하겠지만, 한결같이 도달하고자 한 이상적 경지인 天人合一 목표는 하나님이 인류의 공영성을 달성하기 위해 역사한 창조 목적 관점에서 재해석할 수 있다. 공영성은 무엇보다도 지향한 목표가 제각각이어서는 달성될 수 없다. 서양에서 하나님과 하나 되고자 한 노력과 동양에서 하늘의 뜻을 깨치고, 하늘의 命을 따르고, 하늘의 뜻에 이른 성인이 되고자 한 것은 다를 수 없다. 결국 같은 목표를 향해 치달은 것이지만, 문제는 도달할 지점이 다르다고 여긴 데 있다. 그래서 추구한 방향을 일치시키는 데 교육을 통한 인류의 공영성 달성 관건이 있다. 문제를 해결하지 못한 탓에 성현들은 신명(身命)을 바쳐 숭고한 가치를 추구하였지만, 지금은 어떤 교육 영역 안에서도 설 자리가 사라졌다. 그러니까 세계의 분열이 극에 달해 공영은 커녕 온 인류가 종말 국면을 맞이하였다. 원인은 바로 선천의 분열된 역사를 통합할 관점을 확보하지 못한 탓이다. 그래서 보혜사 하나님이 진리의 성령으로 강림하시어 본체를 드러낸 만큼, 지난날의 세계가 왜 분열만을 거듭해 진리와 가치 세계가 완성되지 못한 이유를 알 수 있고, 불가능하게 여긴 서양의 초월적인 인격 신관과 동양의 본체적인 비인격 천관(天觀)을 일치시킬 수 있다. **서양 문명+동양 문명=인격적인 절대 창조주+비인격적인 바탕 본체와의 합일 목표는 미래 인류가 해결해야 할 최대의 진리 과제이다.** 장애되는 걸림돌을 제거하고 대립한 것을 조화시켜야 하는데, 어느 한쪽도 자체 神觀으로서 완전하다고 단언한 것이 문제이다. 그래서 허점을 파고든 자들이 나타나 하나님이 존재한 사실을 전면 부정하기에 이르렀다.

도올은 말하길, "인간의 교육에서는 초자연자가 있을 수 없다. …… 神은 생성자이며 자기 초월자이다"[1]라고 하였다. 이것은 결국 기독교가 말한 창조주는 존재하지 않는다는 말이다. 우주를 존재하게 한 창조 권능을 스스로를 생성시킨다고 여긴 우주 자체의 생성성에 떠맡겼다. 하지만 이 연구는 분명하게 밝힌다. 그렇게 부정한 초자연적인 존재(창조주 하나님)를 인식하고 교감하고 합일할 수 있도록 안내하는 것이 교육의 궁극적 목표이다. 지향하는 바가 하

---

1) 『도올의 교육입국론』, 앞의 책, p.20.

늘을 보고 땅을 본 차이이다. 하늘을 우러러 보아야 거룩한 교육 목적을 창출할 수 있다. 하늘을 향해 교육 목표를 세워야 땅을 보고, 땅을 향한 일체의 교육 목표를 일소할 수 있다. 지난날 동서양의 지성들이 향한 하나님과 하늘을 향한 추구 목표를 일관시키는 것은 유야무야(有耶無耶)한 인류의 공영적 목표를 다시 세우고, 교육을 통해 궁극적 가치를 달성할 수 있는 첩경이다.

교육의 天人合一 목표는 사고방식과 전통이 다른 문화 속에서도 인류가 섭리적으로 하나님에게로 나아가고자 한 다양한 방법과 추구 노력이다. 동양에서의 그 같은 목표의 첫 제시자는 역시 유교의 모태인 공자이다. 공자는 고대의 동양 문명 속에 인간이 추구해야 할 항구적인 목표를 심어놓았다. 누가 동양 역사에는 하나님이 없고, 추앙한 신앙과 믿음이 없다고 하였던가? 서양 신관은 시대에 따라 변화가 있었지만(유대교, 가톨릭, 이슬람, 개신교 등), 동양은 한결같았다. 공자께서 말씀하시길, "五十而知天命"이라, 곧 "學의 궁극적 목적은 天命을 아는 데 있다"2)라고 하였다. 인생 과정에서 결국은 하늘의 命과 뜻을 아는 것이 배움과 교육의 지상 목표이다. **진실로 天命을 아는 것은 천지의 운행 목적이고, 인생의 추구 목적이며, 자아의 존재 목적이다.** 天命을 앎은 교육의 삼위일체 목적관이다. 당연한 근거가 필요한데, 곧 하나님이 인간을 창조한 탓에 성립된 목적관이다. 성리학을 집대성한 "주자가 지향한 교육적 이상도 天人合一 개념이다. 즉, 하늘과 사람이 하나가 되게 하는 상태가 교육의 이상이고, 그런 상태에 이른 사람을 성인이라고 하였다."3)

---

2) 「역사이해에 관한 기론적 고찰」, 김도종 저, 원광대학교 대학원 불교학, 박사, 1987, p.60.
3) 「주자의 교육 사상에 관한 고찰」, 앞의 논문, p.54.

이것은 동양적 전통 속에서 동양인이 하나님과 일체 되고자 한 노력 형태이다. 그 목표가 하나님이 아닌 하늘인 것은 하나님이 오늘날 본체를 드러내기까지는 형태가 불분명했던 탓이다. 이것은 동양의 하늘만 그렇고 서양의 하나님은 완전했다는 말이 아니다. 기독교의 절대적인 인격 신관도 부족함이 역력한 선천 신관이다. 하늘의 본성이 불분명해 하늘을 목표로 추구한 길도 불분명했던 것이지만, 섭리된 방향만큼은 양 문명이 일치하였다. 그 이유는 오직 동서양 인류를 모두 하나님이 창조해서이다. 하나님의 품 안이 우리 생명과 삶과 영혼의 고향인 탓에 하나님을 향함이 뭇 인생의 도달 목표였고, 교육은 그 길로 나아갈 수 있도록 가르쳐야 했다. 우리나라에서는 이황와 율곡이 이런 유교의 전통을 따랐다. "이황은 이른바 天人合一 경지를 구현함을 교육의 이상적인 목적으로 삼았다."⁴⁾ 율곡도 "사상의 핵심을 교육을 통해 추구하는 완전한 인간상인 天人合一에서 찾았다."⁵⁾

선현들이 한 공부와 교육을 통해 추구한 목표는 원대하였다. 그런데 요즘은 하늘의 뜻과 일치하도록 목표를 세우고 공부하는 학생이 어디 있는가? 기독교인 중에서도 하나님의 뜻과 일치하는 데 목표를 둔 자는 드물리라. 그래서 이 연구는 사명감을 가지고 현대인이 왜 선현들처럼 天人合一하는 데 목표를 두어야 하는지를 밝히고자 한다. 과거와 미래, 너와 나를 막론하고 예외가 될 수 없다. 하늘, 그곳에 창조의 본원과 돌아가야 할 귀의처와 영생을 보장받는 구원의 길, 삶의 과정을 완성시킬 궁극적 가치가 있다. 이런 이유로

---

4) 「퇴계의 교육 사상 연구」, 최기창 저, 건국대학교 교육대학원 교육학, 석사, 1988, p.68.
5) 「코메니우스와 율곡의 교육론에 관한 비교 연구」, 강남대학교 대학원 신학과, 박사, 2007, p.12.

교육의 天人合一 목표는 반드시 설정되어야 하며, 인류가 공통으로 추구해야 하는 삶과 학문과 진리의 추구 목표이다. 이런 목표를 이루기 위해서 "코메니우스는 지성, 덕성, 영성을 계발하여 부여된 하나님의 형상을 회복해"[6] 일체 되는 길을 찾았고, 유교는 하늘이 命한 것을 性이라고 하여, 命을 학문 추구와 수행으로 받들고자 하였다. 그리고 종교개혁자 루터는 하나님의 말씀이 성경 속에 기록된 관계로, 성경을 스스로 읽고 이해하고 해석하는 노력을 통해 하나님의 뜻을 실천하고 신앙을 지키고 영광을 돌려야 한다고 생각했다. 그래서 루터는 "성경과 주석을 원형대로 읽을 수 있도록 아이들에게 라틴어와 그리스어를 가르칠 것을 주장하였다."[7] 정립된 성경에 근거해 성령이 역사하여 임하므로, 그것은 기독교적으로 하나님의 뜻을 받들어 일체 될 수 있는 추구 방식이다. 동서양이 나아가고자 한 접근 방법은 달랐지만, 방향만은 같았다. 서양은 하나님의 말씀을 담은 성경을 수단으로 삼았고, 동양은 하나님이 命한 본성을 수단으로 삼은 차이뿐이다.

하늘이든 하나님이든 도달하고자 한 목적지는 결국 같은데, 무엇을 어떻게 하는 것이 合一하는 것인지는 동서양 간에 차이가 있었다. 하늘이든[天] 하나님이든[神] 형체가 없는 것은 매한가지인 상황이다. 서양은 말씀을 인격체로 보았고, 말씀의 계시를 임재한 역사로 보아, 하나님이 함께한 것으로 여겼다. 더 나아가서는 오랜 염원과 간구 끝에 믿고 구한 말씀이 상황적, 구조적으로 우주의 운행 질서와 일치하면 그것이 그대로 하나님의 뜻이고, 하나님의 뜻이

---

6) 「코메니우스의 대교 수학 연구」, 앞의 논문, p.67.
7) 『체육 철학』, 김대식 외 2인 공저, 나남 출판, 1996, p.183.

자신의 뜻이 되는 일체 의식을 경험했다. 인격神인 만큼, 말씀으로 의지와 뜻을 확인하는 것이 곧 神人合一이다. 반면에 동양은 처음에는 내면 의식과 교감되는 인격적 天에 대해 무궁한 신뢰를 가졌지만 점차 퇴색되고, 천지의 근원된 바탕 본체를 통해 세상 질서와는 차원이 다른 道를 구하고, 혹은 차원 본체와 존재한 본질이 결국은 동질이라고 증험한 一如 의식을 통해 우주의 본연과 소통, 교감, 합일하고자 하였다. 그래서 天人合一에 교육적 목표를 두었다는 것은 하늘의 이치와 운행 법칙을 결정한 道를 깨우친다는 뜻이다. 존재한 본질과 의식을 디딤돌로 삼아야 하므로 끊임없는 수행으로 본성을 순수한 본질 상태로 이끌어야 했고, 그런 바탕 위에서 갈고 닦은 의식으로 직관력을 길러야 했다. 이것이 차원을 달리한 하나님의 뜻을 깨닫고 동질인 본성 상태에서 하나 되고 일체 되는 방법이다. 동양식으로 저 너머에 계신 하나님과 합일한 길이다. 하나님이나 하늘이나 마음으로 하나 되고 본질로서 일체 되면 만상의 존재 의지와 통하여 초월적인 운행 의지를 감지한다. 평상시에는 접근할 수 없었던 하나님의 세세한 심성과 감성을 전달받는다. 그렇게 되기 위해서는 성경을 통하는 것만으로는 부족하다. 살아 역사하심을 경험해야 하고, 수행으로 깨우쳐야 했다. 神人合一과 天人合一은 차원이 다른 하나님과 인간 간의 극적인 만남 역사이다. 교감할 수 있는 다리가 놓여야 하는데, 지난날은 각자의 노력에 의존했지만, 하나님이 강림하신 오늘날은 교육이 사명감을 가지고 튼튼한 다리를 세워야 한다. 서양은 그 합일의 길을 교회란 울타리와 예수 그리스도를 통해 제한한 측면이 있지만, 동양이 추구한 道와 天과의 합일 방식은 세계를 향해 일체의 문을 개방한 탓에 동양 문명이 오히려 강림하신 하나님을 더 용이하게 뒷받침할 수 있다. 하나님과 교감하고 합일할 수 있는 길이 기독교와 신학이 아닌 동양 사상과 전통 속에 마련되어 있었다는 것은 예상 밖의 역사이다. 이 사실을 알아야 한계성에 직면한 기독교의 섭리 대맥을 이을 활로를 동양 문명이 틀 수 있다.

동양에도 하나님의 뜻이 머문 섭리 역사가 있었는가 의아해하는 사람이 있겠지만, 성경에 기록된 말씀에 비견할 만큼, 동양에도 하나님의 창조 목적과 말씀을 명시한 기록이 있었는데, 그것이 곧 『중용』의 첫 구절인 천명지위성(天命之謂性)이다. 하늘이 命한 것이 인간의 性이라고 한 것은 성경에서 "태초에 하나님이 천지를 창조하시니라"란 말씀과 같다. 왜 이 같은 뜻과 계시 목적을 지금까지 소통시키지 못했는가? 하나님이 본체를 드러내지 못해서이다. 하나님이 命하므로 창조된 것이 인간인 탓에 본성은 창조의 대 비밀 원리를 내포하였고, 부여된 본성을 통해 하나님의 뜻을 받들 수 있도록 한 것이 동양을 통해 역사된 天人合一 섭리이다. 하나님은 천지를 창조한 만유의 하나님이요, 어버이이며, 근원된 바탕 본체이다. 어찌 이스라엘 선민과 기독교를 통해서만 역사하였겠는가? 하나님이 만세 전부터 만민을 구원하고자 한 목적을 확인하기 위해서는 인류 공영을 위해 역사한 각처에서의 섭리 흔적을 발견해야 한다. 왜 불교는 眞如의 모습, 곧 본래 모습을 보고자 하였고, 自性을 깨치는 곳에 부처님이 되는 길이 있다고 믿었는가(成佛)? 그 이유를 아직도 모르겠는가? 自性을 깨침은 바로 창조 이전의 본체 바탕을 보는 것이다. 그 모습이 다름 아닌 하나님의 본체와 일체 되었을 때의 우리 모습이다. 선현들이 그 같은 본래 모습을 보고자 하였고, 회복하고자 하였고, 욕망으로부터 순수성을 지키고자 하였다. 이런 사실을 일깨우는 데 **"교육의 위대한 사명"**이 있다. "퇴계는 天人合一 경지를 仁이 구현된 세계로 보았거니와, 대개의 성인 역시 仁을 구했다."8) 天人合一은 하늘의 뜻과 일치해야 하지만, 善한 본질적 품성과도 일체 되어야 하는바, 仁은 하늘의 본질적 품성이다. 기독교가 인격신인 하나님이 善하고 미쁘다고 찬양한 것과 같다. 善한 본성과 仁한 본성은 하나님과 하늘의 존재적이고도 본질적인 본성 자체이다. 인간과 하나님의 뜻이 일치하는 것만이 天人合一 경지가 아니다. 仁에 의하면, 천지 만물과 일체 되는 것도 天 또는 神과 합일됨을 뜻한다. 동양의 天人合一 목표는 천지 만물을 이룬 본체와 천지 만물 전체와 일체를 이루기까지 하여(만물일체) 만 인류의 보편적 구원과 인류의 공영적 목표 달성에 근접하였다.

보이지 않는 하나님이 어떻게 명령할 수 있는가? 하나님이 창조 역사로 만물의 존재 이유를 부여하고, 인간이 인간다울 수 있도록 본성을 결정한 것이 곧 명령이다. 인간은 주어진 본성을 통하여 이 같은 명령을 아는 것이 인간으로서 추구해야 할 길이다. 교육의 궁극적 목적도 그 명령을 알 수 있도록 가르치는 데 있다. 이처럼 천부 본연의 正道를 걸으면서 하나님의 명령을 바르게 수행하고, 본성을 지켜서 완성하며, 명령한 뜻을 깨우쳐 창조 목적을 구현하고자 한 분이 곧 성인이다. 인격적으로도 완전함에 도달해야 하는데, 그 이유는 하늘의 은혜를 감득하고, 근본이 된 어버이 되심을 증험해서 모든 영광을 하나님에게로 돌릴 수 있기 때문이다. 인간적으로 완성된 성인은 仁, 자비, 사랑, 은혜, 公義, 구원, 道, 法, 진리,

---

8) 「퇴계의 교육 사상 연구」, 앞의 논문, p.41.

지혜, 명령, 뜻, 德, 善의 이데아를 체현한 분으로서 德과 진리와 은혜와 福을 무궁하게 베푸는 무후한 덕성의 원천자이다.

그래서 중요한 것은 선천에서는 하나님이 거리를 좁히기가 쉽지 않은 곳에 계신 탓에 합일로 나가는 길이 어렵고 험난했지만, 지금은 지상에 강림하시어 지극히 가까운 곳에 계신 탓에 그야말로 인도만 받으면 누구나 성인이 될 수 있고, 모두 그렇게 되어야 한다. 성인의 자격은 道를 깨우친 자요, 天人合一하여 하나님의 뜻을 안 자이다.9) 이 성인이 누구나 노력하면 될 수 있다고 한 것은, 곧 강림하신 하나님과 함께함이 가능하다는 뜻이다. 이런 추구 목표를 구체적으로 제시해야 하는 것이 인류의 공영성을 달성하는 방법적 일환이다. 강림하신 하나님의 뜻을 아는 것이 하나님에게 이르고, 함께해서 일체 되는 길이다. 인류를 빠짐없이 구원하여 공영적 가치를 구현한 지상 천국을 건설하는 길이다. 아무리 학문을 열심히 닦고 진리를 추구하고 수행을 쌓았더라도 그것만으로 天人合一에 이를 수는 없다. 하나님의 뜻을 깨치고 교감하고 받들어야 한다. 그런 말씀을 받들 수 있도록 하는 것이 최상의 교육 목적이다.10)

역사상 성인으로 인준된 분들의 가르침과 말씀과 일군 지혜를 경청해서 받들어 나가는 것, 그곳에 누구나가 다 성인이 될 수 있는 구체적인 길이 있다. 성인은 하늘의 뜻을 깨닫고 실천해서 성인이 된바 말씀, 즉 하나님의 뜻과 의지와 심정을 알고 뜻을 받들면 된다. 차원이 다른 절대자와의 교감이라, 이전에는 장벽이 있어 믿음으로 소통하였지만, 이제는 더 나아간 의식적 교감으로 명실상부하

---

9) 「공자와 묵자의 교육 사상 비교 연구」, 김준식 저, 공주대학교 교육대학원 중국어교육, 석사, 2011, p.12.

10) 「수운 최제우의 시천주 사상에 나타난 교육 사상 고찰」, 앞의 논문, p.47.

게 선천과는 차원이 다른 天人合一의 길을 열어야 한다. 창조 본의를 깨달아 받들면 누구나 다 하나님이 계신 파라다이스 세계로 인도되며, 구원된 자로서 천국 백성이 되는 자격을 얻는다. 인류는 시대를 초월해 성인을 공경하고 추종해 마지않았다. 성인은 천의를 깨닫고 인격을 완성한 분이나니, 예나 지금이나 일군 지혜로 인류를 영원한 본향 세계로 인도하리라.

2. 이상사회 건설 목표

어떤 시대와 사회와 종교와 문화를 통해서도 이상사회를 꿈꾸지 않았을 때는 없었다. 또한, 역사상 성인이나 지성인치고 이상사회를 구현할 방안을 제시하지 않은 자 역시 드물다. 동양의 도가에서는 소국과민(小國寡民)을, 유교에서는 대동(大同) 사회를, 불교에서의 불국 정토(淨土), 서양에서는 플라톤의 '철학자가 지배하는 사회', 토머스 모어의 유토피아, 마르크스의 사유재산이 없는 공산사회 등등 이상사회란 인간이 바람직하다고 생각하고 실현되기를 꿈꾼 사회로서[11] "어떻게 세상의 모든 인간이 평화롭게 살아갈 수 있을 것인가 하는 문제는 오랜 옛날부터 지각을 가진 사람들이 끊임없이 추구해 온 명제였다. 현실 세계에 불만을 느끼고 어떻게 하면 살기 좋은 사회를 건설할 것인가를 고심하였고, 그런 결과로 그들의 사상이 이루어졌다. 문화적 조건과 생각이 다른 만큼, 그려진 이상 세계의 모습은 차이가 있지만, 공통된 점은 모두 교육을 통해

---

11) 이상사회의 구현.-다음 백과사전.

인간다운 인간을 형성할 수 있다고 믿고, 그런 인간이 다스리는 사회, 그런 인간이 모여 사는 사회는 반드시 이상적인 사회, 평화로운 사회가 될 것이라고 여겼다."12) 프랑스의 루소도, 중국의 맹자도, 우리나라의 율곡도 그러하였듯, 인류가 갈망한 행복한 세계를 건설하기 위해 교육에 큰 관심을 가졌다. 왜 지성들이 한결같이 이상사회를 건설하는 데 교육의 역할을 기대한 것인가 하면, "교육은 어느 특정 국가나 민족만을 위한 것이 아니고, 지상 모든 인류의 공영적 복지에 부여할 세계적인 질서를 위하고 있기 때문이다(브라멜드)."13) 에라스뮈스의 교육 사상도 "기본적으로는 세계주의를 지향하였다. 교육은 국경을 초월하여 공통된 문화를 개발함으로써 상호의 유대를 강화하는 데 목적을 두었다."14) 그 같은 인류 공영적 질서 부여 중에서도 핵심은 바로 교육의 인류 문화사적 계승 역할에 있다.

독일 대학 역사상 최초로 교육학 강좌를 개설한 칸트는 교육이 곧 인류 구원과 인격 완성을 위한 것이라고 밝히면서, 첫 교육학 강의에서 이렇게 말했다.

"교육은 여러 세대의 실천을 통해서만 완성될 수 있는 하나의 '예술'이다. 각 세대는 앞 세대가 물려준 지식으로 한 걸음 한 걸음 더 교육을 전진시킨다."

단지 지식과 교육만 전진시키겠는가? 니일은 "수 세기에 걸쳐 축

---

12) 『동양 교육 고전의 이해』, 앞의 책, p.126.
13) 『브라멜드의 교육 사상』, 조용진 저, 배영사, 1981, p.102.
14) 『교육의 역사 및 철학적 기초』, 앞의 책, p.102.

적해 온 문화적 유산과 지적 수단을 함께 전달하는 데 교육의 목적이 있다"[15]라고 하였다. 미국의 본질주의는 교육의 목적을 문화 전수에 초점을 둔바, 이 시점에서 우리는 교육의 문화 계승 역할이 인류의 공영적 가치 달성 목표인 이상사회 건설에 어떻게 이바지해 온 것인지를 알아야 한다. 인류가 쌓은 수많은 유산과 찬란한 업적 중 지금은 흔적도 없이 사라진 것들이 많지만, 쌓은 문화적 전통은 세대 간에 걸쳐 끊임없이 계승되었고, 파괴되어도 다시 건설되었다. 그 이유와 원인이 어디에 있다고 생각하는가? 교육의 힘이고 쌓은 문화가 소멸할 수 없도록 섭리된 역사 탓이다. 그 뜻을 알아야 한다. 일군 문화가 사라지지 않고 계승된 이유는 그 나라, 곧 인류사회가 유사 이래 맞이하기를 갈망하고, 하나님도 분명하게 약속한바 이 땅에 지상 천국을 건설하기 위해서이다. 선천에서는 미처 뜻이 밝혀질 수 없었지만, 하나님이 강림하신 지금은 목적이 분명해진 것이니, 장차 건설할 하나님의 나라, 그 천국 문명의 기초다짐 역사인 탓에 교육이 줄기차게 인류 문화를 계승시켰다. 그 나라는 단번에 이루어지는 역사가 아니다. 인류가 공동으로 참여하여 세워야 하는 나라인 탓에 줄기차게 사명을 이루었다. 이런 측면이라면 지구가 몸살을 앓고 있는 환경 파괴 문제도 마찬가지이다. 우려되는 바이기는 하지만, 결국은 하나님이 이상적인 나라를 건설하기로 계획한 탓에 자연이 자정력을 회복해서 쾌적한 환경이 될 수 있도록 교육이 앞장서 인류의 영혼을 일깨워야 한다. 하나님은 인류를 이상적인 나라로 인도하리라고 한 약속을 잊어버린 것이 아니다. 건설할 조건을 갖추기 위해 진리를 일구었고 문화적, 제도적, 가치적

---

15) 『니일의 인간 교육 사상』, 김은산 저, 배영사, 1982, p.188.

기반을 마련하기 위해 역사하였다. 더하여 그 나라에 거할 천국 백성을 양성하기 위해 교육으로 쉼 없이 인간성을 육성했다. 즉, 약속한 지상 천국을 건설하고, 그 나라에 거주할 천국 백성을 양성해야 하는 것이 교육의 인류 문화사적 역할이자 사명이다. 창조 목적의 구현 도정에서는 어떤 영역도 예외란 없다. 자체적인 목적의 실현 노력이 종국에는 하나님이 역사한 우주적 섭리 목적에 포함된다. 불교의 이상은 개인적으로는 成佛이고 사회적으로는 淨土 건설인바, 그 淨土 건설의 제일 조건은 진리를 깨달음으로써 인간성을 완성하는 것이다. 成佛은 지상 천국을 건설하는 조건 충족인 동시에 천국 백성의 자질을 양성하는 데 이바지한다. 그리하면 참으로 이상적인 淨土 사회, 곧 지상 천국이 건설된다. 불교는 인간이 완전한 인격자가 될 소지, 즉 佛性을 지녔다고 믿은 탓에 이상적인 淨土 사회 실현을 꿈꿀 수 있었다.16)

인류가 바란 이상적인 사회 구현은 무엇보다도 이상적인 인간성 성취가 기본적인 조건인바, **교육의 이상적인 목적 실현=교육의 이상적인 인간상 실현=교육의 이상적인 나라 실현이다.** 교육의 인류 공영적 목표 설정=인간성의 완성 목표 설정=하나님과 함께한 지상 천국 건설 설정으로 직결된다. 인류가 조화를 이루어야 할 이상적인 세계 질서라는 것이 결국은 교육을 통해 수립되고 정립되고 완성되어야 했다. 인간 교육은 하나님의 나라를 건설할 수 있는 현실적 조건이다. 이 땅에 인류가 하나님과 함께한 지상 천국을 건설할 것일진대, 뭇 영혼을 빠짐없이 본향 세계로 인도할 "세계교육론" 성업은 반드시 완수되어야 했다. 이 연구가 지난날 세운 교육 목표

---

16) 「법화경을 통해 본 불교의 교육 사상」, 앞의 논문, p.3, 45.

의 공영적 가치를 추출하고, 각자 방향을 달리한 교육 과정을 통합해야 했다. 그렇게 해서 세운 목표의 깃발은 곧 방황하는 인류를 하나님에게로 인도하는 것이고, 차원의 강을 건널 수 있도록 넓고 튼튼한 다리를 세우는 것이다. 바람직한 교육 목표를 설정하기 위해서는 지난날 세운 主知主義, 도덕성, 인성 영역 등 특정 요소를 중요시한 경향을 지양하고, 인간 본래의 요구 요인에 근거해서 교육 목표를 통합해야 한다. 보일의 법칙은 불변한 법칙이지만, 그런 법칙이 분파된 세계를 하나님에게로 안내해서 지상 천국을 건설할 수는 없다. 원리 법칙은 천지 만물을 지은 그대로인 창조 원리에 근거한 것이므로, 보일의 법칙은 창조 법칙과 어떤 연관성이 있는가부터 밝혀야 했다. 그리하면 萬物一體, 天人合一, 인류사회를 천국화할 교육의 사명 목표도 통합할 수 있다. 하나가 만이요, 만이 하나임은 하나님이 태초에 천지를 창조한 더할 나위 없는 창조 방정식이고, 지혜 법칙이다. 분열될 대로 분열된 천지 만물이 결국은 하나인 하나님의 창조 본체로 귀일하고 통합될 것이다. 이것이 이연구가 개연화시키고자 하는 분파된 문명사회를 조화시킬 창조 본의에 근거한 **"통합 교육 원리"**이다. 모든 시대에 걸쳐 달성하고자 했던 교육 목적은 그 시대에 주효했지만, 오늘날 맞이한 지상 강림 역사 시대에서는 수십 세기에 걸쳐 지침이 된 교육 목적을 통합하여 하나님이 뜻한바 인류를 보편적으로 구원할 **"교육의 위대한 사명"**을 이루는 데 집중해야 하리라.

제3편

인간 교육론

인류 역사에는 성인의 가르침이 없었던 것이 아니고 종교가, 교육가, 사상가들이 나타나 힘을 쏟았는데도 불구하고 오늘날 주어진 결과 현상으로서 **인간의 본성은 변질되었다.** 인간을 인간 되게 한 바탕 본질성이 변할 리야 있겠는가만, 그 항구적인 본성은 하나님이 인간을 사랑으로 창조한 천성을 일컫는 것이고, 그렇게 타고난 본성이라도 잘못 기르면 순선함을 잃어버리고 타락, 변질, 썩어버린다. 이것이 현대 인류가 도달한 인간성의 퇴락 상황이다. 교육이 막중한 책임을 통감해야 한다. 인간 퇴락에 교육이 지닌 책임론을 거론하지 않을 수 없다. 오늘날의 사회에 만연된 비윤리적, 말세적인 천태만상 결과는 일체 원인이 무엇을 가르쳤고, 어떻게 가르쳤는가 하는 교육에 책임이 전가된다. 근본적인 원인과 실태를 파악해서 지적할 수 있어야 교육으로 인간 본성을 선도할 수 있는 위대한 사명을 불태울 수 있다.

제8장 개관(교육학=인간학)

　인간을 어떻게 교육할 것인가? 인간은 어떻게 교육되어야 하는가? 어떤 방향에서 바라보고 궁구해도 교육은 인간에게 있어 빠질수 없는, 인간은 교육을 필요로 하는 존재, 곧 교육적 본성을 타고난 존재이다. '인간'은 세계의 지성들이 탐구하고 연구한 교육의 주체적인 대상이다. 총설에서 인간을 대상으로 한 교육학을 정립하기위해서는 세계가 무엇인지, 진리가 무엇인지, 인간이 무엇인지에관한 문제부터 풀어야 한다고 했다. 선행된 문제의 영향에도 불구하고 인간이 무엇인가 하는 본성적 접근과 이해 관점은 **"인간 교육론"**의 한 중심 자리를 차지한다. 세계관과 진리관의 영향에도 불구하고 일체를 인식하는 주체자는 인간인 탓에, 교육학은 결국 그것을 정립하고자 한 지성들이 생각한 인간 이해에 관한 관점이 결정적이다. 흔들리는 차 안에서는 책을 보기 힘들듯, 인간관이 정초되지 못하면 교육관도 정립될 수 없다. 교육이 무엇인지를 알기 위해서는 교육의 본질이 무엇인지를 규정해야 했고, 동일한 이유로 교육의 본질이 무엇인지 규정하기 위해서는 인간이 무엇인지, 진리가무엇인지부터 밝혀야 했다. 그러지 못하면 모래 위에 지은 집과 다를 바 없다. 지난날 교육학을 정립하지 못한 것은 인간 본성에 대한 다양한 이견 탓이다. 분열되어 있었다고 할까? 통합적인 관점확보가 필요했다. 온전한 세계관을 바탕으로 교육 이념과 교육 목적을 설정하고, 실현 가능한 방법적 수단과 교육 과정과 내용을 갖추어야 했다. 인간에 관한 본성적 접근과 이해가 교육학뿐만 아니라 제반 사회 체제 형성의 기본 방향을 결정하였고, 역사상 나타난 수많은 사회사상도 특정한 인간관을 토대로 하였다. 교육의 대상은 인간임을 부인할 수 없는 탓에 교육 사상을 고찰하는 것은 인간관을 살피는 것으로부터 시작된다. 교육에 관한 일체의 성과가 인간을 보는 관점에 따라 좌우된다. 즉, "17~18세기에 홉스, 로크, 루소 등에 의해 주창된 사회계약설(社會契約說)은 왕권신수설(王權神授說)에 대하여 정치사회 또는 국가사회의 역사적, 논리적 기원을 구성 원인으로, 개인이 서로 자유롭고 평등한 자격으로 합의한 계약에 있다고 보았다. 이런 학설은 바로 인간을 자유롭고 평등한 존재로 본 인간관에 근거한 것이다."[1] 뭇 세계관이 인간학에 토대를 두었다. "칸트가 이성을 통한 진리 추구가 인류의 번영을 가져올 수 있다는 생각으로 가득 차 있을 때, 루소는 칸트가 인간에 관해 깊은 관심을 두도록 깨우쳐 주었다."[2] "인간에 관한 충분한 탐구와 이해 없이는 교육이 적절히 계획되고 행해질 수 없다."[3]

사실 인간이 무엇인가의 물음은 유사 이래 꾸준히 탐구되어 온 문제로서 칸트는 철학의 모든 문제가 최후에는 인간이 무엇인가란 문제로 귀착한다고 하였다. 이것을 3가지로 축약해서 물었다. 즉, 나는 무엇을 알 수 있는가, 나는 무엇을 해야 하는가, 나는 무엇을 바랄 것인가?[4] 칸트의 물음 이후 많은 사람이 노력하여 인간에 대

---

1) 『인간의 이해』, 앞의 책, p.54, 56.
2) 「칸트 도덕 교육론의 현대적 의의」, 앞의 논문, p.6.
3) 『루터의 사상』, 앞의 책, p.92.
4) 『체육 철학』, 오진구 저, 보경문화사, 1991, p.53.

한 모습이 많이 밝혀지게 되었다. 페스탈로치는 초기 작품인 『은자의 황혼-1781년』에서 강하게 묻길, 왜 당시의 위정자나 지도자가 인간이 무엇이고, 본성이 무엇이고, 무엇이 인간을 행복하게 하고 고양하며, 또한 무엇을 통해 인간이 전락(轉落)하는지를 묻지 않느냐고 개탄했다. 그래서 성립되는 조건이 교육학의 역사는 인간 이해의 역사가 되고, 인간학은 모든 교육학 체계의 열쇠가 된다.5) 즉, **"교육학=인간학"**이다. "인간 존재를 어떻게 인식하고 이해하는가의 문제가 인간학과 교육학의 바탕이며 관건이다."6)

이렇듯 서양은 인간학에 기초하여 교육학을 발전시키기는 했지만, 그들이 인간 본성에 대해 얼마만큼 깊이 있는 통찰을 이루었는가에 관해서는 의문이다. '인간이 무엇인가'에 관해 답하기 위해서는 인간이 무엇을 알고 행하고 바라는 것인지 아는 것이 조건이 될 수 있지만, '인간을 어떻게 교육할 것인가'에 대해 답하기 위해서는 인간에 관한 모든 것, 곧 출생 기원과 본성 탐구, 특성 이해, 어떻게 사는 것이 가치 있게 사는 것인가에 대한 삶의 방향 제시와 운명에 대한 인식 등을 망라해야 한다. 더하여 교육이 방황하는 인류에게 방향을 제시하기 위해서는 세계, 진리, 인간에 관한 물음과 함께 우리를 창조한 하나님의 뜻이 무엇인지를 묻고, 이것을 근거로 해야 한다. 지난날 인간학과 이에 근거한 교육학이 한계를 드러낸 이유가 여기에 있다. 설사 열거한 인간의 모든 것을 알았다고 해도 하나님의 뜻을 모르면 소용이 없고, 교육학이 정립될 수 없다. 인간에 관해 궁금한 문제를 하나님에게 묻는 것은 새삼스러운 일이 아

---

5) 『한국 교육 철학의 새 지평』, 앞의 책, p.232.
6) 「불교의 교육 사상 연구」, 앞의 논문, p.5.

니다. 동양의 선현들은 항상 하늘을 향해 뜻을 물었고, 하늘의 소리에 귀를 기울였으며, 하늘의 命을 받들어 그것을 삶의 과정에서 구현하려고 하였다. 도대체 인간은 어디서 와서 어떻게 살고 어디로 가야 하는가 하는 것은 인간을 교육하는 데 지대한 영향을 끼쳤다. 그 정보를 어디서 구할 것인가? 모르면 인간을 교육하는 문제에 대해 답을 내릴 수 없다. 판단이 잘못되고 간과될진대 첫 단추를 잘못 끼운 결과는 말할 필요가 없다. "우리에게 필요한 모든 것은 태어날 때 지니고 나오는 것이 아니다. 자라면서 교육을 통해 얻게 된다는 점이 다른 동물과 다른 점"7)이라고 했을 때, 이런 판단은 교육의 필요성을 옹호한 말인 것처럼 여겨진다. 하지만 사실은 초점이 크게 어긋났다. 인간 교육은 그 같은 이유 탓에 필요한 것이 아니다. 거리낌 없이 받아들이는 교육관이 인류가 근본처로 나가는 길을 가로막았다. 진화론에 근거한 생명의 출현과 정신의 발생과 인간이란 종의 탄생 관점 등이 그러하다. "미국에서 인간의 유전자 지도, 즉 게놈 인식이 거의 이루어졌다는 발표가 있자(2000년) 세계 언론은 인류 역사상 가장 전환적 사건이라고 대서특필했다."8) 하지만 문제는 인간의 그런 생물학적 지식을 아무리 상세하게 파헤치고 비밀을 알아내었다고 해도 본성을 본질적으로 이해한 적은 없다. 자연과학적 지식과 인간을 가르치는 교육학과의 큰 차이이다. 페스탈로치는 『인류의 발전에 있어서 자연의 과정 탐구-1797년』에서, "인간 교육에 대해 근본적인 문제를 제기하고, 인간의 본성을 자연적 상태, 사회적 상태, 그리고 도덕적, 종교적 상태인 3가지 단

---

7) 『루소의 교육론 에밀』, 앞의 책, p.71.
8) 『소크라테스의 교육 단상』, 김계현 저, 나라 기획, 2004, p.55.

층으로 구성된 복합체로서 접근하였다."9) 물론 인간의 성장과 발달적 측면은 생물학적 관점이 주효하고, 삶의 사회적인 특성 등은 인간이 걸어온 역사적 발자취를 통해 추적해야 하지만, 인간 교육은 본성을 이해해야 하는 비중이 매우 크다. 동물은 자연 속에서의 성장, 발달이 더 자연스럽다. 그러나 인간의 교육 문제는 성격이 다르다. 인간은 삶의 훌륭한 모습도 있지만, 그릇되고 추악한 모습도 갖추었다. 善惡을 판단하는 문제뿐만 아니라 불안과 공포와 좌절을 극복할 수 있는 용기와 희망을 안기는 것도 교육이 담당해야 한다.10) 곧, 인간의 모든 문제를 교육이 고스란히 다루고 해결해야 하는 문제임에, 특정한 인간 이해 영역과 관점만으로 교육학의 광범한 짐을 감당하기는 어렵다. 교육은 인간이 무엇인가에 대해서도 답해야 하지만, 어떻게 살 것인가에 대해서도 답해야 하며, 여기에 대한 일반적인 답은 바로 인간답게 사는 것이다. 세상을 살아가는 인간들이 무슨 일을 하고 어떻게 살아가든 인간으로서 인간답게 살아갈 수 있도록 하는 것이 교육의 정로(正路)일진대, 그 길을 우리는 정말 어디서 구하고, 무엇을 향해 물을 것인가? 이 땅에 강림하신 하나님이 길을 밝히고 모든 물음에 답하리라.

---

9) 『서양 교육 사상사』, 앞의 책, p.307.
10) 위의 책, p.357.

제9장 인간 본성의 접근 관점

1. 인간성의 이해 비판

인류는 인간을 탐구하고 본성을 이해하기 위해 여러모로 접근한 방법을 강구해 그 관점이 분분하다. 플라톤의 심신이원론, 아리스토텔레스의 심신일원론, 맹자의 성선설, 순자의 성악설 등, 그러나 지난날은 한결같이 본성을 판단할 수 있는 근거가 부족하여 인간에 관한 어떤 설도 근본으로 인도하는 관점은 제공하지 못했다. 특히 근대를 연 서양 학문은 지크문트 프로이트가 창시한 정신분석학을 비롯해 행동심리학, 성격, 인지 발달 이론 등을 도입하여 본성 탐구 영역을 객관적인 학문으로 정교하게 이론화시켰다. 여기에 근거해 교사들은 진로 지도나 상담 기법을 배워 학생의 인성을 올바른 방향으로 이끌고자 심혈을 기울이고 있다. 하지만 그런 교육 이론을 제공한 심리학 계통의 학문이 과연 인간 본질에 근접한 관점인가 하는 것은 의문이다. 저변에 깔린 본성에 관한 세계관적 접근이 본체를 보지 못한 선천 학문의 한계 범주 안에 속해 있다. 사실상 인간의 본성을 규명하는 문제와 동떨어졌다. 그렇게 세운 이론이 아무리 정교하고 체계적이라고 해도 현대 인류의 본성이 퇴락하는 상황을 막는 데는 역부족이다. 자신은 엘리베이터를 타고 상승하고 싶은데 아래층에서 먼저 버튼을 눌렀다면 하강할 수밖에 없듯, 교육은 인간의 선의지를 개선하려고 노력하지 않은 것은 아니지만, 접근한 방법과 바라본 관점에 하자가 있다면 아무리 교육적으로 정열을 쏟아도 밀려드는 인간성 퇴락의 홍수를 손바닥으로 막을 수는 없다. 인류 역사에는 성인의 가르침이 없었던 것이 아니고 종교가, 교육가, 사상가들이 나타나 힘을 쏟았는데도 불구하고 오늘날 주어진 결과 현상으로서 **인간의 본성은 변질되었다.** 인간을 인간 되게 한 바탕 본질성이 변할 리야 있겠는가만, 그 항구적인 본성은 하나님이 인간을 사랑으로 창조한 천성을 일컫는 것이고, 그렇게 타고난 본성이라도 잘못 기루면 순선함을 잃어버리고 타락, 변질, 썩어버린다. 이것이 현대 인류가 도달한 인간성의 퇴락 상황이다. 교육이 막중한 책임을 통감해야 한다. 인간 퇴락에 교육이 지닌 책임론을 거론하지 않을 수 없다. 오늘날의 사회에 만연된 비윤리적, 말세적인 천태만상 결과는 일체 원인이 무엇을 가르쳤고, 어떻게 가르쳤는가 하는 교육에 책임이 전가된다. 근본적인 원인과 실태를 파악해서 지적할 수 있어야 교육으로 인간 본성을 선도할 수 있는 위대한 사명을 불태울 수 있다.

새로운 것을 발안할 수 있는 창조력은 중요하지만, 잘못된 것을 발견해서 지적할 수 있는 비판적 안목을 가지는 것은 더욱 중요하다. 비판할 수 있어야 개선할 수 있는 의지가 발동하고, 그것을 발판으로 새로운 시대를 연다. 그런 시대를 열기 위해서는 새로운 정신을 가진 인간 육성이 요청된다. 정신이 개조된 새로운 인간을 탄생시키기 위해서는 결국 새로운 교육이 필요하다. 기존 교육이 지닌 한계를 극복하고, 잘못된 생각을 고쳐야 미래 교육이 나아갈 길을 열 수 있다. 인간 교육에 적용된 본성 접근 방법과 이해한 관점에 무슨 문제가 있는 것인지를 살펴야 한다. 예를 들어 "현대 휴머니즘은 인문주의, 인본주의, 인간주의, 인도주의, 인류주의 등으로 다양하게 표현되었고, 그런 표현 중에서도 인간의 생명·가치·교양·창조력·자유·공동운명체적 존재상을 중시한 것은 누가 보더라도 선호적이다. 교육자들이 입만 열면 언급하는 단어인 휴머니즘은 인격을 일깨워주는 교육으로서, 특히 현대 사회의 비인간화 현상으로 야기된 실태를 극복하는 인간성 지향 교육의 목표·내용·체제를 총칭하는 교육 이데올로기이다."[1] 미사여구로 치장하여 휴머니즘만 내세우면 교육을 완성할 수 있는 것처럼 추종했다. 전격 인간을 중심에 둔 가치성에 도취하여 인간 가치를 뒷받침한 인간관의 밑바닥에 어떻게 큰 구멍이 뚫려 있고, 정열을 바쳤지만 목표 지점과는 거리가 좁혀지지 않는 원인을 발견하지 못하였다. 뚫린 구멍과 허점을 확인하고 지적해서 개선하기 위해서는 지향한 가치와 접근한 방법 면에서의 문제점을 살펴야 한다.

"루터와 에라스뮈스는 15, 16세기 유럽 사상계를 대표하는 지성인이다. 루터는 종교 개혁의 수장이고 에라스뮈스는 인본주의의 수장이다. 두 사람은 모두 가톨릭 사제로서 교육을 강조하였다. 그러나 인간에 대한 이해, 신학적 입장, 가톨릭교회에 대한 이해에서는 상충하여 대립하기도 하였다. 하지만 접근 방법에 있어 루터는 신앙과 하나님의 은총을, 에라스뮈스는 기독교적인 경건성과 도덕성을 강조한 것, 혹은 루터는 급진적 개혁을, 에라스뮈스는 점진적인 교회의 개혁"[2]을 추진한 차이일 뿐이다. 인간성을 이해한 데 관한

---

1) 『교육 철학』, 김정환 저, 앞의 책, p.230.
2) 『인본주의 교육 사상』, 앞의 책, p.191.

대립 관점이라면 어느 편이 옳고 그렇다고 판가름할 수 있겠지만, 그들이 근거한 인간관은 믿음일 뿐인 탓에 어떻게 주장하더라도 중요하다고 여긴 가치관에 근거한 생각일 따름이다. 또한, 서양 교육 사상은 정적인 것만 추구하는 이상주의와 동적인 것만 추구하는 현실주의 간 갈등의 역사로 이해한다. 오늘날은 동적인 측면이 득세하여 행동의 변화를 통해서 겉으로 나타난 실증적 효과를 소득으로 삼은 목적 제일주의가 팽배해 가고 있다. 몸이 아파도 원인을 찾지 못하면 악화하는 것처럼, 인간성을 도야하고 도덕성, 윤리성을 함양하는 교육의 역할을 내팽개쳐 버렸는데도, 그 잘못을 알지 못하는 것은 인간 이해에 대한 비판 관점을 확보하지 못해서이다. 그러니까 교육은 인간이 지향해야 할 이상이 무엇이며, 어떤 물질적 힘으로도 대신할 수 없는 존엄성이 무엇인지를 찾아보기 힘들게 되었다.[3]

판단 관점과 상황은 다르다 해도 어떤 사상가가 자신의 사상을 피력하는 것은 철저하게 옳다고 생각한 세계관적 기준에 근거한 것이다. 줄리언 헉슬리는 "우리는 합리적으로 이해할 수 있으며, 과학적 지식을 토대로 한 자연 안 인간의 위치와 역할을 우리 시대에 들어와서 처음으로 소상히 묘사할 수 있게 되었다"[4]라고 술회하였다. 하지만 아직도 진리 판단 기준과 신념에 대해 너나없이 동조만 할 뿐, 무엇이 잘못된 것인지 비판할 안목은 생성시키지 못했다. 사실상 헉슬리가 내세운 합리적인 접근 방법과 과학적인 지식을 통한 이해 기준으로서는 인간과 세계를 반쪽도 이해할 수 없다. 자찬한

---

3) 『한국 유학 사상과 교육』, 앞의 책, pp.188~189.
4) 『떼이야르 드 샤르댕의 사상 입문』, 앞의 책, p.35.

자연 안에서의 인간의 위치와 역할은 지극히 편협한 좌표 설정이다. 지고한 인간의 지위를 격하시킨 온상이다. 판단한 기준이 합리적이고 완벽한 것 같지만, 아직은 미처 보지 못한 곳에 커다란 구멍이 뚫려 있다.

이런 상황은 내로라한 동양의 교육 사상가들도 예외가 없다. 대부분 동양에는 맹자란 성현이 있어 성선설을 주장하였고, 그것이 교육 사상에도 큰 영향을 끼쳤다는 것은 알고 있다. 그러나 이 설은 "인간의 性이 善하다는 사실을 유추와 직관으로 설명한 것이다."5) 창조된 본성에 근거하지 못한 시기상조적 한계가 있다. 공자는 동양이 낳은 성인이고 만인이 존경하는 인류의 대 스승이다. 그분을 시발로 구축된 유교적 인간관은 비상한 가치관으로 인간의 지위를 드높였다. 그런데도 공자는 인간의 품격을 확실히 구분하였다. 즉 소인, 선비, 군자, 성인의 4품관이 그것이다. 소인은 용렬한 사람으로서 사욕에 살고, 君子는 정의에 산다. 성리학에서 성인은 天人合一의 경지에 도달한 자이다.6) 왜 이런 구분을 하였는가를 따지기 이전에 차별하여 구분한 것은 지극히 현실적인 안목이다. 하지만 유교가 인간 본성의 바탕부터 차별적이라고 보지는 않았다. 그근거는 인간은 누구나 배우면 성인이 될 수 있다는 인식을 통해 알수 있다. 그리고 그 차별적인 이유에 대해서는 기질의 차이를 인정하면서 끊임없는 수양과 인격 도야로 극복할 수 있다고 했다. 단지 문제는 공자란 성인마저도 차별적인 인간의 품격을 포괄할 수 있는 창조적 본체관을 확보하지 못한 것이다. 용렬함과 눈앞의 이익과

---

5) 『동양 교육 고전의 이해』, 앞의 책, p.38.
6) 『인간 교육 이론』, 앞의 책, p.286.

義에 가치 기준을 두게 되니까 인간의 가치 품격이 갈라져 버렸다. 잘잘못을 따진 것이다. 하지만 비록 잘못은 저질렀더라도 반성과 회개에 기준을 두면 누구라도 용서될 수 있고, 하나님과 함께한 백성이 된다. 그런데 인간을 이해한 관점이 고착되었다. 동양의 유교는 그런 관점에서 생성된 다른 진리적 영역마저도 아류적으로 재단해 버렸다. 즉, "한유는 불교를 출가주의(반인류주의), 도가를 無爲自然(반문명주의)으로 비판하면서 '수기치인(修己治人)'이란 유교 이념을 새롭게 뿌리내렸다."7) 유교가 확보한 세계관이 왜 한계성을 지녔는가 하는 것은, 달리 생성된 진리 세계를 배척하고 갈가리 토막 낸 사실을 통해 알 수 있다. 세계관에 부정적인 그림자를 드리웠다. 마치 원래 달은 둥근데 우리의 눈에는 반달로도 보이고 초승달로도 보이듯, 바라본 관점과 확보한 위치가 제한적이다 보니 세계관이 일그러졌고, 그래서 완전한 모습을 볼 수 없었다. 그것이 오늘날까지이다. 그런 유교적 전통과 가치가 현대 사회에 이르러서는 거의 몰락하고 말았다.

이 시점에서 지성들이 시도한 인간 본성의 접근 관점을 비판하는 것은 인간 교육의 방향을 새롭게 지침을 두기 위한 필요불가결한 작업이다. 그 첫 번째 대상 과제로서는 많은 사상가가 추종한 자연주의적 교육관을 들 수 있다. "자연주의(naturalism)는 라틴어 'natura'에서 나온 말이다. 원래 타고 나온 것을 존중하자. 이러한 자연에는 아름다운 질서가 있다. 이 질서에 따라 사는 것이 가장 올바르고 행복한 삶이라고 한 생각의 총칭이다. 자연을 유일한 실제로 여기는 철학으로 반자연주의인 이상주의와 대립한다. 자연주의에 의하

---

7) 「주자의 공부론 연구」, 앞의 논문, p.25.

면 물질적 우주가 실재의 전부이며, 따라서 정신적인 존재나 영혼적인 존재는 인정하지 않는다. 역사적으로 보면 자연주의는 가장 오래된 철학으로 만물의 근원을 '물'로 본 탈레스에서부터 시작하여 사회 체제에 의해 억압된 인간성을 자연에 돌아가게 함으로써 다시 찾자는 루소 등을 거쳐 오늘에 이르고 있다."8) 자연주의는 누대에 걸쳐 이어진 정신사의 한 맥이다. 그런데도 이런 세계관에 뚫려 있는 커다란 구멍을 보지 못해 그런 전통을 이은 사상가들이 계속 이어졌다는 것은 세계적인 본질이 분열을 다 하지 못한 탓이다. 그들이 가장 긍정적으로 여긴 자연에는 아름다운 질서가 있고, 이 질서에 따라 사는 것이 올바르고 행복한 삶이라는 신념에 문제가 있는 것은 아니다. 단지 그 같은 삶을 위해 더욱 중요한 근원과 원인을 단절시킨 데 있다. 어떻게 해서 자연에는 아름다운 질서가 있는지, 몸담은 삶이 행복한 것인지의 이유에 대해서는 더 이상 궁금해하지 않았다. 볼 수 있는 눈이 없어 자연은 독자적으로 생성된 질서인 것으로 여겼다. 이것은 동양의 無爲自然 사상도 마찬가지이다. "노자는 인위적인 모든 것으로부터 완전히 벗어난 상태를 '자연'으로 보고, '道'는 언제나 無爲하지만 하지 않는 일이 없다(『노자도덕경』, 37장)"9)라고 했다. 서양의 자연주의나 노자의 無爲自然은 역설적 인식이다. 자연주의는 물질적 우주가 실재의 전부로서 어떤 의지적 작위자, 곧 정신적 존재나 영혼적 존재를 인정하지 않는데, 어떻게 아름다운 질서가 생성되는가? 노자도 인위적이고 의식적인 모든 것을 벗어났는데, 세상 질서가 하지 않는 일이 없다.

---

8) 『교육 철학』, 김정환 저, 앞의 책, pp.82~83.
9) 「노자 교육 사상의 현대적 가치」, 앞의 논문, p.40.

어떻게 완벽한 질서 체제로 운행되는가? 그 이상의 이유를 보지 못하고 설명할 수 없는 한계성을 드러낸 상태이다. 미완의 관점으로서 세계의 핵심이 된 본질 작용과 창조 영역을 반토막 내어버렸다. 이런 관점에서 루소가 '자연으로 돌아가자(『에밀』)'라고 외친 자연주의의 허망함을 지적할 수 있어야 한다.

자연주의는 인위성, 작위성뿐만 아니라 기독교가 신앙한 하나님의 창조 손길까지도 의도적으로 거부한 유물론, 무신론 사상을 대변하게 되었다. 전적으로 하나님의 창조 본의에 대해 무지했다는 뜻이다. 그런 자연주의의 시발자인 탈레스는 만물의 근원을 물이라고 하였지만, 알고 보니 사실이 아니라고 한다면? 확실하게 증거가 된 것이 아닌데도 그런 사상적 전통이 여태까지 이어졌다. 근대에 사상을 체계화한 유물론은 세계를 구성한 일차적 요소로 물질을 세웠지만, 그것이 사실이 아니라고 한다면? 물질관으로부터 시작된 자연주의의 존립 근거가 사라진다. 잘못이 있는데도 보지 못해 그릇된 인간관과 교육관을 파생시켰다. 동양의 순자는 말하길, "사람 됨의 善惡에 따라 하늘이 복과 화를 내린다는 생각은 근거 없는 공허한 생각이다. 하늘은 의지나 지각이 있는 것이 아니다. 일정한 원칙에 의해 움직이고 있을 뿐이기 때문에 두려워하거나 신비스럽게 생각할 필요가 없다"[10]라고 하였다. 일명 그릇된 믿음을 타파한 지극히 현실적이고 합리적인 생각인 것 같지만, 실상은 그것밖에 보지 못한 세계관적 한계를 드러낸 것이다. 독일 관념론 철학의 완성자인 헤겔은 전통적인 변증법 개념에 생각을 더해 "사물의 상호연관에 대해 자연과 역사적 세계를 부단한 생성·변화·발전 속에 있

---

10) 『동양 고전 교육의 이해』, 앞의 책, p.71.

는 하나의 과정, 즉 변증법적으로 파악하였다."11) 사물의 상호연관
성에 생성·변화·발전하는 변증적 특성이 있는 것은 맞다. 그것은
드러난 현상계의 어쩔 수 없는 실상이다. 왜? 바탕인 본질이 아닌
탓이다. 변증성이 전부가 아니다. 변화하고 끊임없이 생성하는 데
는 바탕이 있고, 이유가 있는데도 헤겔은 드러난 반쪽의 질서 상태
만 보았다. 뿌리를 보지 못하므로 왜 사물의 상호연관 관계가 변증
법적으로 생성·변화·발전하는 것인지 설명할 수 없었다. 이런 이
유로 루소가 탄 자연주의란 배는 인류를 완전한 곳으로 실어 나르
는 교육론이 아니었다. "세상은 神이 중심이 아니고 인간이 중심이
며, 인간이 자연을 깨달아 자연을 본받는 것이라고 외쳐 18세기 계
몽주의 교육론의 전체를 지배했던 루소는"12) 보이지 않는 神의 창
조 손길을 애써 거부하고 떨쳐버리고자 한 몸부림이었다고 할 수
있다. 그것이 일명 인본주의란 미사여구로 포장된 인간 중심 사상
이다. 피코는 "인간은 이제 더 이상 神에 의하여 결정되지 않는다.
오히려 자신의 자유에 의하여 결정된다. 인간은 자기 자신의 주인
이요, 자신의 운명과 자신의 세계를 스스로 개척할 수 있는 존재가
되었다. 神의 자리에 인간을 대신 내세웠다."13) 왜 루소는 종래의
전통적인 교육 방식을 거부하고 자연주의적 교육 사상을 통해 인간
본성의 고양과 발전을 지향하였는가? 이전의 전통적인 교육 방식이
인간 본성을 부인하고 억압한다고 보았다.14) 그런 사상을 단적으로
표현한 구호가 곧 "창조자의 손에서 나올 때는 모든 것이 善하나

---

11) 『유물론과 경험비판론 해설』, 교양강좌편찬회 역, 세계, 1986, p.23.
12) 『교육의 역사 및 철학적 기초』, 앞의 책, pp.158~159.
13) 『인본주의 교육 사상』, 앞의 책, pp.114~115.
14) 「루소의 교육 사상에 관한 연구」, 김경자 저, 관동대학교 교육대학원 교육행정, 석사, 2004, p.12.

사람의 손에서 모든 것이 타락한다"이다. 왜? 그 이유? 겉으로 보면 하나님이 인간을 처음 창조했을 때의 순수성과 인위적으로 가해진 더럽혀짐을 대비시킨 것이므로 누구라도 경청할 만한 교육적 구호임에도 기독교는 그의 사상을 이단으로 몰았고, 핍박하였다. 표면적으로 "인간의 순수한 창조적 본성이 타락한 것은 인위적으로 가해진 사회적 편견, 권위 등이 제도화됨으로써 그 속에서 사는 동안 본래의 자연이 질식하게 된 것"[15]이라고 보지만, 이면적으로는 神의 창조 손길과 원죄설을 정면으로 부정한 것이다. 기독교가 원죄설을 내세운 것은 그 역시 일종의 편견일 수 있어 그것을 근거로 루소를 탓할 수 없지만, 그가 처음 창조자의 손길을 전제했던 것처럼 결과적으로 神의 손길을 제거한 것은 잘못이다. 왜 사람은 모든 것을 자연 그대로, 있는 그대로 보지 못하고 손을 써서 망가뜨린 편견과 선입견투성이인가? 한마디로 창조 섭리를 읽지 못하고 하나님이 천지를 창조한 본의를 알지 못해서이다. 그러니까 사회제도를 제멋대로 재단해, 루소처럼 옳은 주장인 듯하지만, 결과적으로는 더 큰 잘못으로 인류를 영원한 본향 세계로부터 멀어지게 만들었다. 오늘날도 마찬가지이다. 이전 시대와 비교해 공교육은 더욱 제도적으로 확대되었는데 인간 사회는 더욱더 타락하고 본성이 황폐해진 지경이 되었는가? 루소가 말한 창조주의 손에서 나올 때는 모든 것이 善했는데 왜 인간의 손에서 타락하게 된 것인지에 대한 이유와도 일맥상통한다. 여전히 본의를 자각하지 못한 탓이다. 루소가 자연으로 돌아가야 한다고 한 자연주의 사상을 100% 선의로 받아들일 수 없게 된다. 처음 인간의 순수한 본성이 타락한 이유를

---

15) 『루소의 교육론 에밀』, 앞의 책, p.69.

하나님의 창조 뜻과 어긋난 데 초점을 맞추었더라면 본성 회복을 위한 방법도 동양의 修己治人처럼 하나님의 참뜻을 깨우치고자 한 기독교 내적인 접근 방식을 통해 강구하였을 것이다. 그러나 루소가 내세운 자연성의 전제 표적은 바로 기독교 교리의 원죄설이 인간 본성을 억압한다고 한 데 있다. "『에밀』의 본문은 그 당시 기독교 교리인 원죄설에 대해 반대 견해를 제시한 것으로 인정되었다."16) 무엇이 문제인가 하면, 루소가 처음 전제한 인간은 창조자의 손에서는 善하게 태어났으나 인간의 손에 옮겨짐으로써 惡에 물들었다는 주장에 있다. 동양의 맹자는 성선설을 말했고, 우리나라의 율곡도 여기에 근거해 『격몽요결』「입지장」에서 "인간의 본성은 착함에서 시작한다"라고 한 교육설을 내세운 형편인데, 인간이 근본적으로 善하게 태어났다는 것이 무슨 잘못인가? 바로 기독교의 중요한 교리인 원죄설 탓이다. 성경에 의하면, 아담과 하와의 타락으로 모든 인간은 원래 죄인이라고 하였는데, 이것은 그렇게 판단한 원죄설 자체에도 문제성이 농후하다. 창조 이후의 타락은 타락이라 치더라도 하나님의 손에서는 인간이 善하게 창조된 것이 맞다. 그런데도 기독교는 루소의 性善적 입장에 대해 원죄설을 전면 부인한 것으로 보고 논란을 불러일으켰고, 교육적 저서인 『에밀』은 출판금지, 분서 처분 당했다.17) 어느 편이 옳고 그른 것인가? 원죄설도 틀렸고, 루소는 인간의 性善성을 간주한 상태이지만, 여기에 대한 구체적인 근거를 설명한 사실은 없다. 또한 인간이 처음 창조자의 손에서는 善하게 태어났다고 해놓고 타락한 인간 본성을 회복할 목표를 그

---

16) 「율곡과 루소의 교육 사상 비교 연구」, 앞의 논문, p.15.

17) 「에밀을 통한 루소의 교육론 연구」, 조무숙 저, 창원대학교 교육대학원 교육학과, 석사, 1998, p.42.

처음 하나님의 창조 본성 상태에 두지 않고 자연 상태를 가정해서 그것을 이상적인 귀의처로 삼은 것은 이율배반이다. 창조 손길 운운했지만, 창조란 의식은 안중에도 없었다는 뜻이다. 루소가 이상적으로 여긴 자연적 본성은 "가치 면에서 미개인과 반대되는 존재로 문명사회의 인간보다 한층 더 유덕하고 평화적이며 행복한 이상적 인간을 뜻한다."[18] 즉, 하나님이 태초에 창조한 그 같은 이상적 본성 상태가 아니다. 하나님이 인간을 창조했을 때의 善함과 사랑과 순수한 본성을 기독교는 곡해했고 루소는 무시했다. 루소가 가정한 주관적 본성이다. 루소는 善한 본성이 타락하게 된 이유를 인위적 편견과 제도 탓으로 돌렸지만, 종전의 전통적 교육이 인간 본성을 부인하고 억압한 주체는 오히려 기독교의 원죄설 탓이다. 중세 기독교는 천년의 세월을 거치는 동안 인간 본성을 바르게 이해하지 못한 대과(大過)가 있다. 그런 조건 안에서 인간 교육이 바르게 수행되었을 리 만무하다. 그래서 중세 가톨릭은 인류를 하나님에게로 인도하는 데 있어 하나님이 원한 창조 목적을 이룰 절호의 기회를 잃어버린 꼴이다. 중세 교회는 하나님의 절대 권위를 등에 업고 세속 권력을 장악해서 통치하는 데 혈안이 되었다. 하나님은 결코 그런 분이 아니다. 그런데도 루소는 이 같은 교회 권력은 거부하지 않고 오히려 하나님을 거부하였는가? 루소를 비롯해 神을 부인한 무신론자들은 지고한 하나님의 본성과 중세 교회를 몰락으로 내몬 세속적 지배욕을 구분해서 판단했어야 했다. 그렇게 하지 않고 보쌈해 함께 거부해서 진리권 밖으로 내던진 결과 오늘날의 인간 교육이 심대한 문제에 봉착했다.

---

18) 『에밀』, 루소 저, 정영하 역, 연암사, 2003, p.18.

두 번째로는 정신분석 이론이다. "프로이트는 정신분석학이라는 조직적인 성격 이론을 처음 제안한 학자로 많은 학문 영역에 큰 영향을 주었다. 그의 이론은 생물학적 기제와 본능적인 충동에 기초했다."[19] "정신분석 이론이 발표될 때 서구 지성계에 미친 충격은 코페르니쿠스의 지동설과 다윈의 진화론에 견줄 만하다. 인간이 사는 지구는 세계의 중심이 아니라 태양을 중심으로 도는 위성에 지나지 않으며, 神이 만물의 영장으로 창조한, 스스로 神이라고 믿게 된 인간이 하등동물로부터 진화해 왔다는 생각은 충분히 모욕적이었다."[20] 프로이트의 학문적 업적이 찬양되면 될수록 인간의 존엄성을 파괴한 작태는 막을 길이 없다. 인간 본성을 황폐화시킨 주범이 된 것임에도 현대의 지성들은 본색을 간파할 비판적 안목을 가지지 못했다. 즉, "인간 정신과 행동을 체계적이고 과학적으로 연구해 온 현대 심리학은 도도한 역사의 흐름인 시대정신의 영향을 받으면서 발달해 왔다. 다윈(1809~1882)이 1859년에 발표한 『종의 기원』은 인간 연구를 위한 심리학에도 엄청난 영향을 끼쳐 관점의 변화를 일으켰다. 그런 시대사조 속에서 프로이트는 본능 이론에 바탕을 둔 정신분석학을 확립하여 인간 이해의 폭을 확장하였다(?). 그런 영향을 기점으로 19세기 말에서 1960년까지 보편적으로 인정한 심리학의 시대적 주류가 제1, 2, 3세력인 정신역동주의, 행동주의 인본주의이다."[21] 현대의 제반 교육 이론 형성에 큰 영향을 끼친 정신분석학이 가정한 핵심은 "본질에서 우리의 정신세계가 의식과 무의식이란 두 부분으로 구성되어 있다"[22]라고 본 것이다. 이런

---

19) 『교육심리학』, 임규혁 저, 학지사, 2004, p.49.

20) 『성격 심리(상)』, 홍숙기 저, 박영사, 2004, p.81.

21) 『성격심리학』, 노안영·강영선 공저, 학지사, 2003, 6부.

"인간 본성 접근 관점"은 서양 사상사 안에서는 개척하지 못한 획기적인 인간 이해 영역인 것만은 틀림없다. 그러나 같은 문제를 두고 동양의 선현들이 본성을 탐구하기 위해 얼마나 내면의 의식 세계를 치열하게 파고들었는가 한 수행적 방법과 비교할 때 비정상적인 정신 분열 환자를 대상으로 세운 이론인 만큼, 그가 확보한 인간 이해 관점은 지극히 피상적임을 피할 수 없다. 즉, 의식의 세계를 의식과 무의식이란 구조로 파악하고, 무의식의 초월성, 공통된 바탕성(집단 무의식)을 인지하였지만, 그것이 인간의 본질적인 차원 영역이라는 사실은 알지 못했다. 인간을 근본적으로 바라본 이해 바탕이 없다 보니 성적 욕구에 집착해 인간의 순수한 창조 본성을 호도하였다. 왜 정신 속에는 심원한 무의식의 세계가 존재하는지 자체 근원에 대해서는 언급하지 못한 채……(발견에만 그침).

뒤틀린 인간 이해 관점은 다시 온갖 뒤틀린 교육 이론 형성에 영향을 끼쳐 인간성의 황폐화 속도를 올린 원동력으로 작용했다. "프로이트는 자신을 지적인 거인으로 생각했다. 인간 행동을 이해하는 새로운 기법을 개척했고, 그 노력은 지금까지 발전되어 온 성격과 심리상담 및 치료의 가장 포괄적인 이론을 낳게 했다. 인간 본성에 관한 접근 관점은 기본적으로 결정론인데, 인간 행동은 비합리적인 힘, 무의식적인 동기, 생물학적, 그리고 生의 초기 6년 동안의 주요한 심리 성적 사상에 의해 전개된 본능적 충동으로 결정된다"[23]라고 하였다. 즉, 정신분석적 관점에 따르면, "인간의 성격은 원자아(id), 자아(ego), 초자아(superego)로 구성되며, 이들의 각 영역이 자

---

22) 『교육심리학』, 앞의 책, p.49.

23) 『심리상담과 치료의 이론과 실제』, Gerold Corey 원저, 조현춘·조현재 공역, 시그마프레스
(주), 2004, p.79.

체의 성질·기능·조작, 그리고 역동 기제를 가지고 있는 동시에 또한 영역 간의 상호작용을 가진다고 하였다."[24] 이들 기제의 상호 작용에 따라 각 개인의 성격에 차이가 생긴다는 이론인데, 그런 성격도 인간 본성을 대신할 수는 없다. 성격은 본성으로부터 우러난 심원한 발원의 결과일진대, 뿌리는 도대체 무엇이고 어디에 있는가? 과연 3가지 구성 체계만으로 이해할 수 있는가? id는 출생 시에 지니고 태어난 유전적 성질로서 본능을 포함한 선천적 욕구 체제를 가리키는 정신적 에너지의 저장소라고 하였다. 인간의 성격 형성과 인생의 전반에 영향을 끼치는 선천적 욕구 체제의 비밀을 출생할 때 이미 지니고 태어난 유전적 성질로 치부하면 해결될 문제인가? 불교에서는 원천을 추적하기 위해 무수히 반복된 업과, 이생 이전의 전생까지 가정한 실정인데, 간단히 어머니 배 속에 있는 10개월 동안의 유전적 전수 삶으로 이해할 문제인가? 무엇이 문제이고 무엇을 모른 것인가? 지금도 프로이트에게 물어본다. 인간은 무엇이고 어떻게 존재하게 되었는가? 아니 창조되었는가? 그것을 알고 본성에 접근한 정신분석이론을 세운 것인가? 프로이트 이후의 제반 "성격 이론가들의 생각은 인간 성격 탐구에 대한 오랜 학문적 토대를 바탕으로 자신의 성격과 그들이 살았던 사회 문화적 맥락을 반영해서 형성된 것이지만",[25] 결론적으로 그들이 구축한 성격 이론으로서는 인간 본성이 어떤 것인가를 논할 수 없다. 그런 관점에서 접근한다면 인간 본성은 교육적인 노력을 추가할수록 추락만 할 뿐이다. 루소가 경고한 인위적 요소 덩어리이다. 단적인 예가 바로

---

24) 『성격과 행동의 지도』, 이상노 저, 중앙적성연구소, 1979, p.31.

25) 『성격심리학』, 앞의 책, p.458.

"교육은 행동 조작의 과정이다"란 명제이다. "교육의 임무는 요구되는 행동들을 끌어낼 수 있는 학습 환경을 창조하는 것"26)이라고 그럴듯하게 말하지만,27) 결과적으로는 인간 본성을 선도하고 회복시킨 것이 아니다. 순수 본성을 전복시켰다. 성격 형성의 계기와 기제로서 양산한 "동일시, 전이, 억압, 투사, 반동형성, 고착과 퇴행 등과 같은 방법"28)은 인간을 다루는 교육 이론으로부터 모조리 추방해야 한다. 창조된 본성에 근거해 이론을 전혀 새롭게 구축해야 한다. 그것이 불가능하다면 가능하도록 전도시켜야 하는 것이 이 연구의 저술 과제이다.

세 번째로는 실존주의자들의 인간 이해 접근 관점이다. 실존주의는 "19세기의 합리주의 관념론이나 실증주의에 반대하여 개인으로서의 인간의 주체적 존재성을 강조하는 사상으로서 19세기의 키르케고르와 니체, 20세기의 하이데거, 야스퍼스, 마르셀, 사르트르 등에 의하여 주창되었다."29) 과학적이고 합리적인 인간사에서 벗어나 인간 본연의 자세로 돌아가고자 하는 회귀에서 시작된바, 실존주의는 오늘날 교육 현장에서도 시사하는 바가 크다. 하지만 본연적인 자세로 돌아가고자 하는 방법에서는 크게 유신론적 실존주의와 무신론적 실존주의로 대차를 이룬다.30) 실존주의는 개인의 실존을 중요시하는 사상이지만, 인간 본연으로 돌아가고자 한 의미와 가치

---

26) 『교육 철학』, 김정환 저, 앞의 책, p.147.

27) 행동주의에서는 학습을 경험의 결과로 나타나는 관찰할 수 있는 행동의 변화로 정의하였고, 이에 따라 행동주의 심리학자들도 관찰 가능한 행동에 초점을 맞춤.

28) 『성격과 행동의 지도』, 앞의 책, p.83.

29) 실존주의.-다음 백과사전.

30) 유신론적 실존주의자: 키르케고르, 야스퍼스, 가브리엘 마르셀. 무신론적 실존주의자: 하이데거, 사르트르, 메를로 퐁티 등.

기준이 무엇인가 하는 것은 문제이다. 이에 무신론적 실존주의 방법을 택한 사르트르는 "마르크스, 후설 및 하이데거의 사상을 종합하였다. 세 철학자의 사상은 인간은 모두 자기의 운명을 자기가 직접 만들어 가고 있다는 주체성에 큰 관심을 보인 만큼, 영향을 받은 사르트르의 실존주의 사상은 유명한 '실존은 본질에 선행한다'는 말로 집약할 수 있다."31) 실존주의는 인간 본성을 탐구해서 가장 인간다운 본연, 곧 실존으로 돌아가고자 한 노력의 일환이지만, 사르트르의 이 명제는 전통적으로 이어진 사상과 상식을 뒤엎은 것이다. 동서양의 어떤 성현도, 철학자도, 인간 존재의 문제를 근원적인 관점에서 추구하였지만, "실존이 인간 존재의 본질을 형성하고, 실존이란 개념을 인간 존재 이해의 근본 개념으로 부각한 것은 역사상 유례를 찾아보기 어렵다."32) 상식을 뒤엎은 본말 전도적 명제인데도 무신론적 기류에 편승하여 현대 사상의 공식적인 주류를 이루고, 교육 사상에도 영향을 끼친 사실은 크게 우려할 일이다. 사르트르가 내세운 '실존은 본질에 앞선다'란 명제는 인간 행동이 인간 본성 이전의 정의에 기초한다고 말한 전통적인 철학 의견에 도전한 것이다. "인간 존재가 선천적으로 목적적이고 의미 있는 우주에 사는 이성적 창조물이라는 아리스토텔레스의 주장과 달리, 각 개인은 존재하며, 초대받지 않은 자로서 인간 자신의 의미와 본질을 스스로 창조한다고 하였다. 거기에는 완전한 진리도, 절대적인 법칙도 없으며, 우리를 안내하는 궁극적인 목적도 없으므로, 개인은 전적으로 선택에 있어 자유롭다(그만큼 행동과 선택에 대한 책임도 따

---

31) 『체육 철학』, 김대식 외 2인 공저, 앞의 책, p.62.
32) 『인간의 본질』, 앞의 책, p.172.

름)."[33] 다시 말해, "인간의 본질은 원래부터 정해져 있는 것이 아니다. 개념으로 규정하기에 앞서 먼저 실존하고, 다음에 스스로 생각하고 행동하여 자기를 형성해 간다. 곧, 먼저 현실적 존재가 있고, 그 다음에 본질이 정해진다. 이것이 실존주의의 제1 원리이다."[34] 궁극적인 본성으로 접근하는 방법에 있어 손바닥을 완전히 뒤집은 것이다. 담겨 있는 물을 휘저은 것이므로 크게 혼란스러울 것 같지만, 정확하게 살펴보면 인생의 본질을 보지 못해 밑동을 잘라버린 탓에 그렇게 판단한 당연한 결과이다. 주전자에 가득 담긴 물은 실존으로 보지 못하고, 컵에 따른 물만 현실적 실존으로 인정한 꼴이다. 컵에 물을 따른 행위를 실존의 첫출발로 잡은 것이다. 세계를 바라본 심대한 관점상의 장애 요인 노출이다. 이런 비정상적인 세계관이 교육 이론 형성에 영향을 끼쳐 인간을 위한다고 한 것이 인간을 망친 독소 요인으로 작용했다. 문제는 사르트르가 실존 상황을 거꾸로 볼 만큼 본질을 앞세운 전통적인 철학자들이 무엇을 하였는가 하는 것이다. 아무리 비판할 안목을 발견하고자 해도 기존 사상에 대한 반대급부로서 생성된 탓에 본질을 앞세운 전통적 사상은 마냥 무기력할 뿐이었다. 제3의 관점에 의한 근거 제시가 긴요하다. 즉, "실존은 본질에 우선한다는 말은 인간의 존재가 먼저 있고, 자신의 본질에 관한 규정은 뒤에 오게 된다는 것을 의미한다. 이것은 바로 서양 철학이 전통적으로 관심을 기울인 존재의 본질에 관한 문제를 전혀 다른 방향에서 다룬 것이다. 플라톤의 이데아론에 의하면, 사물의 본질(이데아)은 구체적인 사물보다 먼저 존재한

---

33) 『교육의 철학적 이해』, 앞의 책, p.272.
34) 「법화경의 교육 철학적 연구」, 앞의 논문, p.37.

다. 말하자면 본질이 인간이나 사물의 존재에 선행하고, 전자가 후자를 규정한다."[35] 플라톤이 이데아의 선재 사실을 내세운 데도 허점이 도사렸다는 뜻이다. 그렇게 주장한 것하고, 근거를 확보해 실증하는 것은 다르다. 플라톤은 전자의 인식 도달에만 그쳤고, 후자의 작업까지 진척시키지 못한 관계로 서양 관념론의 시조로 자리매김하였다. 이 문제는 세계 본질의 분열상 플라톤의 시대에서는 해결할 수 없는 세계관적 문제이다. 때가 되어 하나님의 창조 본체와 본의를 드러낸 지상 강림 역사가 완수되어야 했다. 그러니까 神의 창조 손길도, 본체적인 뿌리도 거부하고, 홀로 허무적인 삶의 여정을 처절하게 헤쳐나가고자 한 몸부림이 현대인이 자조로 내세운 실존적 삶이다. 아무 곳에도 의탁할 곳 없는 고아처럼, 실존주의자는 자신의 운명을 스스로 헤치고 창조해 나가고자 하였다. 일체 도움의 손길을 거부한 이 반항적인 고독아를 누가 어떻게 깨우치고, 굳게 닫힌 무신론적 영혼의 문을 활짝 열게 할 것이며, 참 실존 모습을 직시해서 진정으로 귀의해야 할 본향 세계로 인도할 것인가?

네 번째로는 1870년 무렵부터 퍼스, 제임스, 듀이, 미드 등 미국의 실용주의(프래그머티즘=Pragmatism)자들이 펼친 교육 사상을 통한 인간 본성 접근 관점이다. 그중 존 듀이는 미국의 진보적 교육 운동의 대표자로서, 그의 교육 사상은 한때 미국 교육의 주류를 이루었을 뿐만 아니라 우리나라에도 큰 영향을 미쳤다. 이런 미국식 실용주의, 그중에서도 듀이의 교육관이 현대 교육을 어떻게 잘못 이끌어 왔는가를 밝히기 위해서는 『나의 교육 신조』, 『학교와 사회』, 『민주주의와 교육』, 『창조적 지성』, 『철학의 개조』, 『창조적

---

35) 『교육 철학 및 교육사의 이해』, 앞의 책, p.422.

지성』 등 주요 저서 속에 담긴 교육 사상의 뿌리를 추적해야 한다. 그가 바라본 인간 본성 이해와 교육에 관한 견해, 즉 "교육은 성장이다. 교육은 생활이다. 교육은 경험의 재구성 과정이다. 교육은 사회적 과정이라고 한 사상의 기저가 바로 다윈의 진화론, 실용주의 철학, 과학적 방법이라는 3가지 이론을 바탕으로 이루어지고 있다. 그러니까 논점 역시 생물학적 삶과 현재의 성장과 산 경험의 과정을 중시하여 현실적 실용주의 사상을 대변했다."36) 무엇이 문제인가 하면, 너무나 현세적이기 때문에 전혀 문제가 되는 사실을 발견할 수 없었다. 그런 현실적 삶의 과정과 인간의 사회화를 위한 경험 중심 교육관은 인간 교육에 적용되어야 할 중요한 교육의 원리적 요소임에도 불구하고 듀이는 그런 관점에 몰입됨으로써 인간 교육이 추구해 온 본래의 인간성 완성 목표와 궁극적인 가치 일굼 문제와 거리가 멀어져 버렸다. 외부적인 삶의 목표, 즉 실용적인 가치를 획득하는 데 치중하여 인간 고유의 교육적인 본성 추구 가치를 외면하였다. 그의 이런 현세적, 생물학적, 사회 지향적 교육 사상은 바로 "자연주의적 인간주의 사상을 토대로 한 것이다."37) 이런 사상이 정말 옳은 것인가, 잘못된 것인가의 여부는 그런 원리 적용으로 교육받은 인간이 어떤 인간으로 성장하였고, 어떤 삶의 가치를 성취했는가로 판가름할 수 있다. 굳이 결과를 기다리지 않더라도 어떤 세계관에 근거해서 본성에 접근하였는가를 살피면 충분히 추측할 수 있다. 듀이는 90세가 넘도록 장수하면서 수많은 저술을 남겼고, 세계를 향해 자신이 생각한 인간 교육 사상을 펼쳤지만, 인류

---

36) 『교육사 신강』, 앞의 책, p.316.

37) 『비교 사상론 개관(사상과 이데올로기의 비교 이해)』, 김태창 저, 충북대학교 출판부, 1987, p.329.

사회는 그의 안내대로 진정 도달해야 할 인간다운 본향 목적지를 찾았는가? 그 같은 인간으로 육성되었는가? 현실적, 사회적 삶에 몰입, 자족, 안주하게 함으로써 인류가 나아갈 영원한 본향 세계를 볼 수 있는 눈을 멀어버리게 하였다.

　그러므로 살펴본바 "인간 역사에 있어서 '인간이란 무엇인가'라는 질문은 다른 어떤 질문보다도 더 근본적이고 본질적인 질문이다. 인간에 관한 이해는 지금까지도 계속해서 문제로서 자리 잡은 모든 학문과 인생과 교육의 근본적인 질문이다."[38] 이런 인간 이해의 본성적 접근 문제를 여태껏 지성들이 어떻게 해결하고자 하였는가? 손에 쥐고 있는 열쇠를 다른 곳에서 찾고자 한다면 찾을 수 있는가? 본성 문제를 해결하지 못한 원인의 절반은 바로 접근 방법상에 문제가 있었다. 즉, 인간이 무엇인지를 알기 위해서는 먼저 자기 자신이 무엇인지부터 탐구해야 했다. 외부가 아닌 내면의 본성적 성찰이 우선이다. 그리고 주어진 세계관적 조건 면에서도 문제는 있다. 어떤 방정식을 풀기 위해서는 풀 수 있는 조건을 갖추고 있어야 한다. 무슨 말인가 하면, 인간이 내면의 본성을 성찰하고 다른 수많은 삶을 살펴보아도 인간이 무엇인지에 대해 알 수 없었던 것은 지구상 인류를 통틀어도 인간만을 통해서는 인간을 이해할 수 있는 조건을 확보할 수 없었기 때문이다. 이것이 여태껏 지성들이 인간을 이해하지 못하고 본성을 규명하지 못한 주된 이유이다. 그렇다면? 인간 존재의 태생에 관한 문제는 인간 스스로 해결할 수 없다. 본성을 바르게 이해하고 본래성에 초점을 맞추어야 이 같은 이해의 바탕 위에서 인간을 어떻게 가르치고 어디로 인도할 것인가

---

38) 「라인홀트 니버의 인간 이해」, 임동훈 저, 협성대학교 신학대학원 신학과, 석사, 2007, p.1.

에 관한 교육 목적과 원리를 세울 수 있다. 인간이 어떻게 존재하게 되었는가를 알고, 그 같은 존재 목적에 부합하도록 교육 목적을 설정해야 하는데, 그것이 곧 하나님의 창조 뜻과 본의를 아는 데 있다. 그리하면 바야흐로 하나님의 창조 목적에 부합한 완전한 교육 목적을 세울 수 있다. 잘못된 본성 접근과 인간성 이해 관점을 극복하고 인류를 진정한 본향 세계로 인도할 완성된 교육 목표를 지침으로 삼을 수 있다.

2. 인간성의 황폐화 이유

무엇이든지 '이유'를 알기 위해서는 정확한 원인 추적과 진단이 있어야 하고, 확실한 근거를 찾아야 한다. 유구한 역사 동안 인류는 인간답게 살려고 노력하였고, 교육 역시 그런 인간을 육성하기 위해 심혈을 기울였지만 과연 인류의 본성, 곧 인간성은 그렇게 정열을 바친 만큼 개선되었는가? 루소는 첫마디에서 타락한 것으로 단정 지었고, 그 이유도 인간이 노력한 손길, 즉 "인위적으로 가해진 사회적 편견, 권위 등의 제도화 탓으로 돌렸지만, 이 연구는 지적한 바 인간이 인간적인 관점에서 교육 문제에 접근한 것이 인간성을 황폐화시킨 주된 원인으로 본다. 교육은 근본적으로 인간과 떨어질 수 없는 관계이므로 교육이 유사 이래 인간 본성을 개선했는가 하고 묻는 것은 어불성설(語不成說)인 것처럼 들리지만, 다시 질문을 명확히 하여 교육이 하나님이 부여한 신성한 창조 본성을 일깨우기 위해 얼마나 힘을 쏟았느냐고 물었을 때 대답할 말이 궁하다면 비로소 타락한 사실을 시인하지 않을 수 없다. 개선하려고 노력했지만, 의지와 상반된 결과를 초래한 여기에 인간적인 한계가 있다. 그런데도 인간 교육은 인간이 옳다고 판단하여 힘을 쏟은 결과물이므로 황폐해진 책임을 피할 수 없다. 옳다고 생각하고 그 길로 매진하였지만 결과가 잘못되었다면 그것은 그보다 더 근본적인 요소를 간과해서이다. 그것이 무엇인가? "중세의 신권적, 봉건적 지배 구속을 벗어난 서양은 순수한 인간성을 기반으로 한 합리적인 근대 세계를 열었고, 자유와 인권을 보장한 민주주의 제도를 정착시켰지만, 오늘날은 그들이 옳다고 생각하고 쌓아 올린 그 인간주의, 인문주의적인 문명에 짓눌려 도덕성이 타락하고 인류 문명이 위기를 맞게 되었다. 이런 실상을 다시 정리하면, 근대 서양의 그릇된 세계관에 근거한 교육적 노력이 인간성을 황폐화시킨 주된 원인이다. 그런데도 무엇이 잘못된 것인지 종말성에 대해 탄식은 하면서도 근본적인 이유는 알지 못하고 있다. 그 이유를 이 연구가 하나하나 지적해서 비판해 나가고자 한다.

먼저 근대 서양이 인간 교육의 방향을 잘못 설정한 것은 인류가 등불로 삼아야 할 天道, 곧 하나님이 인간을 창조한 뜻이 명확하지 못해서이다. 天道가 명확하지 못하므로 人道 역시 불분명하였고, 이런 조건 속에서 인간 교육의 방향 역시 이탈되었다. 하지만 그렇게 이탈했다는 사실조차도 인지하기까지는 天道가 밝혀져야 한 때를 기다려야 했고, 바야흐로 하나님이 창조 본체를 드러낸 지상 강림 역사로 밝힐 수 있게 되었다. 그러니까 본체가 드러나기 이전에는 잘못된 교육 목표 설정 과정이 불가피했다. **"인간성이 황폐해진 이유"**도 지극히 단순한 공식 절차를 따랐다. 영국이 일으킨 산업 혁명

이래의 세계적인 풍조로서 물질적, 경제적 가치를 추구하게 된 인류는 걸맞게 문명의 혜택을 입고 누리게 되었듯, 교육 역시 그 같은 진리를 중점적으로 가르치고 가치성을 실현하려고 한 데 원인이 있다. 우리나라도 "1960년대 이후 현대 산업 사회로 이행하면서 고도 경제 성장으로 물질적 풍요를 누렸다. 하지만 외재적 가치 추구라는 사회적 분위기와 교육인구의 급격한 팽창은 교육에 있어 여러 가지 문제를 일으켰다. 특히 전통적인 신분 사회가 붕괴하고 새로운 평등 사회로 사회 구조가 재편성되면서 교육은 곧 경제적, 사회적 지위의 보장이라는 등식으로 이해하는 불가피한 결과를 낳았다. 서구적 발전 지향 현상은 과도한 교육열로 표현되었고, 지식과 기능 중심의 교육을 강조하게 되었다. 물질주의의 큰 흐름이 인격도야라는 면에서 인간 교육과 가치관 교육의 상실을 가져왔다."[39]

그리고 덧붙일 심대한 모순으로 서양의 르네상스 운동은 중세 천년간의 절대 신권 질서 안에서 억압된 인간의 가치를 재발견하고 인권을 해방하기 위해 일으킨 운동으로서 지금쯤 인간에 대해 모든 것을 밝히고 인간이 중심을 이룬 시대가 정착될 시점인데, 오히려 인간을 더 이해할 수 없게 되었다는 것은 무슨 뜻인가? 한마디로 이해할 수 있는 근본 뿌리를 단절시켜서이다. 그래서 독일의 철학자 셸러(Max Scheler, 1874~1928)는 "현대는 인간 이해의 암흑시대이다"[40]라고 하였다. 즉, 다양한 인간관과 인간에 관한 지식에도 불구하고 인간을 어떻게 이해하고 설명해야 할 것인지를 전혀 알 수 없는 시대에 처해 있다. 현대는 인간의 본질이 불명확한 시대이

---

39) 「퇴계의 교육 사상 연구」, 앞의 논문, p.1.
40) 『인간의 이해』, 앞의 책, p.149.

다. 한때 르네상스의 적극적인 인간 긍정 사상의 표현으로서 셰익스피어(1564~1616)는 "인간은 얼마나 위대한 작품인가?"라고 말하였다. 나아가 계몽주의 사상가들은 인간 이성에 대한 절대적 신뢰를 토대로 인류 역사의 한없는 진보와 발전을 굳게 믿었다. 하지만 이런 인간 긍정 사상과 인간 예찬론 및 인간 이성에 대한 신뢰는 제1, 2차 세계대전과 같은 처절한 비극과 허다한 인간 위기를 경험하면서 무너지기 시작했다. 니체(1844~1900)는 『차라투스트라는 이렇게 말했다』에서 "神은 죽었다"라고 선언하였다. 이것은 오랜 역사를 통하여 서양 문화 사상의 바탕을 이룬 기독교의 이상과 가치가 무너졌음을 선언한 말이다. 니체가 神의 죽음을 선언한 것은 서양 기독교의 진리적, 신앙적, 구원적, 섭리적 한계성을 예감한 것이었고 서양 역사가 르네상스를 기점으로 근대적인 세계관은 구축하였지만, 이면에는 심대한 종말성의 씨앗을 이때부터 뿌린 것이다. 그들이 근원이라고 믿은 神을 버린 마당에서 귀의해서 안주할 영혼의 고향은 어디에도 없다. 인간성의 파괴 현상이 불가피했다. 허무주의(Nihilism)에 매몰되었다. 神이 죽었다는 선언은 자본주의가 발달해 감에 따라 인간이 점차 이기적으로 되고, 위선적인 생활을 하는 데 대한 반항이라고도 하지만, 근본적인 원인은 神과 근원을 버린 인간의 무지한 독단성이다. 현대인이 처한 다양한 문제, 즉 불안, 고통, 절망, 위선적 삶과 허무가 엄습할 수밖에 없었다. 이런 진리와 가치 추구 상황 속에서 어떻게 천부의 본성 완성을 기대할 수 있겠는가? 근대의 서구인이 건설한 인간관, 가치관, 세계관에 큰 문제점이 드러나므로, 이것을 지적해서 황폐해진 인간성을 회복하고 인간상을 재정립하는 데 교육의 역할이 있다.

잘못된 인간 이해에도 인간성을 황폐화시킨 원인이 있지만, 더 큰 문제는 진리 인식의 인간성 형성 역할이다. 진리 인식은 인간 내면의 본성과 직결되어 있어 그릇된 진리를 신봉하고 추구한 것이 인간성을 황폐화시킨 결정적 원인이다. 이것은 참다운 창조 진리가 개명되지 못한 지난날에 있어 기계론적 물질관이 극에 달한 인간성의 파괴와 문명의 위기를 극명하게 드러낸 것이다. 피폐하고 타락한 인류가 천부 본성을 고유한 본질로부터 회복시키려 하지 않고 로봇이나 복제 인간화함으로써 문명 질서 파괴를 가중했다. 아직 우리의 사고되는 정신 구조와 창조 본질을 밝히지 못한 상태에서 마치 물질이 세계 구성의 바탕인 것처럼 판단한 것이다. 물질관에 편중한 현세에서는 비인격적이며, 비인간성에 바탕을 둔 사실과 원리로 진리 세계를 구축하고, 生의 탐구 대상으로 삼고 있으며, 객관적인 믿음의 중심을 이루었다. 生의 본질을 떠난 진리로서 세상에 대한 믿음의 바탕을 이룬 세계는 장차 어떻게 될 것인가? 그 같은 진리를 신봉한 사고 결과에 따라 세상이 점차 비본질적인 물질세계로 전락하고, 인간된 본질성을 잃어버린 파멸을 낳으리라. 사실적 원리성에 기반을 둔 객관적, 물질적 진리는 그런 진리를 신봉한 인간에 의해 삭막한 기계 세계로 변하리라.

그래서 잃어버린 인간성의 황폐화로부터 인류를 구원하기 위해 강구해야 할 진리 추구의 방향은 바로 生의 본질에 바탕을 둔 진리 세계의 구현이 진정한 대책 방안이다. 과학적인 진리를 전적으로 신뢰한 인류가 도달할 세계는 어떤 종말적 요인을 안고 있는가? **비본질적인 진리가 낳을 결과가 인간을 비인간화시킬 것이라는 데 준엄한 경종을 울려야 한다.** 막기 위해서는 예견된 파멸로부터 인간성을 회복할 수 있는 진리의 구체적 형상을 초점 잡는 것이다. 멸망의 요인, 그것은 곧 진리에 문제가 있고, 인간이 인간으로서 인간적인 본질을 무시하고 비인성적인 세계를 건설한 데 있다. 이데올로기는 진리에 대한 색깔은 있지만, 세상을 보다 이상적으로 건설하려고 한 노력 면에서는 지극히 인간적이다. 따라서 주된 파멸 요인은 자연과 세계와 하나뿐인 지구를 송두리째 파멸시킬 21세기를 향한 인류의 맹목적인 물질적 진보, 그 자체이다. 저마다 부풀어 오르기만 하는 욕구를 조절할 수 있는 세계 질서는 무엇이 담당해야 하는가? 인간의 이성은 이 같은 파멸 요인을 찾는 데 있어서 자체의 분별력, 자제력, 통제력을 잃어버렸다. 그러므로 인류의 맹목과 맹신을 일깨우고 황폐화의 늪에서 벗어나게 하기 위해서는 인간이 잘잘못을 판단하는 진리 인식 면에서 의식을 전환하지 않을 수 없다. 진리 인식이 인간의 본성 형성에 미치는 영향을 확실하게 판단하여 인간 교육의 추구 목적을 전환해야 한다.

로봇은 본질 밖에서 추구된 진리가 만들어낸 제이의 인간 자신이다. 인간은 본질 밖에서 추구된 진리에 의해 지금 그 로봇과 똑같은 기계적인 인간으로 전락하고 있다. 진리에 대한 인식은 본질 안으로부터 비롯되며, 본질 밖의 진리는 근본적인 본질에 변화를 주지 못한다. 본질 밖의 진리가 본질을 변화시키지 못하는 것은, 진리는 본질 안으로부터 인식되기 때문이다. 그런데도 현대 교육은 인간에게 무엇을 가르치고 주입하고 있는가? 본질 밖의 진리, 곧 자연을 통해 추출한 원리 법칙과 지식이 인간의 본성을 변화시킬 수 없다는 판단이다. 그래서 확인할 수 있는 **"인간성 황폐화의 이유"**는 인간성이 황폐하도록 그 같은 진리를 신봉한 데 원인이 있어 회복하기 위해서는 인간성에 바탕을 둔, 인간과 세계를 영원하게 할 수 있는 진리를 새롭게 추구해야 한다. 묻건대 인간성이 메말라 버린 객관적 세계를 추구하고 있는 과학이 어찌 황폐화 문제를 해결할 수 있겠는가? 인간성과 거리가 먼 진리를 신뢰한 이 세대는 그런 추구로 인해 인간이 살 수 없는 기계적 세계로 전락하리라. 과학적인 진리는 인류 문명을 발달시키는 수단은 될 수 있지만, 과학이 참다운 인간성의 진리를 우습게 본다면 그것 하나만으로도 멸망할 소지를 안고 있다. 인간의 고도한 지혜 개안이 바벨탑을 쌓는 자멸의 무덤구덩이가 되면 안 된다. 인류 멸망의 구체적인 요인이 바로 여기에 있다. 과학적인 진리 신봉이 인류를 파멸시킬 수 있는 제일의 요인으로 등장하였다.

그러므로 인류 지혜의 방향은 결국 교육을 통해 선도되어야 하고, 종국에는 하나님이 밝힌 창조 본의에 근거해야 한다. 그런데도 현대인은 아직도 교육을 통하여 인간성을 회복할 궁극적 진리, 창조적 진리를 안내받지 못하고 있다. 알려고 하지도, 가르치려는 자도 없다. 갈 길 잃은 현대인은 다시 한번 인간다운 인류 문명을 세우는 데 기초를 다진 위대한 성현의 말씀에 귀 기울여야 한다. 가르침의 메시지를 되새겨야 한다. 인류 문화는 스승과 제자가 이룬 인격적 교감으로 위대한 인문 문화를 창출했던 것이다. 그런데도 과학 문명은 이런 교감 문화를 배제하고 지식만을 탐구해서 전수한 결과, 인간성이 황폐해진 파멸 문명을 조장하였다. 참되고 올바르고 아름다운 인간성을 육성하는 것은 교육의 正道이다. 제대로 기능을 수행하지 못해 황폐해진 인간성을 회복하는 것은 향후 교육이 집중해서 달성해야 할 추진 목표이다. 인간성을 바르게 육성하는 것은 교육의 책임이고, 황폐한 인간성을 회복하는 것은 교육의 더 큰 책임이리라.

3. 인간성의 존엄성 회복

역사상 인간의 존엄성에 대해 가치를 드높이고 교육이 앞장서 고무하고 뒷받침하였을 때는 인류 문화가 융성하였다. 인류의 4대 성인은 인간의 존엄한 가치, 즉 사랑과 자비와 仁과 무한한 신뢰에 근거해서 교설한 탓에 인류의 영혼이 안주할 수 있는 종교 문명을 터 닦을 수 있었다. 반면에 인간의 존엄한 가치를 하락시키고 짓밟은 근대 문명으로 진입하면서부터는 급기야 인류 문명이 파멸할 수도 있다는 위기감이 고조되었다. 인간성을 고무한 성현의 말씀을 추종한 때와 달리 인간이란 존재를 새롭게 판단한 세계관의 대두로 인간의 존엄한 가치가 급속히 하락하였다. 인간 본성을 황폐화시킨 주된 원인은 바로 전통적으로 계승된 인간적 가치를 사장시킨 근대 서양 교육의 잘못에 있다. 루소는 인간의 사회적 노력에도 불구하고 인간성이 타락하고 말았으므로 자연적인 본성으로 돌아가자고 외쳤고, 교육 역시 온갖 인위적인 노력을 가미하였지만, 결과적으로 본성의 변질 상황을 막지 못했다. 그 원인은 전적으로 근대를 연 서양 교육이 인간의 존엄한 가치를 말살시킨 각종 무신 사상과 유물론, 진화론, 과학주의 사상에 혹한 탓이다. 그렇게 변화된 확실한 차이를 비교해서 지적할 수 있어야 한다. 절차를 정확하게 거쳐야 인간성의 황폐화로부터 존엄한 본성 가치를 회복할 수 있다. 익히 언급한바 "기독교는 인간의 생명에 대한 존엄성에 대하여, 사람의 생명은 온 천하를 주고도 바꿀 수 없다고 역설하였다. 유교에서도 인간은 지극히 존귀하며, 무궁한 가능성을 지니고 있어서 두고두고 이해해야 할 존재라고 하였다."[41] 유교가 본성의 근거를 하늘에 두었을 때 인간의 가치는 최고의 지위를 획득했다. 불교에서도 인간이 부처가 될 가능성[如來藏]을 가졌다고 본 것은 인도의 세습적 계급제도(카스트)와 조선 시대의 신분 사회 등에서 누구나 다 양반이 될 수 있고, 귀족이 될 수 있고, 최고 지위인 왕(민주주의)이 될 수 있다는 존귀한 신분상의 혁명 이상이다. 이런 본성의 드높임 속에서 수행자들이 위대한 사명을 일으켜 진리와 이타적 삶을 위해 정열을 불태울 수 있었다.

하지만 인간의 존엄성을 침식시키고 하락시킨 서양의 근대 문명은 그 동기부터가 인간의 존엄성 시계를 거꾸로 돌린 요인을 안고 출발하였다. "르네상스 운동의 목적은 어느 누가 평가하더라도 인간성 회복에 있었다. 발동된 근원도 고대 그리스인이 추구한 자유 교양 교육의 이념, 즉 지·덕·체의 조화로운 발달을 통하여 이상적인 인간을 형성하려고 한 데 있다. 인간성 회복을 위한 방법으로 활성화된 인문주의 교육은 인간의 개성을 스스로 개발하고 일상적인 삶에 유익한 힘을 소유한 자유인 양성을 목적으로 삼았다. 여기서 자유교육이란 천부적인 마음의 능력을 단련하고 발달시킴으로써 인간을 고귀하게 하는 교육을 말한다. 교육사가인 몬로(Paul Monroe)는, 자유 교양 교육은 스스로 독자적인 개성을 지니게 하는 것과 과거의 인간에 대한 폭넓은 지식과 현재 생활의 모든 경우에 필요한 것

---

41) 「퇴계의 교학관 연구」, 앞의 논문, p.41.

을 기초로 하여 일상생활에 유능하게 참여할 수 있는 능력을 갖춘 자유인을 양성하는 것을 목표로 한다"[42]라고 하였다. 이런 교육 목표 설정과 교과 구성 정도라면 충분히 인간성을 회복하고 인간을 고귀하게 하는 교육이 될 수 있으리라. 그런데 그렇게 해서 육성된 인간성의 결과는? 어디에 문제가 있는 것인가? 이것은 마치 자식이 자기 잘난 맛에 부모의 은혜를 망각하고 자유롭게 독립을 선언한 것과도 같다. 바탕이 된 神의 손길을 거부하고 개성 있는 인간만의 자유를 선언한 데 근본적인 문제가 있다. 이에 이 연구는 오랫동안 단절되어 폐허가 된 근원을 향한 길을 복구함으로써 인간의 존엄한 가치를 회복하고 부동의 지위를 확보하고자 한다. 서양의 지각 있는 지성들도 하락한 가치 실태를 실감해서 노력하지 않은 것은 아니다. "루소는 어린이의 고유성에 근거하여 어린이의 존엄한 가치를 발견하였고, 19세기의 페스탈로치는 인간 자체의 존엄성에 근거하여 인간을 재발견하였다."[43] 하지만 그것은 지극히 미미한 가치 각성일 뿐이다. 서양 교육의 전체적인 본성 침식 현상은 막지 못했다. 왜 인간은 존엄할 수밖에 없는 것인지에 대한 가치의 근거를 추적하지 못하고, 논거를 두지 못했으며, 존엄성을 지키고 회복할 교육 방책을 세우지 못했다. 성현들은 인간이 교육받을 가치가 있고, 교육받음을 통해 능히 존엄하게 될 수 있다고 역설하였다. 그렇다면 존엄한 가치를 다시는 짓밟히지 않고 어떤 세계관적 도전에도 흔들리지 않는 지위를 확보할 수 있는 근거는 무엇인가? 인간 존엄의 근본적인 바탕 근거는 하나님이 천지를 창조한 역사적 사실을

---

42) 『서양 교육 사상사』, 앞의 책, pp.174~175.

43) 『교육사 신강』, 앞의 책, p.255.

밝혀야 추적할 수 있고, 밝힌 본의에 근거함으로써 그 누구도, 그 무엇도, 하나님이 부여한 존엄한 창조 가치를 훼손할 수 없다.

인간이 다른 동물과 구별되게 생물학적으로 창조된 이유는 그렇게 구별된 특성 탓에 특별한 지위를 가진 것이 아니다. 왜 그렇게 창조한 것인지 이유를 알아야 한다. 막스 셸러는 "『우주에서 인간의 지위』를 통해 인간이 다른 존재, 예를 들면 동물이나 식물들과 결정적으로 다른 점이 무엇인가를 구별했다. 직립보행, 수치심, 사색, 언어, 문화, 과거 반성"44) 등등 그러나 왜 다른 종은 가지지 못한 능력과 기능을 인간이 가진 것인지에 대해서는 이유를 설명하지 못했다. 동양의 순자도 이런 측면에서 인간을 구별하였지만, 그 이상의 존엄성 근거 추적에는 한계가 있었다.

> "물과 불은 氣가 있지만 생명은 없고, 풀과 나무는 생명은 있지만 앎(지각)이 없으며, 짐승은 앎은 있으나 義(옳음)가 없다. 사람은 氣도 생명도 앎도 있고 또한 義도 있다. 그래서 세상에서 가장 귀하다."45)

그중 "근본적인 차이로서 동물은 커다란 현실성과 극히 적은 가능성을 가지고 태어나는 데 반하여 인간은 극히 커다란 가능성과 적은 현실성을 가지고 태어난다는 데 있다. 즉, 신생아는 모든 동물 중에서도 가장 심한 미숙, 미형성의 표본처럼 무력, 무능, 무용한 모습으로 탄생하고, 그 후 성장 과정에서 어느 동물보다도 부모의 보호와 양육이 있어야 하는 기간이 가장 길다. 그런데도 다른 동물과 달리 복잡하고 심오하고 강대한 문화, 문명의 건설자, 유지자,

---

44) 『인간화 교육 어떻게 할 것인가』, 김정환 저, 내일을 여는 책, 1995, pp.88~89.

45) 『순자』, 왕재 편.-『동양의 도덕 교육 사상』, 박재주 저, 청계, 2000, p.262.

창조자로 세계에 군림하고 있다."46) 여기에 인간의 타고난 교육적 본질이 있다. 다시 말해 인간은 교육을 받아야 비로소 인간답게 된다. 왜 인간은 다른 종과는 다른 특별한 능력을 지녔고, 무궁한 교육적 가능성을 발휘할 수 있는가? 이것을 아는 데 하나님이 인간을 지은 창조 비밀의 열쇠가 있다. 그것은 바로 하나님의 창조 본체에 기인한 것이다. 이를 일컬어 기독교에서는 하나님의 형상대로 인간을 창조하였다고 하였고, 불승인 원효는 인간의 본능은 불가능이 없는 전지전능한 신해지성(神解之性)을 가졌으며,47) 황하의 모래알 같이 무수한 공덕을 모두 갖추고(備一切法), 또한 무수한 염법(染法)을 갖추지 않은 바가 없다(具一切法)48)고 하였다. 곧, 인간이 부여받은 창조적 본성을 각성했다. "동서양을 막론하고 사람들은 인간을 하나의 소우주로 표현하였다. 소우주라는 것은 인간이 세상에 존재하는 것 중에서 가장 특별한 존재임을 부각시킨 표현이다. 인간은 우주의 모든 존재 원리를 한 몸 안에 간직하였다."49) 이런 존재 상태를 일컬어 이 연구는 하나님의 창조 본체를 지녔다고 한다. 하지만 창조 본체를 보존했다고만 해서 곧바로 존귀한 것은 아니다. 그렇다면? 창조 본체의 보존자인 동시에 그것을 끌어낼 수 있는 사고 능력, 인식 기능, 정신 작용을 함께 갖춘 것이다. 이것이 다른 종에게서는 찾아볼 수 없는 특별한 능력을 지닌 데 대한 이유이다. 맹자는 그 마음을 다하는 자는 그 性을 아나니, 그 性을 알게 되면 하늘을 안다고 하였다. 인간의 본성이 하나님의 창조 본체에

---

46) 『교사론』, 안창원 외 2인 공저, 교육 과학사, 2004, p.7.

47) 『대승기신론소기회본』, 권 1, 「전서」, 원효 저, p.741.

48) 『금강삼매경론』, 「전서」, 원효 저, p.616.- 「원효의 교육 사상」, 앞의 논문, p.7.

49) 『스콜라주의 교육 목적론』, 앞의 책, p.100.

근거한 탓에 본래부터 善하다. 타고난 본성의 근거는 善한 하나님으로부터 창조되어서이고, 그렇게 인식한 것은 창조 본체의 지고함을 시사한다. 하나님이 인간을 최고로 至善한 상태로 창조하였다. 인간이 창조된 비밀을 밝히기 전에는 인간의 지위를 아무리 우주의 중심 자리로 끌어 올려도 좌표가 불분명한 탓에 확실하게 보장될 수 없었지만, 밝혀낸 지금은 영원히 보장될 수 있게 되었다. 하나님은 인류를 직접 몸을 내어 창조하였을 뿐 아니라 죄악 상태에 빠졌을 때는 귀하디 귀한 독생자를 보내 구원하였다. 하나님이 전 역사에 걸쳐 관심을 가진 대상은 오직 인간이다. 그 하나님의 인류 사랑 마음을 전달받는 순간, 인류는 하나님의 자식됨을 확인하리라. 인간은 하나님으로부터 사랑을 독차지한 존귀한 자식인 탓에 하나님이 심혈을 기울여 인간을 완벽하게 창조하였다. 진화가 웬 말인가? 그런데도 근대인은 진화론에 근거한 인간 존엄의 퇴락과 창조에 근거한 인간 존엄의 극대화 차이를 인지하지 못했다.

하나님의 사랑에 근거한 인간의 창조 목적을 깨달아야 인류는 비로소 존엄성을 회복할 수 있는 길을 열고, 존엄성에 근거해야 존엄한 가치를 극대화할 수 있다. 그것이 무엇인가? **인간은 하나님의 命을 받드는 수명자(受命者)인 동시에 하나님의 뜻을 실행하는 주체자인 탓에 천지창조 목적을 구현할 위대한 사명을 받드는 존엄함이 있다.** 하나님의 뜻을 받든 자, 과연 세계를 움직이는 진정한 주체는 누가 되어야 하는가? 인간은 하나님의 뜻을 이룰 사명이 있고, 그런 측면에서 인류 역사의 주체자이다. 뜻을 받들어 창조 목적을 실현하는 데 命을 받은 수명자로서의 가치가 있다. 만민을 천국 백성화할 인간성 육성과 존엄성 회복이 그것이다. 오직 "천지의 心

은 人心에 의해 실현되고, 천지의 道는 人性에 의해 구현되나니", 이것이 인간이 우주 속에서 지닌 존엄한 지위의 확고함이다.50) 하나님의 命을 받들어 창조 목적을 실현하는 데 최고로 존엄한 삶의 가치가 있다. 그 존엄성의 기반 위에서 인류는 삶과 역사의 진정한 주체자로 등극하리라.

---

50) 『유가 철학의 이해』, 앞의 책, 1999, p.89.

제10장 인간 본성의 이해 인식

1. 인간의 본성 판단

역사상 지성들은 다양한 문제에 대해 고심하기를 게을리하지 않았다. 과학자는 자연계를 탐구하여 불변한 법칙을 발견하고, 기독교도는 절대 초월적인 피안의 세계를 추구하여 神을 영접하였으며, 유교도는 사람을 학문 탐구의 중심에 놓고 사람의 가치와 작용을 중시한 진리를 구하였다.[1] 그중 인간에 관한 문제를 해결하기 위해서는 인간의 본성에 관한 이해 인식과 어떻게 보는가 하는 판단이 중요한데, 인간이 도대체 어떻게 살아야 하는가에 있어 타고난 본성에 따라 사는 것이 인간답게 사는 것이라고 한다면, 그 본성이 과연 무엇인가란 근본적인 문제가 남는다. 인간은 다른 종과 구별된 특성을 가진 만큼, 이해한 관점과 인식 역시 최고로 복잡하다. 생물적, 정신적, 인생적, 영혼적 등등 특히 "역사상 부심(腐心)했던 많은 교육 이념이나 교육 철학 등 방향을 지침으로 삼은 쟁점들은 거의 인간 본성을 어떻게 보는가의 차이에서 생겨났다."[2] 교육론은 무엇보다도 인간의 본성적인 바탕에 근거해야 하는 만큼, 비록 교육과 관련이 없는 판단이더라도 일단은 빠짐없이 살펴보아야 한다.

---

1) 위의 책, p.81.
2) 「불교의 교육 사상 연구」, 앞의 논문, p.8.

흔히 본성하면 인간이 善한가 惡한가 하는 쟁점을 떠올리지만, 누구도 이런 문제를 확실하게 규정한 바는 없다. 맹자의 성선설, 순자의 성악설, 기독교의 원죄설, 로크의 백지설 등등 물론 본성 문제를 거론하기 위해서는 간과할 수 없는 설들이지만, 이 단계에서 무엇이 옳고 그르다고 규정할 수는 없다. 한계와 문제점을 시사하고, 이런 인식이 인간 교육과 어떤 연관성을 가진 것인지 살펴야 한다. 문제는 제 설과 관련하여 본성이 왜 대립하고 분파되었는가 하는 점이다. 어떤 인간은 태어날 때부터 善하고 또 어떤 인간은 惡하도록 구분된 것인가? 일단 본성 바탕이 공통적이고 동질적인 것은 분명하다. 항존주의 교육 철학에서는 "인간의 본성이란 변화하지 않으며, 본질에서는 동일하게 남는다. 아울러 교육의 기본 원리도 변하지 않고, 영원불변한 것이라고 하였다."[3] 물론 본성이 변할 리야 있겠는가만, 굳이 항존주의 교육 철학이 사실을 강조한 것은 "영국의 경험론과 공리주의 및 다윈 진화론의 결합으로 실용주의에 기반한"[4] 미국 진보주의 교육학자들의 인간 이해 관점을 반박하기 위해서이다. 그렇다면 본성을 달리 보고 대립한 근본적인 이유는 무엇인가? 본성은 불변한 데 각자가 바라본 **"인간 본성의 이해 인식"**에 차이가 있는 것이다.

　서양은 전통적으로 인간의 본성을 이성적인 특성을 가진 존재로 파악하였다. 먼저 소크라테스는 인간이 다른 동물과 구별되는 것은 정신적 기능인 이성(理性-reason)이라고 보았다. 플라톤도 이성은 인간의 정신(마음) 요소 중 가장 강한 힘으로 모든 욕망을 지배한

---

3) 『교육사 교육 철학 연구』, 앞의 책, p.218.
4) 진보주의 교육.-다음 백과사전.

다고 하였고, 아리스토텔레스는 영혼은 감정의 요소를 제거함으로써 깨끗해진다고 하였다. 이런 정신 맥을 이은 근세의 데카르트에 의하면, 인간의 이성은 감성적 경험에 의존하지 않고 합리적인 판단으로 참다운 앎을 파악하게 한다고 하였다. 그래서 계몽주의의 이성은 분석하고 측량하며, 계산하고 통계하며, 이들을 응용하는 기관이지 영원한 가치의 세계나 이념의 세계를 사색하는 정신적 기관이 아니라고 보았다. 이런 서양의 이성적 인간관은 헤겔(1770~1831)에 이르러 절정에 이르렀다. 그는 세계의 일체가 이성에 의하여 지배되고 있다고 확신하면서, 이를 기초로 순수한 이성적 인식으로 세계를 파악하려고 하였다.5) 본성에 대한 접근이 어떤 결과를 낳았는가 하는 것은 19세기 이래로 널리 퍼진 유물론(materialism)을 통해 확인할 수 있다. 서양이 추구한 이성을 중심에 둔 역사의 종착지가 유물론이었다는 점에서 그들은 원인 진단을 정확히 해야 했다. 이성적 인간관이 쇠퇴하고 유물론으로 관점이 전환된 주된 이유에 대해서 경험을 무시하고 이성적 인식을 맹목적으로 신뢰한 탓으로 돌리지만, 이 연구가 파악한 주된 이유는 인간 본성은 이성적인 특성도 가졌지만, 그러나 그것이 전부가 아닌데도 나머지를 보지 못한 사실에 있다. 의지, 영성 등등 본성은 정신의 이치에 맞은 사고 작용의 영향도 받지만, 의지를 통해 마음의 신념을 견지하는 작용도 있다. 인간은 정신과 의지를 가졌지만, 본성은 의지 작용의 영향이 더 크다. 이성을 통한 합리적 판단만이 우리에게 참다운 앎을 파악하게 한다고 하지만, 이것은 인식의 수단상 세계적 구성 요소의 반쪽밖에 보지 못한 한계이다. 이성으로서는 결국 세계적 진상

---

5) 『인간의 이해』, 앞의 책, pp.100~146.

을 반쪽밖에 보지 못해 전체까지 잘못 판단하였다. 결과가 말하듯, 이성적인 본성 파악은 합리적인 잣대로 神을 이해할 수 있는 길까지 막아 죽음으로 몰아넣었고, 인간의 정신적인 고향까지 파괴하였다. 서양은 중세의 신권 질서를 무너뜨리고 인문주의 세계를 열었지만, 그렇게 해서 구축한 현대 세계는 마치 잘못 건드린 판도라 상자나 자만심으로 쌓아 올린 바벨탑처럼 인류 문명을 종말 상황으로 내몰았다. 그런데도 그들은 여전히 굳게 믿은 이성적 세계관이 무슨 이유 탓에 오늘의 결과를 초래한 것인지 모르고 있다. 왜 인간이 가진 위대한 정신적 통찰인 이성이 문제를 안긴 것인가? 이성은 엄밀한 현상적 세계는 합리적이고 분석적으로 판단하여 진상을 밝힐 수 있지만, 이면의 본질 세계는 볼 수 없었기 때문이다. 이성이 이상의 날개를 달고 현대 문명을 건설했지만 추락하는 것은 날개가 있다고 하였듯, 쌓아 올린 인문 사회 문명이 오히려 인간 자신을 짓누른 무거운 짐이 되어 유토피아 세계에 도착하지 못하고 추락해 버렸다.

이 같은 이성의 시대를 마감하고 낭만주의를 탄생시킨 사상을 전개한 루소는 인간이 이성으로 세운 사회제도와 문명적 체제에 대해 부정적으로 인식하면서, 대안으로서 인위로 구축되기 이전의 자연을 순수한 상태로 상정해서 인간 역시 그와 같은 상태로 돌아갈 수 있다고 주장했다. "애초 독립적인 존재로서 만들어진 인간이 사회에 들어와서 상대적인 인간이 됨으로써 온갖 불행과 惡이 시작되었다. 자연인은 善하였지만 사회는 타인의 불행을 가지고 행복해질 수밖에 없다."6) "인간이 자연 상태에 놓였을 때는 경쟁도 전쟁도

---

6) 『체계교육사』, 앞의 책, p.245.

생기지 않았다. 자연인이 가진 욕구란 오로지 자애심이다. 자애심은 사회 상태 속에서의 사회관계, 대인관계에 의해 생긴 이기심과 구분된다. 바로 이 이기심이 인위적인 감정으로서 인간이 저지르는 악덕의 바탕이 된다"[7]라고 하였다. 자연과 인간의 본성 이해는 루소의 교육 사상을 상징하는 트레이드마크가 되어 크게 유행하였다. 문제는 그러한 인간의 자연적 본성에 대한 인식이 어떤 근거에 의해 추출되었는가 하는 점이다. 실로 현재의 타락된 본성을 기준으로 추측한 상태이다. 거기에는 서양이 건설한 사회와 교육 시스템에 대한 한계를 드러낸 측면도 있다. 그들은 인간을 중심에 둔 사회를 건설한다고 해놓고도 타락성을 저지할 수 있는 욕망 제어 시스템과 수양 체제를 갖추지 못했다. 이것을 교육 영역이 인생의 성취 목표로서 제시할 수 있어야 했는데, 이상을 지향한 상태에 머물고 말았다.

문제를 해결하기 위해서는 인간의 본성을 판단할 수 있는 보다 근본적인 구성 요소를 파악해야 한다. 서양이 전통적으로 이성을 중시한 것은 그 출발부터가 본질 외적 요소에 치중해서이다. 즉, 플라톤은 인간의 본성을 정신적인 의식 구조에서 찾았다. 욕망과 의지와 이성이 그것이다. 이성은 인간의 본성을 포괄하는 구성 요소인지 의문이다. 이런 정신적 존재와 달리 토미스트(Tho mist)들은 인간을 정신과 육체의 복합체로 보았고, 과학적 실재론자들은 인간은 고도로 발달한 신경 조직을 가진 유기체로서, 자유의사보다는 물질적, 사회적 환경에 의해 행동이 결정된다고 하였다.[8] 본성의

---

7) 『루소의 교육론 에밀』, 앞의 책, p.33.
8) 『교육 철학 신강』, 오천석 저, 교육 과학사, 1972, p.66.

이해 관점이 더욱 축소되어 버렸지만, 동양의 유교가 마련한 창구를 통하면 진상을 엿볼 수 있을 만큼 근접한 일면이 있다. 즉, 주자는 모든 존재의 궁극적인 실재를 理와 氣로 본 세계관적 바탕을 통해 인간의 본성을 본연지성(本然之性)과 기질지성(氣質之性)으로 나누어 접근하였다.[9] 여기서 理氣가 무언인가에 대한 해석이 중요한데, 이것은 서양의 지성들이 내세운 요소처럼 육체적, 물질적 요소와 무관하다. 理는 이법, 원리적인 요소이고, 氣는 물질이 아니라 물질의 근거가 되는 바탕 질료 요소이다. 이처럼 존재가 理氣란 본질 요소로 구성된 것은 창조의 대원칙에 근거한 것이다. 인간과 뭇 존재는 단일로서는 설명할 수도 이해할 수도 존립할 수도 없다. 존재하는 조건 자체가 성립되지 못한다. 한마디로 창조된 결과 탓이다. 본성 역시 창조의 바탕이 된 本然之性과 창조로 존재화된 氣質之性으로 나누어질 수밖에 없다. 하지만 문제는 동양의 성현들이 이룬 지성사적 업적을 현대인이 얼마나 이해하고 본질성을 파악하였는가 하는 점이다. 창조된 본의를 알면 인류가 모든 진리 가운데로 인도될 수 있나니, 그때를 인류 역사가 기다렸다고 할 수 있다.

본의를 알기까지는 본성의 본질, 즉 창조된 결정성을 들여다보지 못하고, 드러난 특성만을 근거로 어느 한쪽을 비판하면서 자신의 관점이 옳은 것으로 주장하지만, 어느 쪽이든 상대적인 한계성을 노출했다. "르네상스는 서양 문화 전체에 구조적인 변화를 가져온 것으로 인정된다. 神 중심 사회와 문화에서 탈피하여 인간 중심 사회와 문화로의 전환을 가져왔고, 중세라는 틀에서 벗어나 근세라는 새로운 세기로 이행하는 역사적 기점을 이루었다. 여기서 중심을

---

9) 『동양 고전 교육의 이해』, 앞의 책, pp.114~115.

이룬 것이 인본주의 인간관이다. 알다시피 중세 사회에서 인간은 神과의 관계성 속에서만 이해되었고, 神의 인식을 최대 과제로 삼았다. 하지만 르네상스 시대는 세상에 존재하는 인간과 그 삶을 전혀 새롭게 이해해 인간으로서 인간을 보려는 것을 관심의 중심에 두게 되었다."10) 즉, "르네상스 시대의 인문주의자들은 중세의 금욕주의를 비판하고 인간의 자연적 측면을 새로이 평가하여 이전의 이상적 측면만 가치 있는 것으로 여긴 것과 달리 현실적인 면에 더 큰 관심을 기울였다."11) 이것은 "인간이 자기의 가치를 새롭게 자각하고, 인간적인 입장에서 모든 것을 생각하게 된 것을 뜻한다."12) 神으로부터의 독립을 통해 근대 세계를 여는 데 박차를 가했다. 과학계에 등장한 뉴턴(1642~1727)의 "물리학과 역학은 자연 현상을 神에게 의존하지 않고 이성의 힘만으로도 완벽하게 설명할 수 있다는 것을 보여주었고",13) 찰스 다윈은 "『종의 기원-1859』과 『인간의 기원』을 저술하여 동물을 무척추동물과 척추동물로 나누고, 인간은 척추동물의 하나라고 하였다."14) 나아가 "자연법은 이제 神 없이도 그 자신에 있어서 자립적인 것으로 됐다."15)

서양은 기독교 교의를 이성적으로 정초하려고 노력한 것도 심대한 모순이지만(스콜라 철학), 그렇게 해서 한계에 처하자 神을 버리고 동일한 인식 수단을 통해 본성을 이해하고자 한 것 역시 맞이한 결과는 마찬가지이다. 神만을 절대 과제로 삼았던 중세 시대도 문

---

10) 『인본주의 교육 사상』, 앞의 책, pp.29~31.

11) 위의 책, p.33.

12) 『칸트 철학 사상의 이해』, 한단석 저, 양영각, 1983, p.35.

13) 『사람이 알아야 할 모든 것 철학』, 남경태 저, 들녘, 2007, p.312.

14) 『교원의 지도성과 자세』, 조근도 저, 춘추각, 1974, p.27.

15) 『칸트 철학 사상의 이해』, 앞의 책, p.41.

제이지만, 인간만을 절대 과제로 삼은 근대도 문제이다. 이것은 인본주의는 옳고 신본주의는 부정하는 이분법적 판단 문제가 아니다. 창조된 본의를 알기 전까지는 어차피 해결할 수 없는 문제였다. 본성을 판단할 기본적인 조건을 갖추지 못한 지난날은 아류적인 집단 관념에 사로잡혔다.

그중 헤어나지 못한 모순 가운데 하나는 "기독교가 인간의 본성을 惡하다고 한 주장이다(원죄설). 이 교리는 성 아우구스티누스 이래 크게 부각되어 16세기 캘빈에 의하여 극단적인 性惡 사상으로 체계화되었다. 그래서 서양 사람들은 오랫동안 인간의 본성은 惡하다고 믿었다."16) 이런 주장 탓에 교육 역시 惡한 본성이 드러나지 않게 하려고 강제적이고 인위적인 교육을 한 악순환이 이어졌다. 왜 이런 교리가 모순인가 하면, 인간 본성의 근원을 하나님의 본체에 두지 못해서이다. 그렇게 판단한 이유 역시 창조와 단절되어서이다. 원죄설을 교리상으로 강화한 캘빈조차 원래 인간의 영혼과 몸은 모두가 善하게 창조되었다고 믿었다. 그런데도 惡性을 우선에 둔 것은 아담이 죄를 범함으로 인하여 창조 세계가 저주를 받아 惡하게 되었다는 아류적 해석 탓이다. 처음 善으로부터의 타락설은 양의 동서를 불문하고 일종의 정형화된 패턴이다. "플라톤에 의하면, 영혼은 본래 그것이 참여하고 있었던 본질적이며 정신적인 영원한 이데아의 세계에서 영혼의 타락으로 말미암아 세계로부터 추방되어 육체라는 감옥에 갇혀 세상에서 살게 되었지만, 마침내 육체의 감옥으로부터 해방되어 물질적 세계를 순서에 따라 초월해 간다고 하였다."17) 철학자 칸트는 "인간의 천부적 성향에서는 惡의

---

16) 『교육의 이해』, 앞의 책, p.171.

근원을 찾아볼 수 없고, 惡의 근원은 다만 본성이 통제되지 않고 나타났을 때의 결과일 뿐이므로, 이런 善의 경향성을 교육이 계발할 수 있다고 보았다."18) 본성은 더 본질적이고 근원적인데, 그들은 왜 영원한 이데아 세계와 인간의 천부적 성향, 그리고 처음 창조의 善한 본성에 관해서는 설명을 회피하고 변질되어 타락한 인간성을 본성 판단의 기준으로 삼았는가 하는 의문이다. 모순이고 잘못된 **"인간 본성 판단"**이다. 본성에 대한 추측은 가능하지만 중요한 것은 근거를 따져 규정하는 것인데, 이런 판단 조건을 지난날은 갖추지 못했다. 마음은 남이 아무리 이해한다고 해도 아류적 느낌에 불과한 것이므로 자신이 밝힘이 결정적이다. 그렇다면 인간의 본성은 누가 규정할 결정권을 가졌는가? 인류를 창조한 하나님이다.

인간의 본성 판단은 선천의 그 누구도 결론을 내리지 못한 문제로서 인간은 무엇인가에 대해 아무리 궁구해도 세계로부터 답을 구할 수는 없다. 하나님으로부터 창조되었으므로 본성은 하나님에게 묻고 하나님으로부터 계시되어야 한다. 인간은 육신의 쾌락체가 아니요, 영혼의 수용체인 만큼, 귀를 열고 눈을 떠 오늘날 강림하신 하나님의 메시지를 받들어야 한다. 인간 역사로부터 철학적 탐색은 종결되어야 하고, 완결로서 인간 본질은 하나님으로부터 계시되어야 한다. 우리는 인간이 가진 위대한 교육적 본성을 일깨워야 본래의 善한 본성을 회복할 수 있고, 하나님과 함께할 수 있다. 인간은 누구나 다 깨우치면 인도될 善한 본성을 가졌다. 그것이 가능한 이유는 오직 인간이 창조적 본성을 부여받음에 있다. 본성이 정착되면

---

17) 「캘빈의 인간 이해에 대한 철학적 고찰」, 주일한 저, 연세대학교 교육대학원 철학과, 석사, 2004, p.37.

18) 「칸트 도덕 교육론의 현대적 의의」, 앞의 논문, p.35.

인류가 다시는 방황하지 않고 하나인 길로 나갈 수 있게 되리라.

2. 인간 본성의 창조성 인식

주변의 많은 종과 존재가 사멸할 위기에 처했거나 침체(沈滯) 현상을 겪고 있지만 세계는 인간 안에서, 또 인간을 통하여 더 큰 완성을 향해 계속 움직이고 있다. 인간은 우주 발생의 정점에 자리잡아 힘찬 에너지를 발산하고 있고, 가장 동적으로 움직여 진보를 이룩하고 있다.[19] 이런 창조적 에너지를 어떻게 이해해야 할까? 진화하기 때문에 더 큰 완성을 향하고, 지칠 줄 모르는 동적 에너지를 발산하는 것인가? 정말 그렇게 기대해도 되는가? 진보의 원천이란 것이 정말 진화 현상을 추진시킨 메커니즘으로부터 공급된 것인가? 이런 사고적 추측에 대해 우리는 우려되는 점도 동시에 고려해야 한다. 과연 진화란 창구는 인간의 본성을 이해하는 데 정확한 관점을 제공한 것인가? 인간이 존재한 근원된 뿌리를 모르는 상태인데, 더 큰 세계의 완성과 미래를 향한 진보 역할을 기대할 수 있는가? 근본도 모르는 인류가 헛된 가설에 의지해 완성과 미래를 기약할 수는 없으리라. 막힌 물꼬는 터주지 못하면 썩어버리듯, 인류가 기대한 미래 역사도 본성 문제를 해결하지 못하면 정체되어 발전을 기대할 수 없다. 여태껏 풀지 못한 문제를 누가 어떻게 해결할 수 있단 말인가? 알고 보면 인류는 정말 쉬지 않고 부딪힌 문제를 풀기 위해 노력하였고, 거의 해결할 수 있는 직전까지 도달했다.

---

19) 『떼이야르 드 샤르댕의 사상 입문』, 앞의 책, p.77.

마지막 물꼬를 트는 작업이 남았는데, 그것을 강림하신 하나님께 의뢰하는 것이다. 하나님은 천지를 지은 창조주로서 언젠가는 인간 본성에 대해 지혜를 밝힐 책임이 있다. 그 의무를 다하기 위해 하나님이 역사하였고, 동서의 지성들이 엿보고 힌트를 얻었다. 일방적으로 계시한다고 해서 해결될 문제가 아니었다. **"인간 본성의 창조성"**을 진리로 인식한 정당한 절차 과정을 거쳤다. 우리는 인간의 창조적 본성을 규정할 수 있는 합당한 논리 근거를 도출할 수 있어야 하는데, 여기에 선현들이 공통으로 인식한 본성 바탕의 선재성이 있다. 본성을 포함해 존재한 것 일체는 존재했기 때문에 존재할 수 있지, 처음부터 존재하지 않은 것은 존재할 수 없다. 우주의 질서는 有가 有를 낳는 생성 체제일 뿐, 無로부터 有를 낳는 창조 체제가 아니다. 이런 창조 조건 속에서 본성적 근거를 존재한 자체 안에서는 구할 수 없다. 우주 질서를 초월해 선재적인 데서 구할 수밖에 없다. **"無로부터의 창조"**는 불가능하다. 有→有 법칙 체제를 벗어났다. 이런 원칙에 근거해 지성들은 진화론이 왜 현 시공간 안에서 성립될 수 없는 가설인가 하는 것을 판단해야 한다. 처음부터 존재하지 않은 것[無]이 존재하게 된 사실을 설명하기 위해서는 엄청난 지혜와 논거를 동원해야 한다. 반면, 이미 존재한 것으로부터 존재하게 된 사실을 설명하고 입증하는 것은 식은 죽 먹기이다. 그런데도 진화론자들은 왜 그토록 어려운 길을 선택하였는가? 성경에 기록된 종의 불변설을 거부한 탓인데, 그것은 자신들의 관점에서 기독교의 창조설을 곡해한 것이다. 어떤 지혜와 증거를 동원해도 유구한 생성 체제를 본질로 한 세계 안에서 처음부터 존재하지 않은 그 무엇이 새롭게 생겨날 수는 없다. 그야말로 하늘 아래 새로운 것은 하나도 없다. 이것이 뭇 존재를 성립시킨 조건이고 법칙일진대, 인간 본성도 바탕의 선재성을 인식한 것은 인간이 창조된 것을 입증하는 근거로 연결된다. 그 이유는 오직 하나뿐인 근거인 창조주 하나님이 우주적 질서를 초월하여 선재한 때문이다. 그러면서도 세상 가운데 임재한 데 대해서는 다시 언급하겠지만, 이 단계에서는 본성 바탕의 선재성 인식이 하나님이 인간을 창조한 사실에 대한 제일의 근거 기준이라는 것을 밝히고자 한다. 동양의 선현들이 인성론을 논한 것은 인간 본성의 창조성을 밝히려고 한 일대 노력이다. 인간은 각자의 본성이 天理를 갖춘바 天理를 갖춘 이유? 왜 그런가? 창조가 정답이다. 창조로 갖춰진 이유의 궁극성에 대해 답할 수 있다. 동양 사상은 예외 없이 창조의 선재성·바탕성·초월적인 본체성에 근거했다. 초월적인 바탕성으로부터의 창조 역사가 天과 합일할 길을 열었고, 나아갈 수 있는 긴밀한 연결 고리를 마련했다. 善惡 문제, 생멸 문제를 해결하고, 해탈의 가능 경지, 인간이 영원할 수 있는 시공간적 근거를 마련했다. 한계성을 지닌 인간이 차원이 다른 세계를 넘나들 수 있는 가능성을 뒷받침하였다. 지금은 이해하기 어렵더라도 이 연구가 가능하다고 선언한 만큼, 동양의 선현들이 본성을 이해한 인식적 특성을 통하여 설명을 추가해 나가고자 한다.

먼저 불교를 통한 본성의 규정 방식을 살펴보면, 그들은 본성을 창조성으로 엿본 인식투성이다. 『열반경』에서는 '一切衆生悉有佛性'이라, 모든 인간은 불성(佛性=神性)을 갖추고 있다고 하였다.[20]

---

20) 「불교의 공관이 현대 교육에 주는 시사점」, 정혜정 저, 숙명여자대학교 대학원 교육학과 교육철학·교육사, 석사, 1993, p.30.

여기서 주목할 것은 佛性은 완전한 창조성이고 神性인데, 그런 바탕 본성을 수행으로 갈고 닦은 것도 아닌 상태인데 이미 갖추고 태어났다는 인식이다. 이것은 점진적인 진화 방식과 다르다. 이런 특성 탓에 인간에게는 수행이 필요하고 교육이 필요하다고 하였다. 지녔는데도 보지 못한 無明을 깨우치게 하는 것이 교육적 노력이고, 自性의 본래 면목을 스스로 보고자 하는 데 수행적 노력이 있다. 달리 말하면, 제반 노력으로 창조적 본성에 도달하고, 보고, 이르고자 함이다. 이것이 선천 하늘에서 불교가 수행과 깨달음으로 이룬 섭리적 뜻이다. 깨달음은 이미 갖춘 본래 모습을 찾아가는 것이고, 모습을 볼 수 있는 의식의 문을 여는 것이며, 종국에는 도달해 하나됨에 있다(梵我一如). "최상승의 대승 경전인 『화엄경』에서는 '인간은 본래 부처이다'라고 하였다."[21] 이 역시 본래 그렇게 존재한 하나님의 창조 본성에 대한 자각이다. 근본을 벗어나지 않은 본성의 선재 바탕성에 대한 각성이다. 인간이 본래 부처라는 것은 인간이 처음부터 완전하게 창조되었다는 뜻이다. 분명 진화설과 대치된다. 그런데도 불교도가 이런 사실을 아직도 깨닫지 못한 것은 본래 부처가 창조의 선재성을 인식한 근거란 사실을 알지 못해서이다. 창조를 모르니까 진화도 몰랐고 경전의 시사점도 알 수 없었다. 재차 강조하건대, "끝없는 옛적부터 '본각지심'이 존재했다. 시초를 알 수 없는 無明에 덮여 은폐된 상태로 존재했으며, 지금도 존재하는데, 이것을 일컬어 여래장이라고 한다. 본각지심은 헛된 현상 세계를 만들어내는 마음이 생겨나기 이전의 상태이다."[22] 루소가 하

---

21) 「화엄경의 교육 사상 연구」, 앞의 논문, p.16.
22) 「종밀의 인간론 연구」, 김미라 저, 이화여자대학교 대학원 철학과, 석사, 1996, p.17.

나님의 손에서 창조되었을 때는 善하였는데 인간의 손을 거치면서 타락하게 되었다는 인식과 같은 맥락이다. 본각지심, 곧 善한 본성 바탕이 온갖 마음의 발생 이전에 이미 존재하였다. 그 본성 상태를 覺者가 엿보았다.

> "선지식아, 세상 사람의 성품은 본래 스스로 깨끗하여 만 가지 法이 자기의 성품에 있다. 모든 法은 自性 속에 있어 自性이 항상 깨끗함을 알아라. 佛性은 항상 청정하거늘 어느 곳에 때와 먼지가 낄 수 있겠는가?"[23]

서양이 인간의 본성을 생물의 진화적 관점에서 보았다면, 불교는 본래 청정함의 회복에 초점을 두었다. 自性의 회복과 佛性 추구 시스템은 창조의 근원을 추적하기 위한 일대 노력인 동시에 합일성 방향이다. 무방향적인 진화가 아니다. 본래의 청정성을 회복하고 일체됨에 불교의 무한 정진 목적이 있다. 불교는 自性을 밝힘을 통해 근본적으로 선재된 창조성 인식에 동조했다. 인간 본성의 창조성 규정에 크게 이바지한 바이다. 특히 "自性이 능히 모든 法을 포함하고, 만법이 다 모든 사람의 성품 속에 있다(『육조단경』)"라고 한 것은, 그렇게 해서 창조된 결과적 원리를 시사한다. 하나님의 창조 본체로부터 창조된 탓에 그 같은 근거 원리를 自性이 갖추었다. 기독교 창조론이 인간을 아무런 하자 없이 처음부터 완전하게 창조하였다고 한 것처럼, 그렇게 부족함 없는 自性, 곧 만법을 갖추고 창조되었다는 뜻이다.

왜 이런 자성의 선재성 인식이 창조성을 엿본 것이고, 창조 원리

---

23) 『육조단경』, 혜능 저.

를 시사한 것인가 하면, 인간 본성의 바탕을 현상 세계를 초월한 생성 이전으로 잡은 탓이다.

> "처음에는 참되고 신령스러운 성품(眞靈性)만이 하나 있었다. 이것은 생기지도 않고 멸하지도 않으며, 더하지도 않고 줄지도 않으며, 변하지도 않고 바뀌지도 않는다(종밀)."[24]

이런 성품은 세상의 질서 조건 안에 있는 것이 아니다. 생멸, 가감, 변화 현상 이전의 바탕 본체요, 일체 현상을 일으킨 창조 본체인 탓에 정작 처음에는 참되고 신령스러운 성품이 하나만 있었다. 성경에서 태초에 말씀이 유일하게 있었다는 말과도 같다. 신령스러운 성품을 창조 본성으로 자각할 수 있어야 無明을 벗어날 수 있고, 모든 진리 가운데로 인도한 하나님의 지상 강림 본체를 뵐 수 있다. 창조 본체인 탓에 처음 본래 면목은 어떤 구분도 분별도 모습도 가치도 생성도 없다. 이런 본성의 선재 상태를 본의에 근거하지 못한 결과 性惡, 유물, 진화적인 방향으로 오도하였고, 불교를 神을 전제하지 않은 종교로 곡해하였다. 하지만 다시 강조해, 一切衆生悉有佛性은 인간 본성이 하나님으로부터 창조된 사실을 입증한 자각이다. 중생이 본래 청정한 自性을 가진 것은 하나님이 순정한 창조 본체로부터 창조해서이다. 인간이 지닌 모든 善의 가능성은 결국 창조 본체에 바탕을 둔 본래 모습[眞如]에 기인한 것이다. 그리고 사실로서도 본래 존재한 창조 바탕체로부터 비롯되었다. 본래 佛性을 가졌고 成佛할 가능성을 지닌 것은 모두가 잠재된 가능성을 현실화시킨 하나님의 본체로부터 창조되어서이다. 모든 인간은 궁

---

24) 『원인론』, 회통본말 제4.-위의 논문, p.16.

극적으로 무상정등각(成佛)을 얻을 수 있고, 모든 진리 가운데로 인도될 수 있고, 근원인 하나님의 창조 본체와 하나가 될 수 있다. 無上正等覺은 결국 만유 본성에 도달한 진리적 각성이요, 창조성에 도달한 확신에 대한 증거이다.

불교가 自性의 청정한 본래 면목을 통하여 인간의 창조적 본성을 엿보았다면, 유교도 본성의 근본적인 선재성 인식을 통해 창조적 본성을 엿보았다. 맹자는 말하길, "만물이 모두 나에게 갖춰져 있다"라고 하였으며, 이렇게 완비한 본성은 곧 불교에서 自性을 갖추었다고 한 각성 인식과 같다. 인간 본성의 천부성, 곧 창조 바탕의 선재 사실을 명시한 것이다. 불교가 自性이 지닌 자체 초월성 상태를 말한 것이라면, 유교는 본성을 있게 한 근원을 명시하였다. 마치 성경에서 하나님이 인간을 창조하였다고 말한 것처럼……. "인간은 천성으로서 중화(中和)의 氣를 받고 태어나는데, 그것을 命이라고 한다."25) "여기서 命의 의미란 性과도 같아, 전체 의미는 천지로부터 발생한 중화의 氣가 인간의 본성을 결정한다"26)란 뜻이다. 이에 맹자는 仁・義・禮・智란 도덕성도 하늘로부터 부여받아서(天賦) 본성 속에 존재한다고 생각하였다. 하나님의 창조 본체, 곧 천부 본성을 命으로 부여받았다는 뜻이다. 다시 말해 하나님의 창조 본체에 근거해 인간이 창조되었다. 하나님과 인간 간에는 절대적인 차이가 있음과 동시에 격의 없는 동질성을 공유하였다. 이 논리는 초월적인 인식인 탓에 재차 보완 설명해야 한다. 주자는 말하길, "하늘이 곧 사람이고 사람이 곧 하늘이다. 사람으로 태어남을 하늘에

---

25) 『춘추좌씨전』, 「성공」, 13년 조.
26) 『천인관계론』, 풍우 저, 김갑수 역, 신지서원, 1993, p.242.

서 얻었으니, 이미 사람으로 태어난즉 완전성의 이념으로서 하늘이 사람에게 있게 된다."27) 이 하늘의 이념, 곧 天理가 인간에게 완전한 性의 바탕이 된다고 하였다.28) 이 같은 인식 바탕은 바로 인간 본성이 하늘로부터 부여되고 형성되고 결정되었다는 믿음에서 유래했다. 유교가 오히려 기독교보다 창조 관점을 더 구체적으로 확보했다. 본성의 완전함, 즉 天理가 선재적으로 性의 바탕을 이루었다고 여긴 탓에 유교는 天理를 밝히고 인욕을 없애 순수 善인29) 本然之性을 회복하는 것을 수양과 학문 추구의 목적으로 삼았다. "『대학』 서문에서 주자는, 모든 인간은 天理로서 仁・義・禮・智의 善한 본성을 갖고 태어났지만, 기질이 고르지 못한 개인차로 인해 善한 본성이 가려져 있어, 이것을 교육으로 회복시켜야 한다"30)라고 하였다. 동양의 선현들이 논한 사단칠정론, 인심도심설, 본연지성 대 기질지성 같은 인성론 논쟁, 율곡의 심성론31) 등은 모두 인간의 창조 본성을 유교적 방법으로 인식한 일대 노력이다. 여기서 道心은 본래 정려한 마음인데, 이것의 흐트러진 마음 상태가 人心이다. 따라서 道心을 지키기 위해서는 인간적인 노력으로서 수양이 필요하다. 道心은 근본이고 人心은 말단이다. 마음을 가다듬는다면 언제든지 道心 상태로 돌아가고, 道心 상태를 회복하고, 道心 자체와 일체 될 수 있다.

선천의 선현들은 인간에게 부여된 창조 본성을 엿봄으로써 인류

---

27) 『주자 어록』, 권 17.

28) 「주자의 교육론과 성인의 교육적 의미」, 앞의 논문, p.274.

29) "하늘의 총명을 받아 사람으로 태어났기 때문에 사람의 본성은 善할 수밖에 없다(쇼잉)."- 『동양 고전 교육의 이해』, 앞의 책, p.292.

30) 『대학』, 장구 서.

31) 『율곡의 사상』, 이준호 편역, 현암사, 1975, p.252.

가 하나님에게로 나아갈 인식의 디딤돌을 마련했다. 하지만 역시 인간 본성=본연지성=본래면목=천지 본성=하나님의 창조 본체란 등식을 풀기 위해서는 보혜사 하나님이 진리의 성령으로서 강림하신 본의 밝힘 역사 때를 기다려야 했다. 그리고 그 역사가 현실화된 지금은 마치 선천에서 기독교만큼 神에 관해서 탐구하고 근접한 종교가 없었듯, 같은 조건으로서 불교만큼 인간의 마음에 관해 깊이 있게 파고든 종교가 없으며, 유교만큼 인간의 본성에 관해서 깊이 있게 성찰한 종교가 없었다는 사실을 인정해야 한다. 향후의 인류 역사는 기독교인이 그토록 기다린 재림 역사보다도 成佛의 가능성을 튼 불교와 천성에 입각한 유교적 가치의 부활 역사가 두루 요청되는 바이며, 이런 역사의 종합 위에서 재림 역사가 하나님의 창조 목적을 완성하는 역사로서 도래하리라.

3. 인간의 완성상 목표

교육은 인간을 대상으로 한 행위인 만큼이나 인간에 대한 다양한 목표가 있겠지만 바람직한 인간상, 더 나아가서는 이상적인 인간상을 추구하고 완성하고자 하는 목표도 있다. 교육은 시대가 필요로 하고 "역사가 체현하고자 하는 인간의 이상적 상(像)과 대체로 일치한다."[32] 다른 목표보다는 오히려 교육을 통한 새로운 인물상 정립으로 새 시대를 열고자 했다. 인간성 개혁과 가치관과 인격적 변화가 불가피했다. 인간상 정립을 위해 교육이 진리와 경험과 방법

---

32) 『도올의 교육입국론』, 앞의 책, p.123.

을 집중했다고 해도 과언이 아니다. 어느 시대를 막론하고 이상적인 인간상을 완성하는 것이 교육의 종합적인 결과로 나타났다. 그렇게 해야 교육의 완성 목표를 이상적인 인간상을 육성하는 데 집중할 수 있다. 인간의 본성은 교육 목표의 本이자 판단 기준으로서, 眞·善·美적 가치를 추구한 **"인간성의 완성상 도달 지표"**가 곧 이상적인 인간상이다. 선천에서 "불교의 이상적인 인간상은 부처가 최고였고, 유교는 요순을 이상적 인격으로 삼았으며",33) 기독교는 십자가의 그리스도 희생상이었다. 그런데 오늘날의 공교육 체제에서는 그런 인간상에 대한 완성 목표가 사라졌다. 유·초·중·고의 교육과정을 우수하게 이수한 학생에 대해 우리는 과연 이 시대가 바란 어떤 인간상을 기대할 수 있을까? 인간상에 대한 목표는 온데간데없고 소위 일류 대학에 진학하는 것으로 결말이 난다. 교육은 인간을 완전하게 형성할 수 있는 방법적 수단과 초점을 맞춘 교육과정 프로그램을 갖추어야 하지만, 치열한 경쟁을 뚫고 우수한 대학으로 진학시키는 데만 집중했다. 올바른 인간상, 인격상, 가치상을 정립하지 못한 **"20대 후반의 사시 합격자들이 법전만 줄줄 외운다고 해서 과연 인간을 제대로 심판할 자격을 갖출 수 있겠는가?"**34)

현대 교육에 이르러 무주공산(無主空山) 격이 되어 버린 이상적인 인간상을 정립하기 위해서는 시대와 문화를 달리하여 선현들이 기대한 인간상의 제 유형을 살펴봄으로써 그들이 왜 그 시대에 그런 인간상을 추구하였는지 확인할 필요가 있다. 즉, 자연으로 돌아

---

33) 『조선 유학의 거장들』, 앞의 책, p.32.
34) 『동양과 서양이 127일간 이메일을 주고받다』, 김용석·이승환 저, 휴머니스트, 2001, p.50.

가라고 한 "루소의 교육 목적을 간단히 줄이면 새로운 인간의 창조이다."35) 왜 루소가 그 같은 인간상을 주창하였는가 하면, 중세 기독교의 인간관이 인간을 죄악시하므로 억압된 교육 환경으로부터 해방시키기 위해서 자연인과 같은 인간상을 주장한 것이다. 칼 마르크스의 무신론적 사상 형성에 큰 영향을 끼친 포이어바흐(Feuerbach Ludwig, 1804~1872)는 "1843년에, 우리는 새로운 인간이 필요하다고 했는데, 그것은 수 세기에 걸친 속박으로 인해 좌절된 정치 구조를 변화시키기 위해 인간성의 변화를 요청한 것이다."36) 시대를 거슬러 올라가 "호메로스(Homeros)는 기원전 800년경에 대서사시 『Iliad Odyssey』를 통하여 문무를 갖춘 인간이 가장 이상적인 인간이라고 노래하였다."37) 할 수만 있다면 어느 시대를 막론하고 예외일 수 없다. "호메로스 시대(전사 시대)의 그리스인은 완전한 사람이 되기 위해 두 가지 이상을 가졌다. 제일 이상은 오디세우스에 의해 예증된 지혜의 사람이다. 그는 판단, 총명, 식견, 영리, 웅변 등 평화와 전쟁의 논의에 있어 다시없는 조력자였다. 제이 이상은 아킬레스에서 볼 수 있는 행동의 사람이다. 그의 근본적인 덕성은 힘과 용기와 과감과 인내로서 행적과 공명을 세우는 데 필요한 성격이었다."38) 우리나라에서도 전통적으로 기대한 인간상이 있다. 유교적 소양을 갖춘 선비상이 그것이다. 기대된 선비는 "완성된 인격에 고결한 정신을 가슴속 깊이 간직했으며, 칼날 같은 비판 인식을 뒀으면서도 겉으로는 겸허한 인간미가 외양으로 넘쳤다. 그들의

---

35) 『루소의 교육론 에밀』, 앞의 책, p.45.

36) 『비교 사상론 개관』, 앞의 책, p.374.

37) 「퇴계의 체육 철학에 관한 고찰」, 이병식 저, 광주보건전문대학 논문집, 22집, 1977, p.5.

38) 『교육의 역사 및 철학적 기초』, 앞의 책, p.24.

이상은 높았고, 행동은 타의 모범이 되었다."39) "인간상(人間像)이란 사람이 그 시대를 살아가는 데 최고의 방식을 의미한다. 즉, 그 시대의 이상적인 인간상이다."40) 그러나 "시대에 따라 사회의 가치 관념에 따라 일률적이지는 않았다. 이를테면 어느 시대에는 이성이 강조되기도 하고(이성인), 어느 시대에는 신앙을 최고의 가치로 보기도 하였으며(신앙인), 어느 시대에는 제작 능력(공작인)을 중요시하기도 하였다."41) 그렇다면 현대 교육이 지향할 이상적인 인간성은? 전사일까, 성직자일까, 君子일까, 학자일까, 민주사회를 이끌 시민상일까,42) 완전한 능력을 갖춘 전인(全人)일까, 더하여 니체가 요청한바 그 이상의 우월한 존재자인 초인일까, 아니면 소크라테스처럼 현실 요구와는 거리가 먼 존재의 근거를 밝히는 지혜자(철인)일까? 정답을 구하기 위해서는 인간 본성에 대해 역사상 치열한 추구 정열을 불태웠고, 심오한 통찰 업적을 남겼고, 직접 완전한 인간상의 정립 조건을 천명한 유교적 전통을 살펴볼 필요가 있다.

오늘날 세계의 지성들은 유교적 가치를 재조명하고 재인식해야 한다. 유교의 이상적인 인간상인 성인 추구 노력은 인간의 기질을 善하게 일깨워 하나님이 섭리한 인류의 보편적 구원 목적에 크게 이바지하였다. 그 가치를 만인은 유교의 성인 지향 전통을 통해 확인해야 한다. 지난날의 섭리를 통해 하나님이 유교에 대해 품은 뜻은 원대하고도 귀하다. 진화론, 유물론, 과학주의로 허물어진 인간성을 회복할 대책은 역사상 유교가 일군 전통 가치 말고는 어디에

---

39) 『한국인상의 탐구(교육 이념의 정립을 위하여)』, 한국교육개발원 저, 교육출판사, 1974, p.46.
40) 『체육 철학』, 오진구 저, 앞의 책, p.61.
41) 『유학원론』, 성균관대학교 유학과 교재편찬위원회, 성균관대학교 출판부, 1995, p.178.
42) 『도올의 교육입국론』, 앞의 책, p.125.

도 없다. 서양이 쌓은 문명 시스템 안에서는 불가능하다. 기독교도
마찬가지이다. 인류 구원이란 대의 앞에서는 유교, 불교, 도교, 기
독교……를 불문하고 모두 하나님의 뜻을 섭리적으로 수행했다. 그
만큼 하나님은 미래 역사에서 유교의 가치를 드높일 것이고, 지적
전통을 일구는 데 헌신한 선현들의 치열한 삶과 수행과 학문 추구
정신을 고무할 것이다. 하나님이 어떤 목적을 가지고 유교를 통해
역사한 것인지를 밝히리라. 그 같은 역사 일환에 하나님이 원한 성
인을 지향한 **"완전한 인간상 정립"**이 있다. 유교는 성인의 도달 기
준과 이르는 길을 분명하게 제시하였다. 인간이 하늘로부터 부여받
은 순선한 본성 덕목을 仁·義·禮·智·信으로 축약하고, 천부 본
성을 완벽하게 실현한 사람을 조건으로 세웠다. 성인이란 바로 인
극(人極)이라, 사람의 이상적인 인간성 완성의 표준인 탓에 人極을
표준으로 삼아 만인이 열심히 공부하고 수양해야 한다고 하였다.43)
성인이 되기 위해 만백성은 일상생활에서부터 道를 구하고 道를 행
하여 인간성을 완성하고자 했다. 여기서 "공자는 성인이 갖추어야
할 주덕(主德)을 仁이라 하고, 성인과 仁人을 다 같이 인간의 완성
경지로 보았다. 그리고 아성인 맹자는 내성적 仁에 사회 지향성으
로서의 義를 추가해서 仁義智德으로 당대의 난세를 교화하려고 하
였다."44) 여기서 仁은 곧 하나님의 품성인 동시에 마음 자체라, 仁
을 갖추어야 하늘의 뜻을 체득하고 통하는 마음을 가진다. 성인은
이렇듯 仁·義·禮·智의 가치를 실현하는 자여야 하지만, 또 하나
의 조건은 하늘의 뜻을 구하고 깨달아 이것을 구현하는 자, 天道에

---

43) 『이황의 성학십도』, 한국철학사상연구회 기획, 조남호 글, 신명환 그림, 삼성출판사, 2007,
p.44.
44) 「맹자에 나타난 인성교육의 고찰」, 앞의 논문, p.16.

바탕을 둔 인격체로서, 天道의 본질을 인간 존재의 주체로 해서[45] 그것을 자신의 본질로써 확립하는 자이다. 하나님의 뜻에 합당한 자이다. 그만큼 선천에서 유교의 성인 추구 목적은 天道를 삶의 길잡이로 삼아 仁·義·禮·智란 천부 가치를 완전하게 갖추는 것만으로는 미래 사회가 요구하는 이상적인 인간상으로서 부족함이 있다. 오늘날 새로운 모습으로 오신 하나님의 지상 강림 목적을 알고 적극적으로 동참하여 뜻을 완수할 수 있는 자이다. 성인은 하나님의 뜻을 궁리하고 통찰하여 받듦으로써 인류의 영혼을 교화하고, 퇴락한 인간성을 회복해 하나님에게로 인도할 수 있는 존엄한 스승으로서, 그런 **스승상이 곧 미래 사회와 하나님이 원하는 최상의 인간상이다.** 너나없이 天意를 밝힘으로써 인류가 지키고 나아가야 할 참된 도리를 지침으로 삼는 스승상이 그것이다. 천도교에서는 수심정기(守心正氣)를 통한 도성덕립(道成德立)으로 온 인류가 한울님을 모실 수 있어야 하고, 본래 타고난 마음과 본연의 자세로 돌아가 한울림과 하나가 되어 이상적인 성인君子가 될 수 있다고 하였지만,[46] 그렇게 하는 것만으로 인생행로가 완성되는 것은 아니다. 하나님의 뜻을 깨달은 자 반드시 뜻을 위해 헌신해야 하나니, 거기에 진정한 인간상의 완성과 인간 구원의 극치점이 있다. 성기(成己)→성물(成物)에 이어 하나님의 창조 목적을 위하여 헌신하는 그곳에 하나님과 온 인류가 원한 완전한 인간상의 구현이 있으리라.

---

45) 『천명과 유교적 인간학』, 송인창 저, 심산, 2012, p.110.
46) 「수운 최제우의 시천주 사상에 나타난 교육 사상 고찰」, 앞의 논문, p.35.

제4편

교육 역할론

피히테가 독일 국민을 향해 외친 정열적인 강연은 이후 독일이란 국가가 재기할 수 있는 정신적 밑거름이 되었고, 여타 나라에도 교훈을 준 것이 사실이다. 그러나 현대 교육이 국가 단위로만 이루어지고, 교육도 국가 단위의 목적 달성 역할 이상을 벗어날 수 없다고 한다면, 이것은 문제의 여지를 남긴다. 다른 영역은 국가적 목표 달성에 이바지함이 마땅하다 할지라도 교육만큼은 국가적 목적을 넘어서 그 이상의 인류 공영적 이념을 달성하는 데 이바지할 수 있는 대의적 역할이 필요하다. 교육은 국가 단위의 목적을 초월한 인류 공통의 달성 목표를 제시할 수 있어야 하고, 그를 위해 제각각인 국가적 목적을 조화, 통합, 포괄해야 한다. 그것이 무엇인가? 시대와 문화와 종교와 민족과 국가적 이념을 넘어 만 인류를 빠짐없이 구원하고자 한 하나님의 보편적 구원 의지에 이바지하는 것이다.

제11장 개관(교육의 본질적 역할)

그 사람이 어떤 사람인지를 알기 위해서는 그 사람이 태어난 가정환경과 성장 과정과 사회생활 등을 살피는 것도 필요하지만, 제일 중요한 것은 그 사람이 어디서 무엇을 어떻게 배웠는가 하는 교육적 경험이다. 무엇을 배웠는가 하는 교육적 환경과 과정과 경험이 그 사람의 존재 가치와 사상과 삶의 특성을 결정한다. 왜 그런가? 이유를 밝히는데 교육이 지닌 본질적 역할, 곧 **일깨움과 인도를 통한 교육의 가르침 역할**이 있다. 헤라클리투스(Heraclitus)는 말하길, "교육은 누리고 있는 사람들에게 두 번째 태양이다"[1]라고 하였다. 고대 그리스 철학자의 교육에 대해 기록된 최초의 발언이다. 태양이 천지간에 미치는 영향처럼 교육이 인간에게 미치는 역할이 그러하다. 칸트는 언급한바 "인간은 교육해야 하는 유일한 피조물"이라고 하였다. 인간의 여러 가지 특성(사회적, 종교적, 유희적……) 중 교육적 동물이라는 것은 다른 동물과 구별하는 결정성을 지녔다는 뜻이다. 무엇보다도 앞 세대의 경험을 다음 세대에 의도적으로 전달하는 교육 작용을 지닌 존재라는 뜻을 포함하고 있다.[2] 하지만 교육의 작용이 아닌 교육의 역할적인 측면에서 본다면, 인간은 태어나는 것만으로 끝나지 않고 교육으로 제이의 인생 삶을 창조한

---

1) 『고대 세계의 교육 사상』, 윌리엄 바클레이 저, 유재덕 역, 기독교 문서선교회, 1993, p.89.
2) 『교육 철학』, 김정환 저, 앞의 책, pp.10~11.

다. 교육이 인간 삶에 미치는 영향은 지대하다. 인간은 그냥 인간다울 수 없는 것이, 인간을 형성하는 근본적인 역할을 교육이 지녔다. 종래의 철학사를 살펴보면 저명한 철학자의 대부분은 교육자이다. 대개 사회와 인생의 이상을 교육적 역량을 통하여 길렀고, 또 실현하였다.3) 영국의 철학자 러셀은 "인류의 미래를 종교가 아닌 교육에 걸고 교육에 대해서 많은 저작을 남겼다. 인간의 자유를 존중하고 창조성을 계발하면서 인류에 대해 박애정신과 역사에 대한 공동체 의식을 기르는 교육을 지향하였다."4) "페스탈로치의 인격에 큰 감명을 받고 열심히 배운 교육자 프뢰벨은 교육을 통해 국가와 사회, 그리고 인간을 개혁할 수 있다는 신념을 키웠다."5)

그렇다면 도대체 교육은 어떤 작용 역할이 있기에 내로라한 지성들이 앞장서 교육에 대해 기대를 걸고 교육을 통하여 품은 신념과 이상을 이루고자 하였는가? 교육의 본질적 역할 자체인 가르침을 통한 일깨움과 인도가 인간의 본성을 회복하는 계도 역할과, 사회를 지향한 개혁 역할, 그리고 인류를 보편적으로 구제하는 창구 마련 역할을 담당하기 때문이다. 이것은 앞에서 논거를 둔 교육의 목적 지향과는 성격이 다르다. 교육 목적을 달성하기 위해 교육에 부여한 구체적인 추진 작용 역할이다. 예를 들어 원효는, 인간은 모두가 다 佛性을 가진 존재로서 如來의 이상적 生을 구현할 가능성을 지니고 있어, 교육이 그 잠재성을 일깨우는 역할을 한다고 하였다. 교육이 자각하도록 유발하고 조성시켜 간다면 현실 생활을 근본적으로 변혁시킬 수 있다는 긍정의 낙관주의 신념을 가졌다. 즉, 인간은 맹목

---

3) 『교육의 이해』, 앞의 책, p.65.

4) 『교육 철학』, 김정환 저, 앞의 책, pp.116~117.

5) 『서양 교육 사상사』, 앞의 책, p.332.

적으로 태어났다고 해서 주어진 대로 먹고 입으면서 사는 그런 삶을 살아서는 안 된다. 맹목적 인생관은 반드시 극복되어야 하는 부정적 사고방식이다. 그래서 원효는 단순한 六道 중생의 상태로부터 깨달은 중생, 즉 보살의 生으로 끌어 올리는 일이 무엇보다도 가치 있는 일이라고 생각하였다.6) 아무리 너나없이 가능성을 가지고 태어났다고 할지라도 노력하고 배우지 않으면 인간다워질 수 없다. 존재한 삶의 차원을 향상시키는 데 교육의 본질적 역할이 있다. 영국의 존 로크는 원효와 표현은 다르지만 결국은 큰 차이가 없는 시각에서 교육이 지닌 역할을 부각시켰다. 즉, "귀족들이 평민보다 뛰어난 점이 있다면 이는 무언가 특별한 재능이나 덕성을 타고나서가 아니다. 더 나은 환경 속에서 더 좋은 교육을 받았기 때문이다. 그러므로 인간은 모두 교육을 통해 동등해질 수 있다. 동등성뿐만인가? 교육은 모든 인간의 평등성을 주장할 수 있는 중요한 논거가 되었다."7) 원효가 중생은 모두 佛性을 가진 것이라고 본 것이나 로크가 만인은 모두가 동등해질 수 있다고 한 것은 공히 인간의 본성을 평등하게 본 것이다. 결국 두드러진 공통된 인식은 교육의 역할이고, 개인적으로 成佛하고 사회적으로 평등성을 강조한 것은 이상사회 건설의 기본적인 조건을 충족시키는 데 이바지한 것이다.

인간에게는 나가야 할 옳은 길이 있고, 이루어야 할 가치적 목표가 있는데도, 버려두고 일깨워 성취하려고 하지 않는다면? 그 역할을 누가 책임지고 무엇이 담당할 것인가? 교육이 지닌 참 역할은 그렇게 나가야 할 길을 지침을 두고 일깨워서 개인적 삶과 사회적

---

6) 「원효의 교육 사상」, 앞의 논문, p.29.
7) 『철학, 역사를 만나다』, 안광복 저, 웅진, 2006, p.147.

제도와 인류의 문명 차원을 향상시키는 데 있다. 교육받지 못하면 금수와 다를 바 없게 되고, 사회는 타락의 온상이 되며, 종국에는 하나님과 함께할 지상 천국의 삶이 좌절된다. 부정적인 결과에 이르지 않도록 교육은 본연의 역할적 임무, 곧 인류가 빠짐없이 진리를 일구고, 진리를 깨닫고, 진리와 일체 되는 삶의 가치를 성취할 수 있도록 잠자는 영혼을 일깨워야 한다. 교육은 인류가 인생의 근본을 정립할 수 있도록 이끌어야 할 책임이 있다. 그 길을 안내하기 위해서는 인간의 본향이 무엇인지, 어디인지, 어떻게 도달해야 하는지를 가르쳐야 하므로, 여기에 **"교육의 본질적 역할"**인 인간성의 계도가 있다.8) 자신의 본성을 보고 일깨울 수 있게 교육해야 한다. 교육은 인간의 무한한 가능성과 존엄한 가치를 각성시켜 창조된 본향 세계로 인도해야 한다. 그 역할을 교육이 수행할 수 없다면 인류 역사의 끝은 파멸밖에 없다. 교육의 본질적 역할 여부는 인류가 맞이할 미래 역사의 운명을 결정하리라.

---

8) 인간의 본성을 통찰하여 궁극의 귀의처에 도달하기 위해서는 자신이 지닌 본래 모습을 보아야 하므로, 교육이 그런 모습을 볼 수 있도록 인도하고 조력함.

제12장 교육의 사회적 역할

1. 사회 개혁 역할

교육은 인간이 지닌 모든 소질과 성장 가능성을 키워 발휘할 수 있도록 하고,[1] 무지로 인해 잘못을 저지르지 않도록 인간성을 일깨우는 본질적 소임을 수행하지만, 그렇게 해서 자기완성을 지향한 인간이 더 나은 자아를 실현하기 위해서는 사회라는 활동 무대가 필요하다. 그리고 교육은 그런 요구에 대하여 인간과 사회를 연결하는 역할을 담당한다. 일찍이 동양의 공자는 "새와 짐승과는 더불어 살 수 없으니 내가 세상 사람과 더불어 살지 않으면 누구와 함께 살겠는가?"[2]라고 하였다. 인간이 존재한 목적을 사회 속에 두었다. 여기에 **"교육의 사회적 가치 지향 역할"**이 있다. 서양의 "아리스토텔레스는 인간의 본성을 사회적(정치적) 동물로 규정하고, 사회생활에 참여해야 참된 인간 존재가 되는 데 필요한 제2의 본성을 창출할 수 있다고 하였다."[3] 교육의 역사는 인류 문화의 일반적 흐름 속에서 형성되었고 사회, 문화, 역사와 깊이 관련되어 생성 발전했는데, 그 영역은 실로 정치·사상·경제·문화·제도에 두루 걸쳐 있다.[4] 이런 사회적 기능에 대해 "김병성(1988)은 교육을 문화

---

1) 『진로 지도의 이론과 실제』, 강재태 외 2인 공저, 교육 과학사, 2003, p.21.

2) 『논어』, 미자 편, 6.

3) 『서양 교육 사상사』, 앞의 책, p.287.

유산의 전달, 사회 통합, 사회 충원, 사회적 지위 이동, 사회 개혁의 기능 역할 등으로 구분하였다."5) 그중 교육 없는 문화 계승은 없다. 왜 문화를 계승해서 발전시키는 역할을 교육이 도맡았는가 하면, 후일의 목적을 도모하기 위해서이다. "현대 교육의 주요 관심사를 당면한 인간문제와 사회문제의 해결에 둔 존 듀이의 프래그머티즘은 민주주의 위에 기초하여 민주주의를 교육을 통해 실현하려고 한 것이다."6) 듀이는 "인간의 존재 목적을 사회적인 것에 두었다. 인간의 인격은 공동 집단 사회에서 완전히 발달시킬 수 있다고 보고, 인류가 원한 자유란 가치도 결국은 공동 집단 사회 안에서 실현될 수 있다고 믿었다."7) 학교에서 학생들은 "민주적인 공동체 삶을 경험하며, 시민정신의 지식과 기술을 배우도록 해야 한다고 여겼다(『민주주의와 교육』)."8)9) 그런 의미에서 오늘날의 학교는 바로 개인을 사회화하는 기관이라고 할 수 있다. 학교는 교육을 통해 학생들이 사회의식을 갖도록 하고 경험할 수 있도록 교육 과정을 구성한다.10) 기독교 교회가 한때 교육 기관을 독점함으로써 수십 세기 동안 신앙과 교리를 전파하고 걸출한 예술 작품을 남긴 것은 교육의 제반 사회적 역할 탓이다.11) 교육이 문화를 계승하고 새롭게

---

4) 「서양 고전 고대와 아우구스티누스의 교육 사상에 관한 연구」, 김동열 저, 한국대학교 교육대학원 역사교육, 석사, 2000, p.1.

5) 『교육의 이해』, 앞의 책, p.6장.

6) 『인간 교육 이론』, 앞의 책, p.268.

7) 『비교 사상론 개관』, 앞의 책, p.333.

8) 『교육의 사회학적 이해』, 앞의 책, p.24.

9) "교육은 사회생활의 유지·존속의 수단이며, 사회 개량의 과정이다(존 듀이)."-『교육사 교육철학 연구』, 앞의 책, p.289.

10) 『교육 철학』, 김정환 저, 앞의 책, pp.70~71.

11) 『그리스도교와 문명』, 에밀 뿌룬너 저, 김관식 역, 문교부, 단기 4293, pp.6~7.

창조하여 인류 발전에 이바지하였다.

또한 교육은 시대와 사회의 끊임없는 변화에 대처하기 위하여 인간의 전반에 걸친 삶의 영역을 개선하고 선도하였다. 이 연구가 본의를 밝힘으로써 도래할 인류사회의 급격한 변화에 대해서도 교육은 능히 대처할 수 있는 역사적, 경험적, 지혜적 저력을 갖추었다. 루소는 "우리가 평등성에 바탕을 둔 시민사회를 이룩하기 위해서는 인간의 자연적인 본성, 즉 순수한 욕구를 보존하고 계발하는 사회에서의 인간 교육이 우선되어야 한다고 주장하였듯",12) 그 이상의 이상사회 건설도 결국은 교육을 통해 지난날 이룬 문화를 바탕으로 제도를 개혁함으로써 가능한 일이다. 이런 섭리적 뜻을 위해 동양에서는 이상적인 인간성을 완성하고자 하는 데, 그리고 서양은 이상적인 제도 시스템을 구축하고자 하는 데 정열을 바쳤다고 할 수 있다.

동서의 지성들은 한결같이 교육을 통해 인간과 사회를 개혁하려고 시도한 보편적 의지를 지녔다. 통상 사회를 변화시키고 개혁, 쇄신시키는 방법에는 정치적 제도를 바꾸는 방법과 다른 하나는 인간의 정신을 계몽하는 방법이 있다. 무엇보다도 새로운 세계를 건설하기 위해서는 정신을 개혁하지 않고서는 기대하기 어렵다.13) 18세기 계몽주의 시대에는 사회 개혁의 중요한 수단으로서 일반 민중의 지적 수준을 높이는 방법, 즉 모든 전통적인 구속을 벗어나 자유롭게 선입견에 구애됨 없는 사고방식·학문·종교·도덕 등에 대한 비판적, 합리적 태도를 보급하고자 하였고,14) 그 역할을 교육을 통

---

12) 『서양 교육 사상사』, 앞의 책, p.287.
13) 『인본주의 교육 사상』, 앞의 책, p.59.
14) 『교육사 교육 철학 연구』, 앞의 책, p.8.

해 이루고자 하였다. 교육은 사회를 개혁하는 데 필요한 프로그램을 제정하여 민중을 계몽하고, 그렇게 해서 사회 조직을 재구성할 수 있다. 이상적인 사회를 건설하려는 목적 설정은 교육 방법과 교육 과정 구성(프로그램)을 통해 확고한 사회제도로서 정착된다. 이 연구가 장차 지침을 삼고자 하는 이상적인 나라 건설의 실현 과정도 교육을 통해 전통적인 사회제도를 개혁함으로써 구체화할 수 있다는 뜻이다. 루소의 신념처럼 인간이 태어날 때는 자유롭고 평등하였는데, 왜 현실 사회에서는 자유를 누리지 못하고 불평등한가? 방해하는 것은 바로 역사적, 사회적 제도 등이다. 이런 부조리함을 타파하기 위해 루소는 『에밀』이란 교육 소설을 빌려 인류가 자연으로 돌아갈 것을 외쳤다. 교육으로 인간의 무지를 일깨우고 선도하고자 한 역할이다.15) 공자도 알고 보면 교육의 역할에 기대어 선진 유교를 성립시켰다. "공자는 은대(殷代)의 종교적인 상제 관념, 주대(周代)의 天命 사상과 조상 숭배 사상, 그리고 인륜 질서인 예(禮)의 제도 등 이전의 전통문화를 종합적으로 정리하고 계승해서 인간의 도덕적 자각과 실천의 자율성이란 관점에서 새로운 의미를 부여하고 이것을 교육으로 널리 알리고자 하였다."16) 사상을 정립함과 함께 사회적 가치를 실현하고자 한 방향으로 나아갔다. 루터가 종교 개혁의 방편으로서 "소수의 특권 계급뿐만 아니라 일반 대중이 지력 또는 이성을 계발할 수 있도록 교육 제도를 개혁하고자 했던 이유에는 바로 神에 대한 믿음과 교리를 알리고 전달하고

---

15) 루소의 자연주의는 "인간의 선량한 천성과 덕성을 잘 보존하고, 본래의 개인 권리를 인정하는 사회를 형성함을 목표로 하여 자연적, 기본적 미덕인 자유·평등·박애를 모든 사람이 누리는 사회를 건설하는 것을 교육의 목적으로 삼음."-『교육의 역사 및 철학적 기초』, 앞의 책, p.146.

16) 『강좌 한국 철학』, 앞의 책, p.28.

자 한 의도가 있었다."17) 사회를 변화시키고 개혁하는 중추 역할을 교육이 담당했다는 사실을 알 때, 그 이유는 오직 "현실 사회를 혁신할 수 있는 역할과 잠재력이 교육으로부터 나와야 했기 때문이다."18)

"사회에서 공인된 사고, 행동, 생활양식을 보존하고 전달하는 것이 교육의 도움 없이는 불가능하다"19)란 사실을 알면, 교육은 인류가 왜 지금까지 일군 정신적, 문화적, 역사적 유산을 보존하고 다음 세대에 전달하는 역할을 담당했는가 하는 이유를 간파할 수 있다. 이전에는 때가 이르지 못해 독자적이고 서로에 대해 이질적인 기능을 유지한 상태였지만, 보혜사 하나님이 강림하신 오늘날은 하나님이 태초에 세운 원대한 창조 목적 구현을 위해 새롭게 조화되고 통합되어야 한다. 이를 위해 교육이 인류의 전통문화를 충실하게 전승시켰고, 제도를 개혁해 왔으며, 백성들이 차원이 다른 지상 천국에 입도할 수 있도록 인간성을 끊임없이 일깨운 역할을 담당하였다. 강림하신 하나님을 맞이하고 하나님과 함께할 이상적인 나라를 세우기 위해서…….

2. 국가적 목표 달성 역할

교육은 각 시대에 필요로 하는 목표를 달성하기 위해 민족 단위로, 혹은 특정한 문화 영역 단위로 백성을 계도하고 새로운 질서를

---

17) 『교육의 역사 및 철학적 기초』, 앞의 책, p.111.
18) 『우리 교육의 혁신과 전망』, 앞의 책, p.24.
19) 『교육의 이해』, 앞의 책, p.201.

수립한 역할을 담당하였다. 17세기 서양에서 근대 국가가[20] 등장하기 이전에도 민족들은 왕을 세워 나라를 구성한 경우가 대부분이었고, 민족과 나라가 필요로 하는 요구를 교육을 통해 충족시키고자 하였다. 교육적인 면에만 초점을 두더라도 "각 시대의 나라와 민족은 그 시대의 특유한 교육을 형성하려는 열망을 안고 있었고, 이 열망이 당시 교육의 새로운 모습을 이루었다. 그런 교육적 역할이 현대에 이른 오늘날은 민주사회의 조화로운 시민을 길러내는 수단으로 이바지해야 한다는 이상으로 바뀌었다."[21] 면면한 역사적 요구를 이 연구는 근대 이후의 국가 개념을 빌려 **"교육의 국가적 목표 달성 역할"**로서 지칭하거니와, 다시 살펴보면 교육은 교육만의 이념과 목표를 추구할 수 없었던 것이, 한편으로는 국가 단위가 필요로 한 요구를 수용하지 않을 수 없는 측면이 있었다고 할 수 있다.

서양 문명의 원형이라고 할 수 있는 고대 그리스는 소규모적 도시국가 간의 대립을 피할 수 없는 상황에서 '국가주의(國家主義)'를 강조하게 되었다. 이들을 대표한 두 도시국가 중 하나인 아테네에서는 형식적인 인문주의 목적을 강조하였고, 실질적인 국가주의 목적은 스파르타에서 두드러졌다. 교육을 통한 국가 목적이 아무리 이상적이더라도 당시의 시대적인 특성상 피정복자인 노예는 전혀 인간적인 대우를 받지 못했다. 교육과는 무관한 문제점을 지녀 자유민에게 국한되었으면서도 형식상으로는 인류가 지닌 제 성능과 요구를 원만히 조화롭게 발전시키고, 그것을 인격의 장식이 되도록 했다. 동시에 실질적으로는 현세에 있어 쓸모 있는 활동을 할 국가

---

20) 근대 국가: 17~19세기에 유럽에서 형성된 이후 비유럽 세계로 확산하여 20세기 후반기에 전 세계 정치조직의 근간이 된 특정의 통치 형태.-다음 백과사전.
21) 『현대 교육 고전의 이해』, 앞의 책, p.321.

사회의 한 사람이 될 수 있는 공민(公民)을 양성하는 데 두었다.22) 이런 시대에 태어난 철학자 플라톤은 "멸망해 가는 조국 아테네를 구할 수 있는 유일한 길은 스파르타의 군국주의적 교육 이념과 자신이 기린 철인정치의 이념을 결합한 전체주의 체제라고 여기고, 자신이 기린 이상국가의 교육 체제를 『국가론』에서 피력하였다."23) 즉, 지혜로운 자가 왕이 되어 정의로운 국가를 보존·유지할 수 있어야 하고, 교육을 통해 정의 사회를 구현하려고 한 것은 특징적이다.24) 플라톤이 여기서 논의한 거의 유일한 제도가 교육 제도였다. 구상한 이상 국가란 다름 아닌 교육개혁, 통치자 집단을 위한 교육과정의 개혁을 통해 실현될 나라였다.25)

같은 맥락에서 동양의 중국을 살펴보면, 여기서도 그리스처럼 고대국가의 하나로서 오랜 역사와 문화를 오늘에 이르도록 전승시킨 사실에는 누구도 이견이 없다. 그런 역사를 가진 만큼, 역사를 지탱하는 데는 시대를 이끌어 갈 인재 양성이 무엇보다 절실했다.26) 교육적 역할이 국가적 목표를 달성하는 데 이바지하였다. 특히 유교를 앞세워 인간이라면 누구나 지켜야 할 규범인 오륜을 중시하였다. 오륜은 예법을 통해 일상생활 속에서 구체화되었다. 오륜과 예법을 교육함으로써 民을 도덕적으로 각성시키고, 자발적인 의무와 책임을 수행하는 공동체를 이루고자 하였으며, 이것이 곧 민본주의(民本主義) 국가이다.27) 사실상은 봉건주의적 국가 질서를 유지하

---

22) 『체계교육사』, 앞의 책, pp.26~27.

23) 『인간화 교육 어떻게 할 것인가』, 앞의 책, p.198.

24) 『교육의 철학적 이해』, 앞의 책, p.71.

25) 『윤리 질서의 융합』, 황경식 외 저, 철학과 현실사, 1996, p.138.

26) 『중국 전통 교육 사상의 이해』, 구자억·박인숙 저, 문음사, 1999, p.12.

27) 「남명 조식의 교육 사상에 관한 연구」, 앞의 논문, p.30.

기 위한 당위적 통치 이념을 제공한 것이고, 이런 국가적 목표를 교육이 수행하였다. 또한 귀족의 세습적 정치를 단절함으로써 군주의 권위를 높이고, 한편으로는 관리 선발의 공정성과 평등성을 구현한다는 명분을 가지고 수(隨)의 문제로부터 시행되었고, 宋代에 이르러 정착된 과거제도는28) 학교 제도를 정비하였을 뿐 아니라 전국적으로 보급한 결정적 요인이 되었다. 과거는 신분과 지위의 고하를 막론하고 서민에게도 개방됨으로써 일반인의 광범위한 지식인화와 관료화를 촉진하는 역할을 하였다. 지식과 교양을 갖춘 이들이 정치의 새로운 담당자가 됨으로써 적어도 당시의 국가적 이념에 합당한 이상적인 나라를 이루고자 한 역사의 창조자로서 존재 역할이 크게 고양되었다. 이것은 과거라는 제도를 통해 국가에 필요한 인재를 널리 구할 수 있게 한 문호 개방과 백성에게 교육받을 기회와 여건을 마련한 탓에 가능한 일이었다.

근대에서는 1806년, 프랑스가 프로이센을 꺾고 승리하자 피히테 (1762~1814)란 철학자가 나타나 교육을 통해 국민의 정신을 일깨운 국가적 목표를 달성하려고 하였다. 「독일 국민에게 고함(Reden an die deutsche Nation)」이란 강연을 하였으며, 이 강연은 1807년부터 8년간에 걸쳐 나폴레옹 군대의 행진 소리를 들으면서 베를린 대학에서 학자, 교육가, 기타 애국자들을 모아 놓고 한 연속 강연이다. 피히테는 독일이 패배한 것은 국민이 도덕적으로 타락의 정점에 달한 극단적인 이기주의 탓이라고 지적하고, 조국 독일을 구하는 길은 근본적인 교육개혁과 국민교육의 재흥 이외는 없다고 주장하였다.29) "여태까지의 교육은 기술교육에만 치중했다. 도덕교육,

---

28) 「주자의 공부론 연구」, 앞의 논문, p.19.

정신교육을 망각한 탓에 도의(道義)에 대한 사랑을 불러일으키지 못했다. 인간의 근원을 배양하는 힘이 모자랐다. 인간에게 지식을 주었는지는 모르지만, 인간을 만들지는 못했다. 새로운 교육은 지식의 전달에 있지 않고 바로 인간을 형성해야 한다. 인간의 자주적 정신 활동을 불러일으키고 도의에 대한 사랑을 육성해야 한다. 피히테는 애국심을 고취하고 모든 국민의 정신적 독립을 강조했다. 패전 국가는 새 교육을 통해서 정신적으로 우수한 새로운 국민을 교육해야 한다. 올바른 교육을 통한 국가 재건을 외쳤다."30) 패전이란 참담한 결과를 맞이한 독일 국민을 향하여 국가 재건은 국민을 새롭게 교육해 도덕심을 갖추고, 애국심을 고취하며, 정신적으로 독립심을 가지게 함으로써 이루어진다고 역설했다. 그것이 비록 공통적인 조건에 처한 독일 국민을 향한 강연이었다고 할지라도, 피히테 역시 국가가 필요로 하는 절실한 그 무엇을 교육을 통해 달성하고자 했다는 점에 있어서는 고대나 현대에서나 다를 것이 없는 **"교육의 국가적 목표 달성 역할"**이다.

피히테가 독일 국민을 향해 외친 정열적인 강연은 이후 독일이란 국가가 재기할 수 있는 정신적 밑거름이 되었고, 여타 나라에도 교훈을 준 것이 사실이다. 그러나 현대 교육이 국가 단위로만 이루어지고, 교육도 국가 단위의 목적 달성 역할 이상을 벗어날 수 없다고 한다면, 이것은 문제의 여지를 남긴다. 다른 영역은 국가적 목표 달성에 이바지함이 마땅하다 할지라도 교육만큼은 국가적 목적을 넘어서 그 이상의 인류 공영적 이념을 달성하는 데 이바지할 수 있는

---

29) 『서양 체육사』, 김태식 저, 아성출판사, 1973, pp.91~92.

30) 『도산 사상』, 안병욱 저, 삼육출판사, 1979, p.308.

대의적 역할이 필요하다. 교육은 국가 단위의 목적을 초월한 인류 공통의 달성 목표를 제시할 수 있어야 하고, 그를 위해 제각각인 국가적 목적을 조화, 통합, 포괄해야 한다. 그것이 무엇인가? 시대와 문화와 종교와 민족과 국가적 이념을 넘어 만 인류를 빠짐없이 구원하고자 한 하나님의 보편적 구원 의지에 이바지하는 것이다.

3. 이상사회 건설 역할

인류의 지성들은 문명적 조건과 시대적인 장벽을 넘어 먼 미래를 내다보면서 이 땅에 세워질 이상적인 사회를 구상하였고, 예견하였고, 열망하였다. 민족들이 숱한 환란을 겪으면서도 어떻게 인류 역사에 이상적인 사회가 도래하리란 믿음만큼은 버리지 않았는가? 그런 기대는 현실적으로 실현될 가능성이 있는가? 알고 보면 천지를 지은 하나님도 일찍이 선언하였고, 밝혀 약속한 바이기도 한데, 아직은 어떤 돌파구도 찾지 못했고, 요원하여 어디서도 기대하지 않게 되고 말았다. 약속은 기억하는 자가 없게 되었고, 구상된 계획마저 사라져 헛된 꿈이 되었다. 이런 현실적 상황과 판단에도 불구하고 때를 알 수 없는 미래에 그것도 죽어서나 맞이할 내세적인 천국이 아니라 인류가 직접 삶을 영위하고 있는 땅 위에서 상상했던 이상적인 사회와 나라, 곧 지상 천국이 건설된다는 것은 인류 역사의 최종적인 종착지인 것이 확실하다. 천지 만물은 그냥 창조되지 않았고, 태고로부터의 역사는 그냥 생성되지 않았으며, 모든 역사를 주관한 창조주 하나님 역시 선천 세월을 그냥 역사하지 않았다. 천지를 창조한 목적이 오직 하나님의 나라를 세우는 데 초점을 맞추고, 선지한 이유가 일찍이 한 약속을 이루고자 한 것이었듯, 세인은 몰라도 하나님은 약속을 실현할 섭리의 손길을 멈춘 적이 없으며, 선현들 또한 목적을 이루고자 한 정열을 포기한 적이 없다. 모든 의지 수행의 과정을 이 땅의 깨어 있는 선지자들이 세대와 문명을 초월하여 창조 목적을 인식하고 확인해서 선포하였다. 제반 사실을 이 시점에서 종합하여 관념상에 그친 이상사회 건설의 현실적 방안을 세워 이룬 약속을 가일층 구체화하고자 한다.

밝힌 바대로 인류의 지성들이 이 땅에 도래할 이상사회를 열망한 것은 인류의 공영적 가치 실현과 맞물려 끊임없이 사상과 의지로서 표명하였고 계승하였다. 다시 말해 "어떻게 하면 세상의 인간이 평화롭게 살아갈 수 있을 것인가 하는 문제는 동서양을 막론하고 오랜 옛날부터 생각 있는 사람들이 쉬지 않고 추구해 온 명제였다. 그리스의 플라톤도, 프랑스의 루소도, 중국의 공자와 맹자도, 현실 세계에 불만을 느껴 어떻게 하면 살기 좋은 사회를 건설할 것인가를 고심했으며, 고심한 결과로 그들의 사상이 이루어졌다고 할 수 있다."[31] "유교는 요순 이래로 대동과 평천하의 이상을 저버린 적이 없고",[32] 구한말 인류 문명이 대 전환점을 맞이한 가을철 개벽의 도래를 외친 수운, 증산, 소태산 같은 선지자도 전통을 이어 후천 질서를 지배할 5만 년 무극대도(無極大道)와 지상 선경 세계의 도래를 예고하였다.

그런데 깨어 있는 선현들의 공통점은 한결같이 "교육을 통하여

31) 『동양 교육 고전의 이해』, 앞의 책, p.126.
32) 「혜강 최한기의 지식론과 교육론」, 이의진 저, 교육사학연구, 11집, 2001, p.76.

이상적인 사회 건설을 꿈꾸었다는 점에 있다. 요지란 먼저 교육을 통해 인간다운 인간을 육성하고, 그런 인간이 다스리는 사회, 그리고 그런 인간이 함께 사는 사회가 이상적인 사회, 평화로운 사회가 될 것이라고 여겼다."33) 현실 사회에 주어진 온갖 난제를 극복하고 이상사회로 나갈 수 있는 수단과 작용 매개체로서 교육을 지목했다는 것은 의미가 남다르다. 다양한 시대를 산 지성들이 신념을 가지고 현실 사회를 개혁하고자 했다. 먼저 플라톤은 "무법의 사회요, 파단 정치의 무대이며, 선동과 테러가 난무하는 조국 아테네의 몰락을 직시하고 국가를 재건할 가능성을 교육에서 찾았다."34) 방안으로서 플라톤은 언급했듯, "지혜로운 자를 왕으로 세워야(철인왕) 정의로운 국가를 보존, 유지할 수 있고, 교육을 통해 지혜로운 자를 육성하면 정의로운 국가가 세워진다고 하였다."35) "르네상스 시대에 등장한 인본주의자들도 한결같이 교육과 도야를 중시하였다. 교육을 통하여 인간의 정신을 도야하고 새로운 사회의 건설이 가능하다는 신념을 가졌다. 神 중심의 세계관 탈피 일환으로서 인간을 자유롭고 주체적이며 도덕적인 존재로 파악하고, 인간성과 도덕성을 완성하는 것을 삶의 과제인 동시에 교육의 과제로 파악하였다."36) 오늘날 근대 교육의 이념을 대변하고 후대의 교육 개혁가들에게 큰 영향을 끼친 코메니우스는 개인적으로나 민족적으로 위기를 맞이하였을 때 좌절하지 않았다. 교육을 통해 민족의 부활을 꿈꾸었다. 새로운 세계를 이룩하기 위하여 교육개혁에 관심을 기울였다.37) 자본

---

33) 위의 책, p.126.
34) 『고대 그리스의 교육 사상』, 오인탁 저, 종로서적, 1994, p.102.
35) 『교육의 철학적 이해』, 앞의 책, p.71.
36) 『인본주의 교육 사상』, 앞의 책, p.8.

주의 사회의 모순을 비판하면서 등장한 영국의 사회개혁가인 로버트 오웬(Robert Owen, 1771~1858)은 "사회 개혁의 수단으로 교육의 중요성을 확신하고 노동자와 자녀들의 비참함을 근절하고자 교육을 통한 사회제도의 쇄신 및 개편을 강조하면서 평화롭고 행복한 이상사회를 실현하기 위한 '공산적 사회주의' 세계를 건설하려고 하였다."38) "금세기의 석학 러셀(B. Russell)도 인류의 생존을 위해서는 무엇보다 '세계 시민 교육'이 요청된다고 하였다."39)

현실 사회의 어려움과 모순을 극복하기 위해서는 교육을 개혁해야 하고, 교육을 개혁하는 것이 사회 개혁으로까지 이어져 만인이 원한 새로운 사회가 이루어진다고 믿었다. 너나없이 왜 교육에 방점을 두었는가 하면, 예나 지금이나 이상사회 구현은 교육을 통한 이상적인 인간성 성취가 우선이고, 기본적 조건인 탓이다. 이상적인 사회 건설은 어떻게 하면 이상적인 인간을 교육으로 육성할 수 있는지가 관건이고 공식이다. 교육은 인간을 대상으로 한 것인 만큼, 인간을 변화시켜 새로운 사회를 구성하는 것은 모두가 원한 이상적인 사회를 건설할 수 있는 구체적 방법이다. 이런 근본적인 조건을 교육력이 능히 제공할 수 있어야 한다. 이상사회를 건설할 수 있는 길을 제시할 수 있다면 그런 사회를 맞이하는 것은 불가능한 꿈이 아니다. "모든 것이 기능화되고 능률 제일주의로 흘러 비인간화가 촉진되고 있는 현대 사회에서 교육의 2대 목적인 개개인의 바람직한 인격 형성과 그를 발판으로 한 이상 세계 건설이라는 것을 대 전제로 할 때, 인류가 바란 이상사회 건설은 결국 개개인의 인

---

37) 「코메니우스의 교육 사상에 관한 연구」, 앞의 논문, p.50.
38) 「로버트 오웬의 교육 사상」, 김무성 저, 경상대학교 교육대학원 교육철학, 2002, p.20.
39) 『교육사 교육 철학 연구』, 앞의 책, p.136.

격적 변화를 통해 이루어진다."[40] 사람됨을 통해 사회 완성이라는 이상을 실현하고자 한 것이 공식 아닌 공식일진대, 그 이유는 인간이 진보하지 않고서는 사회의 진보도 기약할 수 없다는 원칙 탓이다.[41] 불교에서는 佛性의 계발을 강조하여 成佛함을 통해 이상적인 불국토를 건설하고자 하였고, 유교에서의 이상적인 완성 지점은 모든 이의 성숙을 통해 타자와의 완벽한 공생・공존・공영적인 평천하를 구현하는 것이었다. 격물치지(格物致知), 수신제가(修身齊家)한 연후에야 나라가 다스려지고(治國), 천하가 태평해진다(平天下)고 하였다. 이런 유교적 가치를 학문의 근간으로 삼은 조선 시대의 유학자 남명 조식은 "인간됨의 가치를 天理에 두고, 天理에 합당할 때 사회의 정의가 실현될 수 있다고 하였다."[42]

방법 면에서 차이는 있지만, 서양에서도 결국은 인간 교육을 통해 이상사회를 이루고자 하였다. "플라톤이 접근한 교육을 통한 이상 국가 건설 계획은 사람마다 소질은 다르지만, 소질을 남김없이 발휘하고 능력에 따라 일을 맡아 수행함으로써 국가가 전체적으로 조화를 이룬 정의로운 국가가 될 수 있다고 하였다."[43] 교육은 성장이고, 사회적 과정이며, 계속된 경험의 재구성 과정으로 본 듀이 (J. Dewey)는, "교육은 자신을 성숙시킴으로써 인류 공영에 이바지하는 과정 자체이자, 인간이 살아가는 목적이라고 하였다."[44] 교육이 인간을 바람직한 방향으로 성숙시킴으로써 인류의 공영적 가치

---

40) 「법화경의 교육 사상 연구」, 앞의 논문, p.58.
41) 『교육과 사회』, 장진호 저, 정익사, 1976, p.256.
42) 『남명 조식의 교육 사상』, 앞의 책, p.53.
43) 『교육의 철학적 이해』, 앞의 책, p.72.
44) 「화엄경의 교육 사상 연구」, 앞의 논문, p.2.

달성과 사회를 이상적으로 성장시킬 수 있다고 하였다. 교육적 개혁을 통해 황폐해진 인간성을 회복해서 바람직하게 형성시키는 것은 인류사회를 변화, 혁신시켜 이전과 차원이 다른 새 문명을 건설할 수 있는 시발점이다.

교육적인 노력으로 인간성을 계발하고 도덕성을 회복하여 너나없이 인격을 성인처럼 완성할 수 있다면, 그런 인간이 구성한 사회는 모든 면에서 조화로울 수 있겠지만, 사회는 또한 그렇게 다스리는 제도라는 틀이 있으므로, 이런 영역에서의 개혁도 함께 이루어져야 한다. 교육이 인류 문화를 계승하고 발전시키는 역할을 병행한 것이다. 이상사회는 결코 하루아침의 기적으로 이루어질 수 없다. 여러 세대의 노력을 통해 제도와 문화와 지혜를 축적함으로써 달성할 수 있는 역사이다(칸트). 제반 역할을 교육이 주축이 되어 수행하였다. 맹자는 자신이 처한 문화적 조건 속에서 왕도를 실현해 이상사회를 건설하고자 하였고,[45] 루소는 자연적인 인간 상태를 상정하고, 자유롭고 평등한 상태를 계약 사회를 통해 달성하고자 하였다.[46] 독일 고전 철학의 가장 큰 대표 철학자이자 독일 관념론의 완성자인 헤겔은 인류 역사가 얼마만큼 발전했는가 하는 도달기준을 인류 중 소수의 사람만이 누리던 자유를 얼마나 많은 사람이 누리는 쪽으로 영역을 확장했는가 하는 자유 의식의 진보에 초점을 맞추었다(『정신현상학』).[47] 바야흐로 도래할 이상사회는 각자가 세운 도달 기준을 두루 포괄할 수 있어야 한다. 그렇게 조건을 충족시키는 것이 곧 오늘날 강림하신 보혜사 하나님과 함께하는 지

---

45) 『동양 고전 교육의 이해』, 앞의 책, p.44.

46) 『서양 교육 사상사』, 앞의 책, p.270.

47) 『헤겔의 정신현상학』, 강순전 글, 김양수 그림, 한국철학사상연구회, 삼성출판사, 2007, p.98.

상 천국 문명 건설이다. 인간성 면이든, 제도적 면이든, 환경적 면이든, 어떤 측면에서도 문명 차원을 향상시킨 세계이다. 지상 천국이란 하늘과 땅과 자연이 태고의 에덴동산으로 회복된 상태이고, 모두가 지상 신선이 되어 평화롭고 근심을 잊은 세상의 도래이다. 그래서 반드시 갖추어야 할 조건이 다름 아닌 강림하신 하나님과 함께할 삶과 환경을 준비하고 본의를 각성하는 것이다. 이런 세계의 도래를 예언한 천도교에서는 "세상의 모든 사람이 지상 신선의 경지를 이루는 후천개벽이 이루어진다고 하였고, 도래한 세계는 동귀일체(同歸一體)가 실현된 세계라고 하였다. 동귀일체란 개개인의 이기적인 각자위심(各自爲心)을 버리고 한울님의 뜻을 자기 뜻으로 삼아 한울님과 한마음으로 돌아간다는 의미이다. 지공무사(至公無私)한 한울님의 마음을 체득한 지상 신선의 공동체인 동귀일체 세상을 이룩하여 이 땅의 사람들이 평등하고 자유롭게 살 수 있는 천국 세상을 이루는 것이 천도교가 신앙으로 달성하고자 한 궁극적 목적이다."48) 비록 지칭한 이름은 달라도 창조주 하나님이 약속한 나라를 이루고자 한 원리는 같다. 동서의 지성들이 나름대로 이상 사회를 구상하였지만, 한 가지 결여한 것은 하나님과 함께해야만 달성되는 절대 조건이다. 이것은 반드시 때가 되어야 갖추어질 것인데, 그것이 오늘날 이루어진 지상 강림 역사 조건이다. 핵심이 된 필요조건이 충족된 만큼, 교육은 지고한 사명을 자각하여 인류를 하나님에게로 인도하고, 하나님의 나라를 건설하는 데 부여된 역할을 다해야 하리라.

---

48) 『천도교』, 윤석산 저, 천도교 중앙총부 출판부, 2011, p.35.

제13장 교육의 인류 구원 역할

　선현들은 이성적 사고를 발휘한 예리한 통찰력과 영성을 발휘한 빛나는 선지력으로 대 역사적인 사실들을 판단하였고, 앞날을 예견하였다. 그런 선견과 판단을 내린 탓에 인류는 안내된 표지판을 보고 만난을 헤쳐 나올 수 있었다. 그런 지침은 예나 지금이나 미래에도 지성인들에게 요구되는 중요한 역할이다. 지성들이 과거에는 그처럼 놀라운 탁견을 가지고 인류 역사를 선도하였는데도 정작 오늘날 인류가 직면한 종말의 때를 직시하지 못하고 활동을 멈추고 있다면 여태까지 이룬 지적 성과가 무익해진다. 생자필멸이듯, 생성을 본질로 하는 만상과 역사는 출발점이 있은 한 도달점이 있고, 인류 역사는 언젠지는 모르지만, 시작이 있은 탓에 결말이 있다. 성주괴공(成住壞空)을 거듭한 생멸적 측면에서 볼 때 문명도 종말 상황은 피할 수 없다. 그런데도 화무십일홍(花無十日紅)이요, 삶의 한가운데서 친지와 이웃의 죽음을 지켜보는 자들이 자신의 인생만큼은 천년만년 살 것처럼 마지막 때를 준비하지 못한다면 어떻게 되겠는가? 마찬가지로 선각들이 오늘날 어떤 판단보다도 인류 역사가 당면한 종말 시기를 판단하지 못한다면 누가 무엇이 인류의 미래를 보장할 수 있겠는가? 역사의 종말성 때에 대해 무지하다면 이후에 맞이할 역사의 처참함을 피할 수 없다. 모든 면에서 한계에 도달한 문명 역사 상황을 인식해야 파멸을 막을 수 있는 대비책을 세울 수 있고, 인류 구원의 참 의미를 진작할 수 있다. 과연 봉착한 최대의 지적 난제인 지상 과제를 어떻게 해결할 수 있겠는가? 주체 원동력을 찾고 구해야 하는데, 그것을 이 연구는 모든 저력과 지혜와 제도를 겸비한 교육을 통해 이루고자 한다.

존재와 역사와 만상은 어제도 그러하였듯 미래에도 영원무궁할 것 같지만, 살펴보면 자연적인 진리는 인류 문명을 개명시킨다고 한 것이 반대로 자연환경을 파괴하는 방향으로 나아가 다시 되돌릴 수 있는 진리력을 잃어버렸다. 인문적인 진리도 인간의 존엄성과 가치를 드높이는 방향으로 나가고자 했지만, 오히려 인간성을 황폐화시켰고, 인간 삶을 비참하게 만들었다. 어떤 사상, 제도, 이데올로기, 세계관, 가치관, 성인의 가르침도 대립과 분열과 등을 돌린 반목 상황을 풀지 못하였나니, 이것이 곧 인류 역사가 진리적으로 마지막 때에 도달한 종말 상황이다. 어떤 수단을 동원해도 파멸 상황을 더 이상 저지할 수 없고, 선도할 수 없을 만큼 총체적으로 진리력을 상실하였다. 유독 세속 권력만 조직력을 더욱 강화해 무력으로 지배력을 발휘하고 있는 것이 문제이다. 대처할 수 있는 제삼의 힘을 생성시켜야 하는데, 그것이 바로 하나님의 위대한 권능에 근거한 창조력이다. 하나님은 천지 만물을 지은 창조 권능을 발휘하였고, 창조 진리로 인간다운 본성을 형성시킨 만큼, 교육이 창조 진리를 바탕으로 인간성과 자연성을 회복하면 그것이 바로 종말에 처한 한계를 극복할 수 있는 구원력으로까지 이어진다. 만사가 종말을 맞이한 지금은 마지막까지 정체를 드러내지 않은 도덕성 타락으로부터 대립한 惡의 세력을 물리칠 비상한 역할을 감당해야 한다. 교육은 밝힌바 다양한 역할이 있지만, 그중 인류를 구원하는 문제를 풀어야 위대한 사명을 완수할 수 있다. 교육은 인간을 대상으로 한 만큼, 영원한 실존체인 영혼을 이끌 수 있어야 한다. 하나님이 인간을 창조한 만큼이나 인간을 대상으로 한 교육이 하나님을 무시한다면 어떤 영혼도 구원할 수 없다. 구원 역사의 주체자는 어디까지나 하나님이다. 창조 목적과 뜻 안에서 대 구원 역사를 주재해야 한다. 만물이 종말을 맞이한 오늘날 하나님이 구원 역사를 본격화함에 교육을 통해 황폐한 본성을 회복하고 인류를 창조된 본향으로 인도하는 역사가 바야흐로 시작되리라. 종말에 처한 인류를 구원할 장엄한 말씀의 가르침과 영혼의 인도 역사를 펼치리라. 그만큼 교육은 본연의 일깨움과 가르침 역할을 통해 인류를 하나님에게로 인도할 진리력과 제도적 시스템을 갖추었다.

　교육이 지닌 모든 저력과 가능성은 지난 세월에 역점을 둔 인생 구원, 사회 구원, 인류 구원 노력을 통해 확인할 수 있다. 이탈리아의 첫 여성 의사이자 교육자인 몬테소리(1870~1952)는 "이탈리아 국가를 지탱하고 있는 최하층 민중의 저변에 침전되고 마비된 정신에 자극을 줌으로써 활력을 재생시킬 것을 목적으로 한 교육 이론을 구성하고자 하였다."[1] 현실 세계의 비참함과 절망적인 비극을 모른다면 교육의 절실한 구원 역할을 자각할 수 없다. 지구촌 사회에 만연된 비인간적, 반인간적인 교육의 역기능으로 인한 인간성 상실과 고향 상실로부터 인류사회를 구제하기 위한 진단과 처방을 인간 교육 원리로부터 도출하고자 했다. 그 절실한 필요성을 지성들이 강조하였는데, "플라톤과 페스탈로치는 공히 교육을 통해 인류를 구원하려고 하였다."[2] 미국의 재건주의 교육은 현대 문명이

---

1) 『교육의 역사 및 철학적 기초』, 앞의 책, p.256.

일대 위기에 처해 있다고 진단하고, 교육은 이러한 위기 사태를 적극적으로 대처해 새로운 사회질서를 건설하고 유토피아를 재건할 책임이 있다고 하였다.3)

교육이 인류를 구원할 책임과 열쇠를 지녔는데, 그렇다면 교육은 과연 어떻게 인류를 구원할 수 있는가? 방황하는 인류를 진리로써 인도하고 무지한 영혼을 일깨움이 **"교육의 위대한 역할"**이다. 악인이 악인으로 낙인찍힌 것은 악인이 선인이 될 기회와 善으로 인도한 교육의 부재 탓이다. 인간은 지극히 교육적인 동물이다. 본성을 긍정적인 가치로 일깨우고 인도하면 충분히 善으로 변화될 수 있지만, 경험과 기회를 주지 못하면 부정적인 惡의 세계로 매몰된다. **교육은 뭇 인생의 삶과 영혼을 끝없이 계도하고 변화시켜 惡의 세력이 침범할 수 없도록 방제하는 것이 인류를 구원하는 길이다.** 이연구는 인류의 영혼을 善의 세계로 선도할 수 있는 일체의 교육 체제를 정비할 수 있어야 한다. 善과 진리가 있는 세계로 인도하는 것은 교육이 인류의 궁극적 귀의처인 하나님에게로 인도하는 첩경이다. 교육이 하나님에게로 안내하는 역할을 담당함으로써 인류를 보편적으로 구원하는 길을 열 수 있다. 참되게 교육받은 인간은 결코 무도한 행위를 하지 않는다. 무도를 근절할 수 있다면 무도의 횡행으로 도래한 멸망을 막고 파멸을 방지할 수 있다. 교육은 인간의 근본을 일깨우고, 가야 할 귀의처를 안내하며, 천지가 어떻게 창조되었고, 강림하신 하나님의 역사 의도가 무엇인지를 가르쳐야 할 책임이 있다. 이전의 교육이 인류를 구원하는 데 적극적인 역할을

---

2) 『교육 철학』, 김정환 저, 앞의 책, p.52.
3) 『교육의 역사 및 철학적 기초』, 앞의 책, pp.243~244.

하지 못한 이유는 조건을 제대로 갖추지 못했고, 본질적 역할을 지각하지 못한 데 있다. 말세적 타락이 횡행하였다. 하나님의 몸 된 본체로부터 창조된 이상 그냥 하나님의 도성에 이를 수 없다. 교육의 지고한 매개 역할이 필요하다. 교육이 무지한 영혼들에 대해 반드시 행해야 할 역할은 어떻게 하면 하나님이 살아 역사하시고, 천지를 창조하고, 오늘날 새로운 모습으로 강림하셨는가 하는 사실을 확인해서 가르치는 데 있다. 태초에 인류의 조상이 하나님의 말씀을 어겨 낙원에서 추방되고 타락하였나니, 추방 이전의 신성한 본성을 다시 회복할 수 있는 길은 온 인류가 회개한 역사를 통해 본향인 하나님의 본질 가운데 서는 것이다. 여기에 교육의 지대한 역할이 있다. 영혼을 일깨워 하나님에게로 인도하는 것이 **"교육의 위대한 역할"**이다.

이런 역할을 때가 되어 수행할 수 있도록 하나님이 전 역사에 걸쳐 섭리하였고, 동서양의 지성들이 적극적으로 동참하였다. 그것이 무엇인가? 인류를 하나님에게로 인도할 보편적인 구원의 문을 공교육 제도 구축으로 연 것이다. 누구에게나 평등하게 교육받을 기회를 제공하고 교육받을 수 있는 제도를 정비함으로써, 이런 체제 안에서 목적에 걸맞은 시스템을 구축하면 인류를 교육으로 구원할 수 있는 실질적인 바탕이 마련된다. 아니 이 연구가 지금 모든 과정을 준비하고 있다. 기독교는 인류가 걸어온 역사의 발자취와 함께하면서 일관되게 원죄설과 타락설을 주장한 만큼이나 한편으로는 창구 하나만 열어 놓고 구원하고자 하였고, 방법 면에서도 예수 그리스도와 교회를 통해서만 하나님과 통할 수 있도록 한 제한성을 두었다. 천차만별한 문화와 신앙적 전통과 진리적 신념을 가진 제민을 하나님에게로 인도하기 어렵다. 더욱 폭넓은 구원 창구를 마련해야 하는데, 그것이 곧 종말에 처한 대비책으로서 하나님이 밝힌 보편적인 구원 뜻을 받드는 것이다. 그런 측면에서 본다면 인간의 본성을 규정하고, 인간이 가야 할 길을 지침으로 두며, 천지와 교감하여 합일할 수 있는 길을 튼 종교는 지구상에 유교 말고는 달리 없다. 기독교는 하나님을 경외하고 섬기기는 했지만, 초월적인 거리감을 좁히지 못한 탓에 믿음이란 교량이 필요했다. 불교는 결코 무신론적인 종교가 아니다. 차원이 다른 본체 세계로 나갈 수 있는 길을 깨달음으로 열었다. 이 모든 사실을 누가 어떻게 가르쳐 선도할 것인가? 교육이다. 가로막힌 세계관적 장애를 걷어내고, 한계성의 장벽을 허무는 데 **"교육의 위대한 역할"**이 있다. 가르쳐야 무지를 깨치고 참된 진리 세계로 선도된다. 무엇이 옳고 그른 것인지를 분간해야 세계관, 가치관, 진리관, 신앙관이 심판되나니, 그 기준은 오직 개방된 구원 창구 마련 여부에 달렸다. 그 문이 유일하며 제한적인 것이 단연코 한계성에 처한 심판 대상이다. 맞닥뜨릴 이 같은 종말의 때를 대비하여 천고 이래로 마련된 보편적인 구원의 문이 바로 교육이다. 하나님은 인류를 빠짐없이 구원하기 위해 섭리하였나니, 그 주체 대상이 바로 교육이다. 교육을 통해 구원의 문을 확대하기 위해 만세 전부터 인류 역사를 주재하였다. 인류를 하나님에게로 인도할 안내역과 구원의 문을 개방한 창구가 되어야 하는 것이 보편적 구원 의지에 부합한 교육의 참 역할이다.

제5편

전인 교육론

앎은 실행의 시작이고, 실행은 앎의 완성이다. 실행이 앎을 완성하는 것은 앎으로부터 출발한 의지 수행 과정을 실행으로 표현한 것이다. 아무리 知를 통해 완전한 앎에 도달해도 그것만으로는 세계를 충족시킬 수 없다. 세계를 수행하는 데 있어 知를 추구하는 것과 의지를 수행하는 것은 이루는 결과가 다르다. 知의 축적만으로는 세계 충족이 불가능하다. 의지 수행을 병행해야 가능한 실천 의지를 발동할 수 있다. 마음의 완수 의지가 분열을 완료해야 비로소 깨달은 앎이 세계를 충족시키는 의식 상태, 곧 정신과 의지와 존재한 신체적 조건이 일치된 知行合一 경지에 이른다. 이것이 전인성의 도달 조건이자 성인의 도달 경지가 아니고 무엇인가?

제14장 개관(전인 교육 요소)

　　전인 교육은 바람직한 인간을 육성하는 방법 중 하나이다. 하지만 오늘날처럼 복잡다단한 시대를 살아가는 현대인에게 전인(全人)이란 생소한 단어이고 완전, 완벽하다는 의미에서는 무언가 평범함을 초월한 거리감마저 든다. 전인 교육이 이상적인 인간 육성 방법이라는 것을 모르는 것은 아니지만, 제도적으로 접근하는 데는 어려움이 있다. 현실적으로 실현하기 쉽지 않아 상상적인 인물상을 설정한 것 같은 감이 든다. 니체는 기존의 인간상을 부정하고 초인의 도래를 갈망하였듯, 요즘 영화를 보면 람보, 터미네이터, 원더우먼, 아이언맨 등을 통해 출중한 인물을 등장시킨다. 학교 현장에서도 진로를 선택할 시기가 되면 꿈과 적성과 소질에 적합한 전문적인 기능과 지식과 자격을 얻는 데 열중하여 선현들이 부르짖은 전인 교육은 고상한 사치품처럼 여겨진다. 학교 현장에서는 워낙 학생들의 인성이 문제가 되니까 체육, 예술 같은 요소를 가미하고 있지만, 학교 교육의 결실이자 사회 진로의 통과문인 입시 제도를 개선하지 않는다면 전인을 육성한다는 교육적 이상은 달성하기 어렵다. 먹고사는 문제를 해결하는 데 전인 교육은 오히려 아무 데도 쓸모없는 인간 교육 방법일 수 있다. 대의적인 측면에서는 학교가 지식 교육에 편중되어 있어 인성 문제를 치유하는 처방책으로서 전인 교육이 필요하다는 인식인데, 이런 상황에서도 여전히 중심은 지식 교육이 차지하고 있다. 문제를 해소하기 위해서는 바람직한 인간 육성을 위한 교육의 대 목적을 재고해, 전인 교육 자체를 교육의 한 중심에 두는 가치관을 세워야 한다. "교육 본래의 의미는 지식을 가르치는 것이 전부가 아니다. 인간을 바람직하게 육성한다는 점에서"[1] 지식 위주의 교육이 제대로 인간을 육성할 수 있는가 하는 점을 비판하고, 부정적이라면 전인 교육을 통해 인간을 육성하는 방법을 새롭게 모색해야 한다.

과정을 온전하게 구성하고 적용한 사례가 없어 결과를 확인한 적은 없지만, 전인 교육의 가치와 목적은 차치하더라도 그렇게 교육하는 것 자체는 인간을 교육하는 한 방법이다. 인간 육성과 성장에 필요한 요소를 다양하게 상정해서 이것도 가르치고 저것도 가르친다는 것, 즉 "전인 교육이란 한 인간으로서 가지는 인지적, 육체적, 정서적, 비판적, 심미적 능력을 발달시키고, 민주적 공동체에 효과적으로 참여해서 자신의 삶을 결정할 수 있는 인지적, 사회적 능력을 발달시키는 것이다."[2] 인간 자체의 요구적 측면에서 다시 정의하면, "전인 교육이란 전뇌(全腦) 교육이요, 전신(全身) 교육이다. 몸과 마음이 함께하는 교육이요, 智·德·體 병행 교육이며, 知·正·義 종합교육이다."[3] 다양한 요소로 존재하고 다양한 능력을 소지한 탓에 어느 한 요소에만 집중한 교육은 한 분야의 전문인은 양성할지 몰라도 인간성을 고무해서 완성한다는 측면에서는 문제를 지닌다. 그렇다면 인간에게 필요한 요소를 모두 갖추게 하는 것이 전인 교육의 온전한 조건인가? 이런 요소를 추출하기 위해서는 먼

---

[1] 「교육론」, 앞의 논문, p.263.

[2] 『교육의 사회학적 이해』, 앞의 책, 2003, p.24.

[3] 『스포츠는 세상을 바꾸는 힘이다』, 맥스미디어 편집부 엮음, 남동윤 그림, 스포츠 토토, 2011, p.19.

저 인간의 본성은 과연 어떻게 형성되는 것인가를 알아야 하고, 이를 근거로 어떤 요소가 필수적인가를 결정해야 하며, 그다음은 이런 요소를 어떻게 육성할 것인가를 고민해야 한다. 전인 교육의 원리적인 요소를 추출하고, 다음으로는 왜 이런 교육을 해야 하는지에 대한 목적을 지침으로 두어야 한다. 인간의 소질 계발이 목적인가, 인간 본성의 완성이 목표인가, 아니라면 인격 완성, 지행합일, 성인이 되기 위해, 자아의 가치 실현 등등 통상 智·德·體적 요소를 골고루 갖추면 전인으로 완성되는가, 전인 교육의 목적을 과연 어디에 둘 것인가? 어느 한 곳에 목표를 둔다면 그것 자체가 편중된 교육이다. 더욱 원대한 목표, 곧 추출된 목적을 두루 포괄해야 한다. 그리해야 인간이 필요로 하는 전인적 요소를 통합할 수 있다. 전통적으로 교육에 필요한 요소로 인지된 智·德·體 이외에도 필요한 요소를 더하여 추출하고, 가치성을 확인해야 한다. 탄수화물·지방·단백질은 인간이 생존하는 데 꼭 필요한 3대 영양소이지만, 비타민과 무기질도 간과할 수 없듯, 인간은 智·德·體적인 요소만으로 온전할 수 없다. 인간성은 智·德·體 외에도 의지, 감정, 습관, 본능, 개개인의 추구 가치관, 환경이 어우러져 형성되고, 정신적으로 신념화된다. 본성이 정신, 가치, 의지, 정서, 환경의 영향을 받으매, 이들은 그대로 교육적인 요소로 전환된다. 善을 향한 가치 추구와 정서 함축도 본성을 고무할진대, 지적으로 이해하고 판단하는 능력 외에도 느끼고 공감하는 감성 교육의 중요성이 부각된다. 결국 전인 교육은 밝힐 바 인격을 완성하는 발판이다. 이런 측면에서 본다면 정감과 정서의 바탕은 精이라, 주변 사람과 이웃과 사회로부터 온정을 느끼는 것도 원만한 인격을 형성하는 요소이다. 精

은 知와는 인지 루트가 다르고, 지향하는 바도 심적으로는 情-의지
→은혜→대의로 나가며, 느끼는바 사물적, 존재적, 현상적으로는 본
질을 체득하는 방향으로 나간다. 정서 함축의 원천적인 실마리는
어머니의 사랑으로부터 비롯되며, 인간적인 신뢰에 바탕을 두고 인
격과 인간성이 형성된다는 사실을 알 때, 어머니의 사랑은 생명의
잉태 못지않게 인간 교육에 지대한 영향을 끼친다. "知는 식별(識
別)을 필요로 하는 데 반해 情은 공감(共感)을 양태(樣態)로 하고,
情의 세부 요소로서는 감정, 정조, 애정, 정서를 포함한다."4) 情에
바탕을 둔 공감적 감지 인식은 감정을 순화하고 안정시킴은 물론이
고, 타인의 감정과도 소통한다. 자체 인격을 도야하고 측은지심 등
사단(四端)을 일으켜 이웃과 동포를 한마음에 둘 수 있는 성인 지
향의 인격 형성 발판을 이룬다. 감정이 메마른 사람을 우리는 목석
과도 같다고 한다. 그런 인간은 인격을 완성한 全人과는 거리가 멀
다. 知와 情은 全人을 이루는 요소로서 구분되기도 하지만, 결국 지
향하는 바는 인격 안에서 일체 되고 하나를 이루어야 한다. "예로
부터 종교에 있어서는 지[慧]와 愛(자비)를 나누기 어려운 것으로
보고, 올바른 知는 자비와 통하고, 깊은 사랑은 하나님의 지혜를 부
른다는 것을 당연하게 여겼다. 그런데도 학교 교육에서는 주력(主
力)을 知에 쏟고 있다."5) 전인 교육은 인격 교육의 방향으로 나가
야 하고, 그것이 참된 교육이라면 현재의 학교 교육은 추진 방향이
크게 어긋난 것이다. 이탈된 궤도를 수정해야 함이 마땅하다. 眞·
善·美와 知·情·意가 균형 있게 발달하였을 때 인간 본성의 완전

---

4) 『가정 교육』, 류응렬 저, 덕문출판사, 1977, p.30.

5) 위의 책, pp.28~29.

함과 인간 정신의 위대함이 드러나고, 이들 영역이 인격 안에서 상통하는 전인 교육의 이상을 거론할 수 있다.6)7) 전인 교육은 인간 교육의 종합적 일환으로서 인격 형성과 인간성의 완성 목적이다. 인간이 지닌 일체 요소를 조화시키고 가치를 통합한 전인 교육은 끝내 인격을 통해야 꽃을 피우고 열매를 맺게 되리라.

---

6) 『교사와 책-미래의 힘』, 박인기・우한용 책임기획, 솔, 2008, p.358.

7) 眞・善・美=智・德・體=知・情・意=知・情・義=인간의 본성을 형성하는 요소=인간을 교육하는 요소=전인 교육 요소.

제15장 전인 교육 육성

1. 智·德·體 교육

전인성을 육성할 수 있는 요소를 본성을 형성하는 요소를 통해 추출하는 것이 전인 교육을 위한 일차적 작업이었다면, 그다음은 전인 교육이 인간에게 왜 필요한 것인지에 대해 밝혀야 한다. "코메니우스는 인간이 하나님의 형상으로 창조된 탓에 모든 사람은 완전한 교육, 즉 전인 교육을 받고자 하는 열망이 있다고 하였다."[1] 그러나 뒷받침할 수 있는 객관적 조건은 아니다. 흔히 전인 교육의 사상적 근거를 "고대 그리스인이 행한 심신 조화 교육에서 찾고, 이탈리아의 인문주의 교육이 그 이상을 재현해서 정신·신체·도덕을 조화롭게 발달시킨 것으로 알고 있다."[2] 하지만 역사적 전례의 참고 사항일 뿐, 전인 교육을 사상적으로 뒷받침한 교육 원리는 아니다. 이에 페스탈로치는 "인간에게는 여러 능력을 골고루 발달시켜 원만한 인격을 형성하는 일이 교육이라고 보고 몸의 교육(체육), 머리의 교육(지육), 가슴의 교육(덕육)을 조화적으로 통일시키고자 한 삼육론(三育論)을 제창하였다. 인간의 전인적 존재상의 깊은 인식에서 나온 사상이다."[3]

---

1) 『체육 철학 사상 연구』, 조쟁규 저, 문화창조, 2000, p.131.

2) 『교육의 역사 및 철학적 기초』, 앞의 책, p.96.

3) 『인간화 교육 어떻게 할 것인가』, 앞의 책, p.68.

"사고하기 위하여 머리를 도야합시다. 이웃에 善을 베풀 수 있게 가슴을 도야합시다. 몸·손·발을 도야함으로써 기술을 익힙시다."

전인 교육의 사상적 근거는 지육, 덕육, 체육으로 압축할 수 있고, 이것을 중심으로 "전인 교육론"을 펼쳤다고 할 수 있다. 먼저 지육 교육의 필요성에 대해 언급한다면, 지육은 세계를 이치로 알고 논리적으로 이해하며 분석적으로 판단할 수 있는 이성적 통찰력과 사고력을 기르는 데 있다. 지식을 탐구할 수 있는 지적 능력을 기르는 것은 인류의 생존과 문명 발달을 위해 필요불가결하다. 단지 너무 과도하게 치우치다 보니 과불급(過不及)으로 문제를 일으켰다. 소크라테스는 아는 자가 결코 잘못을 저지를 수는 없다고 하였다. 知를 전적으로 신뢰하였고, 현대 교육은 자연 탐구에 너무 몰입하여 지식 교육의 늪에서 헤어나지 못한 실정이다.

다음으로 "인간 능력의 범주 속에서 덕육 교육의 문제를 구분하고, 교육론을 체육·덕육·지육의 순서로 구성한 것은 고대의 아리스토텔레스에서부터 시작된 전통이었다. 덕육의 목적은 자신의 욕망을 억제하고 이성에 따라 행동하는 데 있다. 즉, 의지를 도야해 정욕을 억제하고, 아동에게는 자연적 도리에 합치되는 행동을 하도록 하는 데 있다."4) 존 로크는 "자신의 감각적 욕망을 극복하고 이성에 따른 훈련을 쌓아야 德을 완성할 수 있다고 하였다."5)

세 번째로 "인류 최초의 교육은 원시 시대의 부모가 사냥하는 모습을 보여주고 실습하는 체험 활동이 체육 교육의 전신이라고 할 만큼, 필요성을 인식하기 이전부터 본능적으로 실행되었다. 고대

---

4) 『존 로크의 교육 사상을 이해한다』, 김규성 저, 학문사, 1993, pp.82~83.

5) 『체계교육사』, 앞의 책, p.224.

그리스에서는 교육의 목적 자체가 빈번한 도시국가 간의 전쟁과 치열한 경쟁에 견딜 수 있는 신체를 가진 용맹한 병사를 기르는 것이 필요한 탓에(특히 스파르타) 체육은 문명의 발생과 함께 교육적 의미를 지녔다."[6] 그리고 과학이 발달한 근대에서는 체육 교육의 생체적 필요성이 새롭게 드러났다. 전통적으로 신체와 정신은 별개란 사상적 장애 탓에 정신과 육신이 무관하다는 생각에 휩싸여 있었다. 그러나 최근의 뇌 연구 결과에 따르면, "뇌간에서 분비되는 신경 호르몬의 하나인 '도파민'은 무언가 하고자 하는 의지를 발휘하도록 하고, 창의성을 실현하는 호르몬으로서 사고와 창조, 추론 등을 담당하는 '전두엽야'의 신경세포를 자극한다. 인간은 창조적인 사고의 근원지인 전두엽야의 비율이 다른 동물보다 월등히 높다고 하며(30%, 고양이 3.5%, 원숭이 11.5%), 어떠한 일을 새롭게 구성하고 어떻게 행동으로 옮길지 계획을 세울 때 전두엽야가 활발하게 움직인다. 따라서 평소에도 이 전두엽야를 활발하게 움직이게 한다면 사고와 창조, 추론 등에 뛰어난 능력을 발휘하게 되는데, 그렇게 전두엽야를 활성화하는 것이 바로 운동이다."[7] 나아가 "뇌세포가 생성되는 것은 운동에 의한 자극 탓이라는 사실도 밝혔다. 운동하면 뇌로 가는 혈액의 공급과 산소 공급이 늘어나고, 뇌의 모세혈관이 늘어나 뇌세포도 늘어난다. 대부분의 유산소 운동은 창의력을 높이는 데 도움을 준다. 유산소 운동은 심장이 신체의 다른 부위뿐만 아니라 뇌에도 혈액을 공급한다."[8] 신체 활동은 의지적이고, 정신의 사고 과정은 어디까지나 몸에 근거한 뇌세포의 기능적인 작용

---

6) 『실존주의와 함께 한 학교 체육 제 모습 찾기』, 앞의 책, p.113.
7) 『스포츠는 세상을 바꾸는 힘이다』, 앞의 책, p.131.
8) 위의 책, p.133.

인 만큼 행동, 특히 지각 있는 신체 활동과 밀접하게 연관된다. 사고 작용은 정신 단독의 기능 현상이 아니라는 것, 지각력에 큰 영향을 끼친다는 것은 이후에 다시 논거를 둘 것이다.

智·德·體를 겸비한 전인 교육의 필요성이 확고한데도 불구하고 지난 역사를 살펴보면 온전하게 시행되지 못한 탓에 각 요소의 가치를 실인해서 역설한 사상가들의 노력이 더해야 했다. 지적한바 고대 그리스에서는 지성·육체·덕성의 조화로운 발달을 기도한 자유교육 사상과 교육적 선례가 있었지만, 인간 중심의 가치를 드높인 근대에 이르러서는 과학 혁명을 일으킨 主知主義 사조에 매몰되어 智·德·體를 겸비한 전인 교육 이상이 크게 훼손되었다. 현대 교육이 당면한 인간성 회복 과제와 관련하여 우리는 전인 교육의 사상적 근거를 추적할 필요가 있다. 지육 문제는 그렇다손 치더라도 덕육과 체육은 어떤 시대적 조건과 상황 속에서 필요성이 주창되었던 것인지 살펴보아야 한다. 현실과 거리감이 있기는 하지만, "교육의 궁극적 목적이 '인간성의 함양'에 있다면 이를 위해 제일 강조해야 할 부분은 역시 도덕 교육이다. 동서고금을 통해 도덕 교육 목적에 가장 충실했던 사람은 동양의 공자이다. 일생 중 시간 대부분과 정열을 교육에 소비하였다. 공자의 교육 사상은 '조용한 혁명'이라고 부를 수 있을 정도로 당시로서는 파격적이었다. 혼란했던 춘추전국 시대에 '가르침에는 구별이 없다'라고 하여 교육의 대중화에 이바지하였다. 공자는 교육을 통해 광범위한 문제를 다루었지만, 그중 특히 도덕 교육을 강조하였다. 그의 사상은 사람을 '사람답게 함(成人)'에 목표를 두었다. 여기서 말한 成人은 '완전한 인간[全人]'이라는 의미이다. 공자가 염두에 둔 '사람'의 표준은 재능이 아닌 도덕에 있었다. 사람이 갈고 닦은 지혜는 사람된 도리를 위해 쓰여야 한다고 생각했다."9) 서양에서는 "페스탈로치가 아동 교육의 기본을 도덕·실천·지적 교육의 세 가지로 분류하고, 도덕 교육은 다른 분야의 기초가 된다고 하였다. 각 영역도 중요하지만, 도덕이야말로 가장 중요한 교육의 부분이다. 도덕 교육은 신앙과 어린이의 최초 교사라고 할 수 있는 어머니에 의해 좌우된다고도 하였다."10) 우리나라에서는 "도산 안창호 선생이 그때까지 사회 속에 침투하여 있던 智·德·體 사상의 순서를 바꾸어 德·體·智로 배열해 중요성의 정도를 기준으로 삼았다. 즉, 智보다 德과 體의 중요성을 더욱 절실하게 인식한 것이다. 이것은 당시 봉건적 유교 사상이 만연된 사회 분위기로 보아 획기적인 사상이 아닐 수 없다."11)

체육 교육에 있어서 시대 인식의 큰 전환을 이룬 사상가로서는 영국의 청교도 출신 정치가이자 교육 사상가이며 경험론 철학자인 존 로크(1632~1704)를 들 수 있다. "그는 『교육소론』에서 체육·덕육·지육을 통한 신사교육을 강조하고, 신사의 성품으로서 덕·지혜·예법·학문을 들었다. 체육은 건강한 정신의 기초로서 우선하였고, 덕육은 이성에 따른 행동을 할 수 있도록 하기 위해 극기를 강조하였으며, 지육은 신사의 德을 높이기 위한 수단으로 삼았다."12) "특히 체육, 덕육, 지육 및 양육, 그리고 가정 교육으로 구성된 로크의 교육 내용은 신체적, 지적, 정의적, 도덕적, 사회적인 영역을 고르게 교육함으로써 가치 있는 삶을 누릴 수 있게 하였

---

9) 『동양의 도덕 교육 사상』, 앞의 책, pp.75~76.

10) 『체육 철학』, 오진구 저, 앞의 책, p.224.

11) 「도산 안창호의 체육 사상과 업적」, 이인숙 저, pp.425~426.

12) 『교육사 신강』, 앞의 책, p.222.

다."13) 서양 역사가 중세 시대를 거치면서 너무 오랫동안 영혼의 가치만 중요시하고 육체적 가치를 간과한 문화 풍토 속에 젖어 있었는데, "존 로크가 이전 사상가들과 달리 덕, 지혜, 양육, 학습을 다루어 신체적, 정서적, 지적인 면을 통합한 하나의 전체로서 인간을 바라보게 하는 틀을 제공한 것은 교육사적인 의의가 크다."14)

역사적으로 보면 지성들이 전인 교육을 지향한 것은 어제 오늘의 일이 아니다. 현실적인 접근 면에서도 전인 교육을 실현할 수 있는 방법론을 세웠다. "플라톤의『국가론』을 보면, 초등교육 과정에서 신체를 단련시키는 방법으로서는 체육을, 정신을 단련시키는 방법으로서는 음악을 교과목으로 채택하였다. 즉, 음악은 정신의 훈련 방법으로, 체육은 신체 단련을 목적으로 구성하였다. 이런 방법은 심신의 조화로운 발달과 도덕적 자각 및 절제와 용기를 가진 유능한 시민을 양성하려고 한 의도적 교육 목표였다."15) "절제, 용기, 지혜는 인간을 형성하든, 국가를 형성하든, 반드시 필요한 德이다. 德을 키우기 위한 일은 교육의 주된 과제가 된다. 절제를 위해서는 음악이, 용기를 위해서는 체육이, 지혜를 위해서는 변증법이 필요하다고 보았다."16) "좀 더 구체적으로 교과 내용을 살펴보면, 음악 학교에서는 읽기, 쓰기, 셈하기를 익힌 후에 음악을 가르쳤다. 당시 음악은 폭넓은 의미로 시, 드라마, 역사, 웅변 등 인문학 전반이 포함된 것이다. 그리고 체육 학교에서는 체육을 통한 사고와 행동을 조정할 수 있는 능력을 키워 나갔다. 이를테면 지각에 알맞은 행위,

---

13) 「존 로크의 교육론」, 앞의 논문, p.59.

14) 위의 논문, pp.42~43.

15) 『체육 철학 사상 연구』, 앞의 책, p.53.

16) 『서양 교육 사상사』, 앞의 책, p.31.

행동에 알맞은 말을 사용할 수 있도록 가르쳤다. 이런 교육을 통해 기질을 통제하고, 정열을 이성에 종속시킬 수 있는 능력을 배양시키려고 한 것이다. 체육은 신체를 위하여, 음악은 영혼을 위하여라는 아테네인의 이상은 내적인 정신적 삶과 외적인 실천적 삶을 결합하고 조화시키는 것이다."17) 동양에서도 전인 교육을 이루고자 한 방법적 노력이 있었다. "소학 공부는 행위를 내용으로 하는 공부였고(외적 단련), 대학 공부는 지식과 심성을 내용으로 한 공부였다(내적 함양). 팔조목 중 격물과 치지는 지식 공부에, 성의와 정심은 심성 공부에 해당한다. 따라서 유교에서 인성은 행위·지식·심성의 세 요소로 개념화되었고, 교육 역시 여기에 따라 세 요소에 관한 공부로 이루어졌다."18)

전인 교육은 인간 교육이 도달해야 할 이상적 목표이다. 언젠가 이루어야 할 목표인 한, 우리는 전인성 교육 목표 달성의 절대적 가치와 필연성을 인식해야 한다. 그러기 위해서는 智·德·體·藝·技·情 등 전인 교육의 가치성을 높이는 것만으로는 안 된다. 이들을 수렴한 그 이상의 교육 지향 목표를 제시할 수 있어야 한다. 다름 아닌 전인 교육으로 인간의 잠재력을 극대화해야만 따로 논 영육 간이 일체 될 수 있고, 그를 발판으로 나를 주신 하나님과 함께할 수 있는 영적인 기반이 마련된다. 우리는 반드시 智育을 통해 진리와 일체가 되어야 하고, 德育을 통해 가치와 일체가 되어야 하며, 體育을 통해 영육과 일체가 되어야 한다.19) 다시 강조해 智·德·體를 조화시킨 전인 교육은 인간성을 극대화함은 물론이고, 하나님과 소

---

17) Paul Monroe. A Textbook in the History of Education, p.90.-위의 책, pp.20~21.

18) 『전통 교육의 현대적 이해』, 앞의 책, pp.120~121.

19) 전인적인 인격체 육성은 영육이 합일된 가치관 위에서 가능해지고, 그렇게 정초되어야 함.

통할 수 있는 영적 활성화의 길을 트야 한다. 영육 합일과 여기에 더한 인간성의 완성과 성인화 지향은 결국 강림하신 하나님과 함께 하기 위해서이다. 성인화, 成佛화와 함께 지성들이 추구했던 전인 교육 지향 목적은 이 땅에 지상 천국을 건설하기 위하여 인류가 교육을 통해 갖추어야 할 필연적 조건이다.

2. 지행합일 교육

언급한바 정범모는 교육의 목적을 행동에다 초점을 맞추고, 교육에 대한 정의를 "인간 행동의 계획적 변화"라고 하였다. 바람직한 인간, 나아가 전인적인 인간 육성 조건에 있어 교육은 지식을 가르치기만 하면 되는가? 이해하고 알았다면 실천하며 의도한 대로 행동에 변화가 일어나는가? 앎과 실천하는 행동과의 연관성 여부는 옛날부터 지성들이 고민한 교육적 과제 중 하나이다. 학생을 가르치는 요소 중에는 지식도 있고 행동도 있다. 그래서 방법에 있어서도 설명을 하고 本도 보여야 한다. 그런 측면에서 본다면 행동하기 위해서는 알고 이해함이 필요하다. 지각없이 행동하였다면 그것은 무의식적인 행동이다. 전인 교육 조건에서도 마찬가지이다. 바람직한 인간이 무엇인지 알지도 못하면서 그런 인간이 될 수는 없다. 언행이 일치하고 知行이 합일한 경지에 이를 수 있다면 그런 것은 전인적인 인간 육성의 지극한 방법이다. 단지 어떻게 知行을 합일시킬 것인가에 대한 전인 교육 원리를 밝히는 것이 과제인데, 이것을 선현들이 고민은 하였지만 온전히 해결하지는 못했다. "전통적으로는 지식과 행동, 그리고 학문과 인격이 밀접한 관계를 맺고 있다고 보지만, 현대 기술 문명사회에서는 지식과 행동이 분리되고 학문과 인격이 별로 밀접한 관계를 갖지 않게 되었다."20) 그 이유는 무엇인가? 지식을 통한 앎과 행동 간에는 앎이 행동으로 직결된 시스템 관계에 있지 않다. 知와 行 사이에 양자를 연결하는 그 무엇이 있는데, 이것을 제대로 파악하지 못했다. 오히려 곡해가 있은 탓에 知行合一이 전인 교육 방법으로서 객관화되지 못했다. 물론 知와 行을 분리해 놓고 보면 行보다는 知의 선행이 知行合一의 우선적인 조건인 것은 맞다. 하지만 知란 조건을 선취했다고 해서 100% 行으로 이어지는 것이 아니라는 데 문제가 있다. 인간 교육은 지식을 아는 데만 집중해서는 안 된다. 차라리 知와 行 간의 연결 고리를 찾지 못한 상태에서는 지식을 가르치는 교육과 행동을 가르치는 교육 목적을 분리해 부족한 부분을 채워야 한다. 인간은 알게 하는 것만으로 원한 만큼 행동에 변화를 일으키리라는 환상에서 깨어나야 한다. 더군다나 현대 교육은 지식적인 앎이 자연을 변화시키고 원리 법칙을 이용하는 것이 대부분을 차지해 전인성을 지향한 교육과 거리가 멀다. 언젠가는 행동을 변화시키는 교육 원리와 인식적 체계를 따로 마련해야 했다. 서양은 역사를 통틀어 거의 사물을 대상으로 한 감각적 앎과 이성적으로 분석한 지식을 추구했을 뿐, 행동에 변화를 일으키는 데로까지는 나가지 못했다.

대표적인 사례는 서양 문명의 정신적 지주에 해당한 소크라테스로부터 찾을 수 있다. 언급한바 "소크라테스는 알면서도 잘못을 저지르는 사람은 없다고 했다. 德을 알면 德을 행할 것이요, 美를 알

---

20) 『앎과 삶』, 이규호 저, 연세대학교 출판부, 1985, p.9.

면 미학적으로 살 것이니, 앎은 곧 行함이고 삶이다. 앎을 앞세운 主知主義的 경향이 서양 철학의 발생기부터 있었다. 이후 철학은 올바른 앎, 즉 진리란 무엇인가를 탐구하는 방향으로 나갔지만, 앎=행동이란 등식에 문제가 있는 탓에 앎의 영역에만 집중하여 고대 철학자들은 영구불변한 진리를 찾기 위해 피안의 세계를 가정했고, 이 같은 관념적 성향이 그리스도교를 낳았다."[21] 앎, 즉 진리를 아는 것이 우선이지만 앎이 인간의 행동을 지배하는 것과는 거리가 있는데도 문제점을 인식하지 못하였다. 그것은 "진리의 인식은 곧 실천을 수반한 知行合一을 이룬다고 한 소크라테스의 교육 사상에 기인한 탓이다."[22] 이런 원인 탓에 근대에서는 의식을 대상으로 하는 연구는 객관적일 수 없다고 보고, 객관적으로 관찰할 수 있는 자극에 대한 반응, 곧 행동을 주된 대상으로 한 행동심리학이 등장하기도 하였다.[23] "자연과학에서 널리 쓰이는 자극과 반응이란 개념을 행동의 변화를 구명하는 학습 이론에 도입한 것은"[24] 전인성을 지향한 전통적인 知行合一 교육 방향을 후퇴시킨 격이다. 오히려 행동의 변화를 知와 단절시킨 것을 넘어 감각을 통한 자극과 반응 시스템으로 행동의 교육적 변화를 기대한 것은 말 못하는 동물들을 실험하여 얻은 훈련 원리를 인간에게 적용한 것이다. 동물 훈련 원리를 인간 교육 원리에 도입하여 소기의 교육 목적을 달성하고자 한 것은 인간성을 극도로 황폐화시킨 요인이다.

하지만 동양의 왕수인(양명)이 제창한 知行合一론은 知를 전적으

---

21) 『사람이 알아야 할 모든 것 철학』, 앞의 책, p.472.
22) 『교육사 신강』, 앞의 책, p.166.
23) 행동심리학.-다음 사전.
24) 『학문과 교육(상)』, 앞의 책, p.36.

로 신뢰한 측면에서는 소크라테스와 같지만, 접근한 방법과 인식에는 차이가 있다. 제자가 이렇게 물었다. "많은 사람은 자신의 부모에게 효도하고 웃어른을 공경해야 마땅하다는 점을 알면서도 효도하지 않고 공경하지 않는다. 그러니 知와 行은 분명히 나뉘는 것이다. 어떻게 知行合一을 말할 수 있겠는가?" 그러자 수인은 "그것은 이미 사욕에 의해 끊어진 것으로, 知와 行의 본체가 아니다. 알면서도 실행하지 않는 사람은 없다. 알면서도 실행하지 않는다면 아직 알지 못한 것이다"라고 대답했다.25) 여기서 진지(眞知)란 참되고 절실한 지식을 의미한다. 眞知를 알고 있는 사람이라면 반드시 자기가 이해한 도덕 지식을 행동으로 옮긴다. 따라서 알면서도 실천하지 않는 문제는 발생하지 않는다고 못 박았다.26) "眞知는 필연적으로 행위로 표현된다. 規範定立 即 意志規定이라는 必本來的 활동이다."27) 수인은 "眞知에 대한 신념 탓에 전인적인 인격 완성 조건으로서라기보다는 진리에 도달하는 방법(致良知)으로서 지식과 행동을 일치(知行合一)시킨 가치를 추구했던 것 같다. 주목할 것은 知는 필연적으로 의지를 규정하며, 행위로써 표현된다"28)라고 한 데 있다. 이것이 곧 知와 行 사이에 知와 行을 연결시키는 그 무엇이다. 知가 의지를 동하게 함으로써 비로소 行에 대해 실천력을 일으킨다. 眞知에 이르렀다면 의지를 결집하겠지만, 그렇지 못하면 행동을 교육적으로 변화시키지 못한다. 眞知에 도달한 앎과 생각은 일련의 가치 인식과 판단과 사고 작용을 통하여 의식의 공간대에

---

25) 『양명 전서』, 권 1. 『전습록』, 상, p.38.

26) 『송명성리학』, 진래 저, 안재호 역, 예문서원, 1997, p.384.

27) 「양명학의 체육 철학적 연구」, 앞의 논문, p.8.

28) 위의 논문, p.8, 14.

존재한 본질을 결집시키는 신념의 에너지대인 의지력을 형성한다. 앎을 통한 신념의 형성이 본질을 매개로 한 의지력을 규합해서 실천력을 유도한다. 행동의 변화와 완수 과정을 통해 비로소 知와 行이 일치된 경지에 도달한다. 앎과 사고와 정신 작용만으로는 그 무엇도 완성할 수 없다. 인간 존재는 의지를 수반함에, 의지를 동하게 하고 신념을 결집해 완수하기 위해서는 몸을 매개로 한 행동 수행 과정과 실천을 통한 의지 수련 과정이 긴요하다. 지눌이 주장한 정혜쌍수처럼 어디서도 知育만으로는, 혹은 行育만으로는 전인성을 위한 교육 목적을 달성하기 어렵다.

수인은 말하길, "앎은 실행의 시작이고, 실행은 앎의 완성이다"[29]라고 했다. 실행이 앎을 완성하는 것은 앎으로부터 출발한 의지 수행 과정을 실행으로 표현한 것이다. 아무리 知를 통해 완전한 앎에 도달해도 그것만으로는 세계를 충족시킬 수 없다. 세계를 수행하는 데 있어 知를 추구하는 것과 의지를 수행하는 것은 이루는 결과가 다르다. 知의 축적만으로는 세계 충족이 불가능하다. 의지 수행을 병행해야 가능한 실천 의지를 발동할 수 있다. 마음의 완수 의지가 분열을 완료해야 비로소 깨달은 앎이 세계를 충족시키는 의식 상태, 곧 정신과 의지와 존재한 신체적 조건이 일치된 知行合一 경지에 이른다. 이것이 전인성의 도달 조건이자 성인의 도달 경지가 아니고 무엇인가? 세계의 완성 경지에 이르기 위해서는 수행이 필요하고, 수행은 의지의 수련으로 의식을 도야해 차원적인 본질 세계를 개척한다. 이런 과정을 거친 성인은 그야말로 만 말과 만 가르침을 대신하여 行함으로 知를 완성했다. 예수 그리스도의 십자가

---

29) 위의 책, p.387.

희생이 그렇고 소크라테스의 독배가 그러하다. 십자가는 예수 그리스도의 믿음을 완성했고, 독배는 소크라테스의 신념을 완성했다. 知行合一의 완성 경지이자 만 말을 대신한 대 가르침의 本이다. 無言의 행동이 가르침을 완성한 최고 本이다. 知와 行 간에 의지를 완수함으로써 실행은 일체의 정신적 가치를 완성하고, 끊임없는 수행 정진이 위대한 道를 완성하리라.

3. 인격 교육

교육은 무엇인가? 바로 인간을 교육하는 것이고, 인간을 교육한다는 것은 인간이 인간답게 살 수 있도록 수단과 방법을 동원해 가르친다는 뜻이다. 이런 명제가 교육 목적의 대 전제인 것이 맞는다면 그런 목적을 달성할 수 있는지 없는지는 목적을 이루기 위해 적용한 교육이 목적을 달성할 수 있는 요소로 구성되었는지를 살펴보면 된다. 인간을 바람직하게 교육하기 위해 지금의 학교 현장에서는 무엇을 가르치고 있는가? 교육의 목적 방향은 분명 동쪽을 향해 가리키고 있는데, 정작 교육 현장에서는 엉뚱한 방향으로 달려가고 있는 것은 아닌지…… 학교 교육에서 인간 교육의 문제를 논의하지만, 목적을 실현하는 방법을 강구하는 노력은 온데간데없고, 지식을 가르치고 습득시키는 교육에만 열중하고 있다. 지식 교육과 인격 교육이 따로 놀고 있다는 데 심각한 반성이 필요하다.[30] 학교에서 인성 교육의 중요성을 강조한 구호는 흔히 들을 수 있지만, 인

---

30) 『교사의 철학』, 앞의 책, pp.365~366.

격을 교육한다는 말은 없다. 인간 교육은 인성 교육에 주안점을 둘 때 달성된다. 인성 교육은 인격 교육이란 방법을 통해야 주효하다. 이런 정도 경로가 학교 현장에서 언제부턴가 막혀버렸다. 인성 교육이 구호에 그친 이유이다. "인성의 가장 일반적 의미를 '인간다운 성품'으로 이해한다고 할 때, 인간다운 성품을 기르는 일로서 인성 교육의 본질적 의미를 구체화해 주는 것은"31) 인간의 성품(인성)을 전인성 달성의 방법인 인격 교육을 통해 인격을 함양할 수 있도록 가르치는 데 있다. 본래의 교육 목적에 부합하는 방향으로 나가 목적을 실현할 수 있는 현실적인 방법을 강구해야 했다. "인격 교육은 지식 교육에 선행해야 한다. 지식 교육은 넓은 의미의 인격 교육 속에 포함된다. 지식과 인격은 서로 떨어져 존재할 수 없다. 기능적 결합의 관계로서 마주 보고 있다. 지식 교육은 인간의 내면적 양심과 결합하며, 목적을 인격의 완성에 둘 때 진정한 의미의 지식 교육이 된다."32) 지향한 전인성 달성이 일체 가치를 품성화하고 조화시킨 인격 교육을 통해 드러나고 열매 맺는다는 사실을 알 때, 인간의 품성과 인격은 결코 하루아침에 가꾸어지거나 완성될 수 없다. 학교 현장에서는 인격 교육에 대한 교육 목적을 명시하고, 교육 과정 구성을 구체화해야 하며, 교사들은 지식 대 지식으로 대면할 것이 아니고 인격 대 인격적인 교감 관계를 이루어 참된 스승으로서 학생이 인성에 바탕을 둔 바른 인격을 갖출 수 있도록 힘써야 한다. 착하고 바르게 가르쳐야 하나니, **인성은 학문, 사상, 제도, 가치, 세계의 중심이며, 그 가운데서도 갈고 닦은 인격은 핵**

31) 『전통 교육의 현대적 이해』, 앞의 책, p.103.
32) 『도덕 교육의 담론』, 심성보 저, 학지사, 2000, pp.339~340.

심이다.

그렇다면 인격은 어떻게 육성하고 어떻게 교육해야 하는가? 인간의 인격은 다양한 지식을 배우고 쌓는다고 해서 형성되는 것이 아니다. 인격은 형성된 세계성을 집약시킴으로써 발휘되는 인간성의 빛이다. 위대한 인간이라고 하는 것은 외계의 인식에 인식을 더한 자기 형성 과정을 통해 이루어진다.33) 여기서 세계적 요소란 지적 인식, 이성적 판단 외에도 의지 작용, 신념 작용, 가치 추구, 합일된 신체관 위에서 이루어지는 의식적 도야까지 포함한다. 이런 요소들이 함께 작용해야 기대한 인격을 형성하고 전인적인 인격체 육성의 발판을 이룬다. 인격 교육은 전인성 달성의 필수 요소이다. 이런 목적을 지닌 인격 교육을 바르게 실행하기 위해서는 가르치는 스승의 확고한 교육 목적관과 인격적 本이 필요하다. **인격 교육의 핵심은 훌륭한 인격을 갖춘 스승과 그런 인격적 本을 믿고 따르는 제자 간에서 교감되는 감화 작용이다.** 다시 강조해 인격 교육은 지식을 전달하는 교육이 아니다. 그런 교육 형태를 통해서도 결국은 인격을 본받게 해야 한다. **인격 교육은 가치를 일깨우면서 인격적으로 本을 보임이 제일이다.** 사회에 참된 스승이 존재해야 하는 이유이다. 위인전만 많이 읽히고 소개한다고 해서 인격적 롤 모델을 감 잡지는 못한다.

인격적 감화와 정신적 일깨움이 있었다면, 그다음으로는 자체의 인격 함양을 위한 도야 노력과 극기성이다. 내외간에 걸친 조건이 병행하고 일치해야 인격을 완성할 수 있는 소기의 목적을 달성할 수 있다. 퇴계가 성리학을 공부하게 된 근본 동기가 이 같은 교육

---

33) 인격은 형성된 세계성을 집약시킨 결정적 본성임.

목적 접근에 적합하다. 즉, "심성을 수양하여 훌륭한 인격을 완성함으로써 천부의 善한 본성을 실현하고 확장하여 모든 사람까지 그처럼 될 수 있도록 하였다."34) 현재의 인격 교육이 지지부진한 이유는 퇴계처럼 심성 도야를 위한 자체 수양 과정을 거친 참스승의 양성 부재에도 원인이 있다. 知→行→인격→전인성→성인으로 나가는 데 인격을 갖춘 스승이 핵심이 된 역할을 한다. 배움과 수양 과정을 병행해야 인격을 완성할 수 있다고 할진대, 현대의 교육 시스템은 인간 본성의 도야와 회복과 완성에 있어서 결여된 요소가 분명하게 드러난다. 지적 교육 시스템은 제도적으로 잘 갖추었지만 인격 교육에 초점을 둔 수행 시스템은 구체화하지 못했다. 인간성 지향의 교육 목적을 방기한 탓이다. 인격성의 고양과 함양은 먼저 자신을 바르게 세움에 있고, 바르게 세울 수 있도록 고무한 교육적 노력이 있어야 한다. 인간은 배움도 필요하지만 수양도 함께 쌓아야 한다. 그리해야 그 어디에서도 인간성을 보증받을 수 있는 훌륭한 인격체로 육성된다.

일제강점기 애국 계몽 활동을 전개하고 대한민국의 독립운동에 일생을 바친 도산 안창호(1978~1938)는35) "나 하나를 건전 인격을 만드는 것이 우리 민족을 건전하게 하는 유일한 길이다. 건전 인격의 형성이 건전 사회 형성의 기초라고 강조했다."36) 인격 교육으로 인류인들 건전하게 하지 못할 것인가? **인격 교육은 만인의 전인성화와 이상사회 건설의 주춧돌이다.** 품성을 갈고 닦아 인격을 도야하면 하늘로부터 부여받은 본성을 지키게 되고, 추호의 어긋남

---

34) 『퇴계 이황』, 신귀현 저, 예문서원, 2002, p.195.

35) 도산 안창호.-다음 백과사전.

36) 『도산 사상』, 앞의 책, p.55.

이 없게 되면, 하늘의 본성과 일치되어 하늘의 뜻과도 소통하게 되는 성인의 경지에 도달한다. 인간의 일차적 창조는 하나님의 창조이고, 이차적 창조는 부모님의 창조이며, 마무리 창조는 각자가 이루는 바람직한 인격의 창조로서 완성된 도달 경지이다. 인간은 피조체이지만 능동적으로 이룰 수 있는 위대한 잠재력을 지녔는데, 그것이 곧 자신이 주체적으로 갈고 닦아 이루는 인격 창조이다. 학교 교육은 인격을 창조할 수 있는 교육에 초점을 맞추어 실행력을 갖춤으로써 전인 교육 목표 달성의 발판을 마련해야 한다.

4. 성인(聖人) 교육

역사상 자타가 인정한 성인의 반열에 오른 사람을 말하라고 한다면 손가락 안에 꼽을 정도이리라. 후세에 영향을 끼친 업적과 삶의 수행 행적과 문화적 전통에 따라 차이는 있겠지만, 통상 4대 성인을 들라고 한다면 공자, 佛陀, 예수, 소크라테스이다. 이 외에도 유교에서는 공자가 요순(堯舜)을 성인으로 믿고 하늘의 존재처럼 생각하였고,[37][38] 가톨릭 교회에서는 신앙상의 덕행과 모범을 인정하여 공식적으로 성인품에 오른 인물을 가리키기도 한다.[39] 인류의 성인은 이상적인 인간의 표상이고, 교육이 추구한 전인 교육의 목표이다. 교육적인 측면에서 전인 교육(全人敎育)이란 '완전한 인격,

---

37) 「소학의 덕 교육론 연구」, 오석종 저, 서울대학교 대학원 국민윤리교육, 박사, 1999, p.70.

38) "유교에서는 성인을 그들의 최고 인격자인 공자·맹자와 이에 앞서 堯·舜·周公 등을 가리키기도 함."

39) 성인.-다음 백과사전.

즉 조화로운 인격'을 말하고,[40] 이런 조건 관문을 통과한 분들이 佛陀이고 공자…… 정도이다. 공자가 교육과 인간성을 통해 구현하고자 한 최고의 가치인 仁은 "모든 德의 총체적 표현으로서 전인성을 뜻한다. 성인은 仁의 극치이다."[41] **성인은 삶을 통해 이룬 전인성의 완수자이고, 그를 통해 이룬 인격의 완성자이다.** 인간상의 本을 기준으로 성인화를 지향한 것이 개개인의 수행 목적이고, 학문의 추구 목적이며, 신앙상의 완성 목적이다. 동서양을 막론하고 교육의 보편적인 섭리 성향이었다고는 하지만, 확인한 바대로 오늘날까지 그 기준에 도달한 성인이 과연 몇 명이나 배출되었는가? 그같은 교육 목적을 기억이나 하고 있는지 의심스럽다. 그 이유는 도대체 무엇인가? 한마디로 성인에 대한 기대치가 너무 이상화되었고, 도달 문턱이 높았기 때문이다. 문제를 비판하고 해결해야 평범한 인간도 타고난 본성을 일깨워 성인이 될 수 있는 길을 튼다. 이 연구는 '성인 교육'을 통해 모든 인류를 성인으로 육성할 수 있는 교육적 방안과 현실적인 길을 마련하리라.

첫 과제는 그야말로 이상화되고 극대화된 성인 도달 문턱을 허물고 누구라도 드나들 수 있는 문을 개통하는 것이다. 그런 시도가 이전에도 없었던 것은 아니다. 일찍이 공자는 "성인은 내 아직 보지 못하였지만, 君子만이라도 만나 보았으면 좋겠다(『논어』, 술이편)"라고 말한 적이 있다. 최고 인격자, 즉 天人合一적 경지에 도달한 성인은 쉽게 나타나는 것이 아니라는 것을 알 수 있다. 그래서 기대 기준을 낮추어 누구나 노력하면 도달할 수 있는 표준 인물을

---

40) 「법화경을 통해 본 불교의 교육 사상」, 앞의 논문, p.25.
41) 「율곡의 인간 교육론」, 앞의 논문, p.25.

君子에 두었다. 비록 성인의 경지에는 미치지 못하더라도 君子는 비상한 인생 추구 목적을 가지고 끊임없이 수양을 쌓으면 범부들도 실현 가능한 인간상이다.[42][43] 그만큼 "유교의 선비가 추구하고자 한 이상적인 인간상으로서 최고 인격자임에, 더하여 天人合一 조건을 충족한 성인은 쉽게 주어지는 것이 아니다. 이상적이라는 말이 붙은 만큼이나 실로 좁히기 어려운 거리감을 더하여 궁극적인 인간상이자 최고 인격자란 조건이 붙은 바에는 도달 조건이 최후의 일인에 국한될 수밖에 없다. 그나마 역사 가닥과 문화가 달라 사대 성인이 나왔지만, 또다시 최고를 가리라고 한다면 결국은 그 이상의 초월자요, 절대자인 神이 될 수밖에 없다. 실제로 예수와 佛陀는 성인이기 이전에 신격화되고 신성화되어 인간으로서는 아무리 노력해도 더 이상 도달할 수 없는 선을 넘어버렸다. 『아함경』 유의 근본 경전에 묘사된 佛陀의 성격을 요약한다면, "연기법을 깨달아 일체지(一切智)를 얻고 생사를 초월하여 해탈에 든 이로써 중생에게 지혜의 길을 열어주는 유일무이한 자이다."[44] "佛陀의 경우 인격을 추앙한 숭배의 염원으로 인해 본래의 모습보다 더 이상화되고 초인적으로 묘사될 수 있으리라는 것은 쉽게 유추할 수 있다."[45] 판단하기로 佛陀는 예수님처럼 역사상으로나 신앙상으로 정말 인간적인

---

42) 위의 논문, p.25.

43) "성인이란 天人合一의 경지에 도달한 자로 知·德이 높고 사리(事理)에 정통하며, 만고(萬古)에 사표(師表)가 되는 가장 이상적인 완전한 인간상을 의미한다. 반면에 君子는 학행(學行)과 덕행(德行)이 고루 겸비된 사람을 말한다. 학문적으로는 사람으로서 마땅히 걸어야 할 길을 찾은 사람이요, 도덕적으로는 원만한 인격을 이룬 사람이요, 사회신분으로는 치자(治者) 계급에 속하며, 개인적으로는 수기치인(修己治人)의 사람이다."-『동양 윤리 사상의 이해』, 앞의 책, p.45.

44) 「대승 불교의 불신관에 관한 연구」, 김경수 저, 원광대학교 동양학 대학원 불교학, 석사, 2012, p.61.

45) 위의 논문, p.44.

조건을 초월한 신격으로 승화된 절대자이다. 유일한 하나님이 인류를 구원하기 위해 나투된 화신 모습이다. 佛陀의 행적을 기억하고 가르침을 따라 인격을 숭앙할 수는 있지만, 세상 누구도 동일한 반열에 이르기란 불가능하다. 존재한 본질을 알아 불가능한 것과 가능한 것을 구분해야 만인의 성인화 문턱이 낮추어진다. 누구나 성인이 되고 成佛하고 하나님처럼 온전하게 될 수 있다고는 하지만, 주장이 구호에만 그친 것은 성인의 본질을 정확하게 알지 못한 탓이다. 성인의 도달 조건인 궁극성과 초월성 과제를 선행해서 해결해야 다음 과제인 수행과 교육으로 성취할 수 있는 만인의 성인화 길을 틀 수 있다.

이런 관점에서 본다면 예수, 佛陀와 달리 공자는 인간으로서 걸은 행적과 남긴 업적 탓에 후세인들에 의해 성인으로 인정됨으로써 만인의 성인화 길을 달성할 수 있는 현실적인 길을 텄다. 인간으로서 가능한 성인 도달 조건을 세 가지로 요약하면 첫째가 인격의 완성이고, 둘째가 도덕성의 완성이며, 셋째가 天人合一의 완성이다. 먼저 인격의 완성 목표는 인간이면 누구나 인간답기 위해서 갈고 닦아야 하는 삶의 보편적 추구 방향이다. 그래서 반드시 넘어서야 하는 장벽이 본능적인 욕구이고 인욕임에, 이것을 극복하기 위해서 수행과 깨침이 필요하다. **수행은 인욕에 휩싸인 본성을 자각하고 無明을 깨쳐 인격을 정제하는 제일 방편이다.** 수행 없는 깨달음 없고, 깨침 없는 본성의 자각 없다. 본성을 알아야 自性, 佛性, 창조성을 각인해 이상적인 인격을 갈고 닦을 수 있다. "유교에서 성인은 '완전한 인간'을 말한다. 완전한 인간이란 자기 본성을 발견하고 그것을 발현하여 인격적으로 완성한 사람이다."[46] 인간성의 완성 방편으로서 맹자는 "仁·義·禮·智를 겸비한 대장부(大丈夫)를 기르는 것을 궁극적 목표로 삼았다. 대장부로서 갖추어야 할 완성 품성은 이미 하늘이 준 것이고, 본래 가진 것이며, 모든 사람이 다 가지고 있다."47) 중요한 것은 자타가 자체 본성을 알고 교육적으로 가르쳐 가치를 신념화하고 겸비해서 인격으로 꽃피우는 데 있다. 이것이 성인과 전인성 도달의 첫째 조건이다. 천부 본성을 갈고 닦아 완성하는 것은 인간으로 태어난 자 당위의 인생 추구 과제이다. 그것은 결단코 어렵지 않다. 그런데도 지난날 성인화의 길이 요원했던 것은 본래의 참모습을 보지 못한 탓에 완성도 이루지 못한 것이다. 본성을 깨닫고 부단히 일구고 믿어 도야하면 완성의 경지에 이른다.

다음으로 도달 가능한 성인의 조건은 도덕성의 완성인데, "퇴계는 사람됨의 원리를 도덕성에 두었다."48) 도덕성을 알아야 도덕성을 완성한 성인이 될 수 있다. 도덕성은 곧 사람됨의 원리이다. 사람됨의 이치를 알아야 이에 부합하는 도덕성을 완성할 수 있고, 사람됨의 이치를 궁구해서 밝히는 것이 성인화의 지름길이다.49) 이치를 실천해서 완수하면 된다. 성인이 되고자 하는 자 "궁리를 통하여 인간됨의 도리를 밝히는 것은 곧 인륜을 밝히는 일이기도 하다. 이것을 유교에서는 삼강오륜(三綱五倫)이라고 하였다. 인간의 사회적 삶을 위한 기초적 관계로서 상호 간의 도덕적 의무를 규정한 입

---

46) 「대학의 성인교육론 연구」, 한지윤 저, 고려대학교 교육대학원 평생교육, 석사, 2011, p.6.
47) 「맹자의 교육 사상 연구」, 조신경 저, 경희대학교 교육대학원 중국어교육, 석사, 2007, p.55.
48) 「퇴계의 교육 사상 연구」, 앞의 논문, p.2.
49) "성인은 인간이 天理에 부합하려는 부단한 정진으로 인하여 도달할 수 있다고 가정되는 至高至善의 德을 갖춘 경지이다."-「소학의 덕 교육론 연구」, 앞의 논문, p.70.

장은"50) 도덕적인 사회를 건설할 수 있는 대 교육적 목적이다. 성인은 성인이 되기 위해 직접 인륜을 밝히는 길을 걸었고, 도리를 깨달아 天理를 밝힌 탓에 만인을 향해 그 길을 지침으로 삼을 수 있었다. 도덕성을 완성한 성인이 선천에서는 손에 꼽을 정도라, 도덕성의 완성자로서 가치 체계의 궁극적 조종(祖宗)으로 치하하였고,51) 조종으로서 가치를 실현한 분이 공자 한 분에 국한되었다. 天理를 밝히고자 한 그 처음 길이 멀고 험난했다 해도 그렇게 해서 트인 길을 따르는 후세인들까지 그런 것은 아니다. 놓인 길을 묻고 이해해서 줄기차게 배우면 된다. 이것이 가르침으로 이룰 수 있는 **"성인 교육"**의 보편적 길이다. "교육의 중요한 역할은 인성(도덕성) 함양과 올바른 가치관 형성에 있다."52) "성인은 사람과 사물이 마땅히 따라야 할 길을 알아내어 제도화하고 천하의 표준이 되도록 하였다."53) 그 길을 가르치는 것이 교육인데, 그 길은 이미 마련되어 있다. 단지 시대에 따라 조건이 달라진 만큼이나 도리의 길을 재정비하면 된다. 요즘의 사회에서 평범한 일상인이 설사 도덕성을 완비한 성인의 인격이 바람직하다고 해도 끊임없이 먹고사는 문제를 해결해야 하는 집안의 가장이자 직장인으로서는 그런 인격성을 추구한다는 것이 큰 부담이 될 수도 있다. 가족과 주변의 인간관계에 있어서는 고상한 모습으로 보일지 몰라도 본래적인 성인 역할을 수행하는 데 있어서는 문제가 있다. 옛날에는 앞에서 제시한 것 이외에도 성인의 품격이란 治者에게서 요구되는 요소이기도 했다.

---

50) 위의 논문, p.49.
51) 「주자의 교육 사상에 관한 고찰」, 앞의 논문, p.22.
52) 위의 논문, p.81.
53) 위의 논문, p.53.

"공자에게 교육은 추구한 이상사회 실현의 구체적인 방법으로서 교육 목표는 修己治人할 수 있는 仁의 실천인으로서 君子를 길러내는 것이었고, 궁극적으로는 성인의 경지에 도달하려는 君子 육성과 治者의 배출이었다."54) 서양의 플라톤도 이상 국가를 건설하기 위해서는 인격과 지혜와 경륜을 두루 겸비한 철인왕이 국가를 다스리는 최고의 통치자가 되어야 한다고 했다. 유교 역시 성인을 지향한 君子는 治者 계급에 속한 자로서 백성을 다스릴 수 있는 자격 요건만큼이나 높은 도덕성을 요구하였다. 하지만 현대는 민주주의 사회로서 평등성이 보장된 만큼, 만인이 도달할 수 있는 성인화의 길을 열기 위해서는 성인의 역할에 있어서도 모두가 실행할 수 있는 조건을 새롭게 제시해야 한다.

세 번째 성인 도달 기준인 天人合一 경지는 선천에서 天의 모습이 완전하게 드러나지 못한 만큼, 이르고자 한 길이 불투명하고, 도달 기준도 모호하며, 구했다고 하는 하늘의 뜻 역시 확실하지 못했다. 그러나 동서양을 막론하고 하늘의 뜻을 구하고자 한 추구 의지만큼은 한결같았다. 인격성과 도덕성은 인간으로서 당연히 추구해야 하는 과제이지만, 하늘의 뜻을 구하는 문제, 天과 人이 합일하는 문제는 제3의 의지체가 작동하고 개입되어야 한다. 원한다고 해서 단번에 성취되는 것이 아니다. 존재한다고 판단되는 제3의 의지체에 근접해야 길을 트는데, 기본적으로 인격성과 도덕성을 겸비해야 하는 조건이 있다. 합일 조건은 곧 가정된 하늘의 본질과 동질을 이루는 것이다. 하늘이 至高 至善하지 못하고 도덕적으로 하자가 있을 수는 없다. 하늘의 뜻을 구하는 문제 역시 마찬가지다. 한두

---

54) 「공자와 묵자의 교육 사상 비교 연구」, 앞의 논문, p.12.

번의 기도와 쏟은 정성만으로 하늘이 진정성을 알고 동할 수 있겠는가? 하늘과 뜻이 통하기 위해서는 지극한 정성과 믿음과 간절함이 함께해야 했다. 이런 절차적인 문턱 탓에 아예 노력하지도 않은 자들이 하늘을 향해 침을 뱉고 神이 죽었다고 선언하였다. 이런 문제를 만인의 성인화를 위해 풀어야 한다. 인격 완성과 도덕성의 완성이 삶을 통해 완수해야 하는 당위적 도리라면, 바탕으로 한 天人合一도 인간으로서 언젠가는 도달해야 하는 차원 조건이다. 그 길이 어려운 것 같은가? 우리는 태어나기 이전부터 이미 하늘과 함께했던 존재자로서 자의든 타의든 죽어서도 함께할 것이다. 이보다 더 쉬운 조건이 또 어디에 있는가? 단지 그 길을 주체적으로 열어 영생을 구할 수 있는가 아닌가 하는 것이 문제일 따름이다. 그 길을 선현들이 이미 **99%** 개척하였다. 마지막 조건으로서 강림하신 하나님의 본의만 통찰하면 만백성이 도달할 만사형통의 길이 열린다. "공자도 인격 완성의 최고 경지에 도달한 사람을 성인이라고 하고, 성인이란 天人合一의 경지에 도달한 자라고 하였다."55) 天人合一은 성인으로서 갖추어야 할 최종적인 자격 조건이다.

그렇다면 天人合一이란 과연 인간으로서 이룬 어떤 경지 상태를 말하는가? 정말 노력하면 다 도달할 수 있는 길인가? "天人合一이란 하늘과 인간이 하나 되는 경지로서 유교에서는 道를 得함으로써 가능하다고 하였다."56) 공자는 "아침에 道를 들으면 저녁에 죽어도 좋다(『논어』, 이인 편)"라고 했을 정도로 "성인에 이르는 것은 곧 道를 얻는 것이기도 했다."57) 하지만 道 역시 天 이상으로 본질을

---

55) 『동양 윤리 사상의 이해』, 앞의 책, p.45.

56) 「주자의 교육 사상에 관한 고찰」, 앞의 논문, p.81.

57) 위의 논문, p.53.

확실하게 알 수는 없지만, 동양인이 희구한 道란 현상적 질서와는 차원이 다른, 현상을 있게 한 바탕 본체 세계이다. 비록 선천에서는 구하기 어려운 한계가 있더라도 道의 본체를 천지 만물을 존재하게 한 창조 본체로서 규명한 현 단계에서는 손쉽게 접근할 수 있는 길이 열렸다. 다시 말해 인간을 있게 한 바탕 본체라 인간을 구성한 근본적인 존재 본질이자 인간을 초월한 창조 본질이다. 나와 천지 만물을 있게 한 탓에, 순수한 이치적 인식으로서는 理, 太極, 道, 法, 梵으로 지칭하였고, 의지를 가진 인격체로서는 하늘(하나님)의 명령이라고 했다. "성인은 곧 하늘이 命한 바의 道를 얻은 사람이라고 할 수 있다."[58] 창조 질서와 의지와 법칙성을 각인한 자로서 하늘이 命한 절대적인 뜻을 깨달은 자는 능히 하나님과 소통하고 대화하고 함께하는 자가 될 수 있다. 완성된 인간성의 바탕 위에서 하나님의 지고한 본질과 동질 상태인 天人合一 경지에 도달해야 트이는 하늘과 인간과의 교감 조건 성립이다. 하나님과 함께하고 하나님과 교감하는 경지에 이르는 것은 결코 어려운 것이 아니다. 인간이면 언젠가는 주어진 삶의 과정을 통해 완수해야 하는 道의 획득 경지이다. 이것을 유교는 "인간이 天理와 하나가 된 활연관통 상태로 표현하였고, 진지(眞知)에 도달하는 길로서 격물치지 거경궁리(格物致知 居敬窮理) 방법을 제시하였다."[59] 人과 하늘이 동질화된 본질 바탕 위에서 소통, 교감, 활연관통함으로써 하늘과 일체된 길을 텄다. 이것은 기독교를 있게 한 예수 그리스도가 도달한 경지 세계와 같다. 성경에 의하면, "나와 아버지는 하나이니라(요

---

58) 위의 논문, p.52.
59) 위의 논문, p.56.

10: 30)"라고 기록되었는데, 이것은 예수 그리스도가 하나님 아버지와 하나가 된 天人合一 경지이다. 하지만 당시의 유대인들은 "나를 본 자는 아버지를 보았느니라(요 14: 9)"라고 한 예수의 말씀을 그들이 가진 신관과 신앙관에 대해 커다란 도전으로 여겼다. 하지만 오늘날은 하나님이 정말 예수 그리스도만의 아버지가 아니라 만인류의 아버지란 혁명적 신관을 가지고 하나님의 뜻을 인지해서 받들 수 있는 소통의 길을 트면 가능하다.

그렇지만 공자가 하늘로부터 구한 道도, 예수가 계시 받은 하나님의 뜻도, 그것이 정말 무엇인지 명시한 바는 없다. 그러나 성인이 하늘의 命을 받아 평생을 바치고 신명을 바쳐 이룬 성업의 역사를 살펴보면 하늘이 命한 뜻이 무엇인지 알 수 있다. 그것이 과연 무엇인가? 하늘의 뜻에 대해 무지하고 방황하는 인류를 깨우치고자 한 교육적 사명, 그리고 하나님이 이루고자 한 보편적 구원 의지가 그것이다. 인류 창조 목적인 보편적인 구원 역사에 동참하기 위해 성인의 道를 구하였고, 法을 깨달았고, 하늘의 命을 받들었다. 가르침으로 영혼을 선도하기 위해 天道를 구하고, 체득했고, 하늘의 命을 수행하는 자격을 획득하였다. 왜 佛陀는 깨달음을 얻기 위해 고행을 마다하지 않았고, 소크라테스는 영혼을 바쳐 신탁을 받들었으며, 공자는 하늘의 道 얻기를 열망했는가? 그렇게 해서 결국 하늘의 뜻을 깨달은 조건을 충족시킨 탓에 한결같이 가르침으로 일생을 바친 위대한 스승으로서 보편적인 구원 사명을 실행하였다. 그런데 天人合一은 성인으로서의 필수적인 자격 조건이기는 하지만, 최종적인 완성 조건은 아니다. 命을 받들었다면 그다음은 받은 命을 삶을 통해 실천하고 완수해야 비로소 성인으로서 등극한다. 교사로서 자격은 얻었지만, 제자와 함께한 가르침의 역사로 천직을 완수하지 못한다면 진정한 교사라고 할 수 없다. 성인도 그러하다. 天命을 깨달았다면 그 命을 받들어 만백성을 구원하는 사명을 완수해야 한다. 노자는 道를 구하고 道의 의미를 깨달았다면 그다음은 道의 원리대로 살아야 한다고 했다. 일명 '道로의 復歸'이다.[60] 공자는 "堯舜이 성인이 됨에는 하늘의 가르침을 따르고 하늘의 命을 충실히 한 데 있다고 하였다."[61][62] 하늘의 뜻과 소통하고, 하늘의 뜻을 체득하고, 하늘의 命을 받들어 인류를 선도해 보편적 구원 목적을 이루는 자, 미래의 인류사회가 필요로 하는 성인다운 인간상과 역할은 정말 무엇일까? 이상적인 인격상, 전인상, 성인상의 모습은 인생적 고뇌와 진리적 고뇌와 세상적 고뇌를 짊어진 진정한 구도자요, 수행자요, 구원자로서 하나님의 뜻을 알아 하나님의 고뇌까지 모두 짊어진 자, 그러면서도 역사 앞에 의연히 나서서 강림하신 하나님의 보편적 구원 의지, 곧 만백성을 빠짐없이 구원하고자 한 사랑의 뜻을 선포하고 가르침의 역사를 펼칠 존엄한 **스승상**이 그것이다. 그런 성인화의 길이 향후에 보편화된다고 해도 그것이 동 세대에 걸쳐 한꺼번에 실현될 수는 없으리라. 그렇다면? 언제든지 앞선 세대가 후세대를 선도함으로써 **"만인의 성인화 목표"**가 비로소 성취되리라. 이 땅에 지상 천국을 건설하기 위해서는 하나님의 뜻을 받든 성인이 각처에서 육성되어야 한다. 이들 성인이 스승으로서 자격을 갖추고 각처에서 후세대의 성인화 교육에 이바지할 때 비로소

---

60) "復歸於無物."-『노자도덕경』, 14장. "復歸其根."-『노자도덕경』, 16장.

61) 「소학의 덕 교육론」, 앞의 논문, p.71.

62) 율곡은 "성인은 天理에 순수하여 誠의 온전함을 품득(稟得)한 사람이다. 天道를 人道로 체득하여 실행하는 사람이다"라고 하였다.

"만인의 성인화 목표"가 달성될 수 있다. 어떤 통치자도, 종교 지도자도, 정진을 거듭한 수행자도, 학교 현장의 교사도, 현재 가진 인격적 요건과 전문적 지식과 경험적 지혜만으로는 만 인류를 하나님에게로 인도할 존엄한 스승으로서의 역할을 수행하기 어렵다. 강림하신 하나님의 보편적인 구원 의지를 깨닫고, 스승으로서의 본분을 다해야 한다. 그리하면 이 땅에서 세우리라고 약속된 이상적인 나라에 성큼 다가서리라. 만인의 성인화 목표는 고스란히 이 땅에서 실현될 이상사회 건설의 필수 조건이다.63)

---

63) 「법화경을 통해 본 불교의 교육 사상」, 앞의 논문, p.24.

제6편

체육 교육론

체육은 바람직한 인간 육성을 위한 교육적 수단으로서 기여되어야 한다는 점에서는 변할 수 없는 역할이지만, 인간은 또한 사회적 동물이기도 하므로 오늘날의 체육은 스포츠 활동을 포함해서 인간을 도덕적, 정신적, 신체적, 운동 기능적, 그리고 사회적으로 훌륭한 인재를 육성하기 위한 교육 효과적 수단으로서도 역할을 다해야 한다. 실제로 체육을 통한 사회성 발달 노력은 여러 곳에서 나타나고 있다. 특히, 미성숙한 청소년이 체육을 통한 심신 수련으로 스스로 옳은 것과 그른 것을 구별할 줄 알게 되고, 그럼으로써 자연적으로 정의감과 투철한 책임감 및 인내력을 몸에 지니게 된다. 체육과 스포츠를 통한 훌륭한 인격 개발과, 고도로 발전해 나가는 산업 사회의 물질문명에 반비례하여 타락해 가는 인간성 상실의 회복에 학교 체육의 역할이 절실하다.

제16장 개관(체육의 필요성)

　智·德·體이든 體·德·智이든 체육은 전인 교육을 위한 필수 요소에 속한다. 이후에 펼칠 **"도덕 교육론"**과 함께 전체적으로는 전인성 육성 관점 안에서 구성해야 하겠지만, 앞 편에서는 전인성 육성에 필요한 덕목 요소로서 접근하였고, 본편에서는 교육적 관점에서 **"체육 교육론"**을 펼치고자 한다. 본인은 학창 시절부터 운동 선수로서 활동하였고, 사범대학 체육 교육과를 졸업하고는 20대 후반부터 체육 교사로서 체육 교과를 가르치다 정년을 맞이한 만큼, 인생 삶에서, 혹은 교육 현장에서 **"체육의 가치와 필요성"**을 절감하였고, 무엇이 문제라는 것을 지적할 수 있는 안목도 확보하였다. 智·德·體 교육의 한 축을 구성한 체육 영역을 전인 교육의 구성 요소로서 보완할 수 있는 경험 세계를 확보한 것은 어쩌면 "세계교육론"을 완성할 수 있는 조건을 갖춘 것이라고 할 수 있다.

　학교 현장에서 제도적으로 적용되고 있는 체육은 다른 교과목과는 분명 구분된 특성을 보인다. 다양한 교육 목적을 달성하기 위해 '신체 활동'을 매개로 한다는 데 있다. 그리고 학교에서는 교실 건물과 함께 운동장이 있는 것처럼, 교육적인 활동 면에서도 그만큼 구분된다. **"체육의 필요성"**에 대한 인식과 함께 체육(Physical Education)이란 용어가 처음 등장한 것은 19세기 중반으로 1840년, 하버드 대학의 생리·해부학 교수였던 존 와렌(John Warren)이 그의 저서에서 처음 사용하였다. 비교적 다른 학문보다 늦게 출발한 체육학에 기초하다 보니 우리나라에서는 스포츠·게임·운동·레크리에이션과 같은 용어와 혼용하였다. 체육이란 명칭에도 문제가 있는데, 영어와 한자에서의 체육이란 단어는 철학적으로 몸과 마음을 구분한 이원론적 개념이다. 글자대로 해석하면, 체육은 '신체의 교육' 또는 '신체의 육성'이란 의미를 지닌다. 그만큼 신체 활동을 통한 심리적, 사회적 측면에서의 교육적 가치가 무시될 수 있고, 실제로 체육은 전적으로 신체를 단련하거나 훈련하는 교육 활동으로 오인되기도 했다. '체육학'은 체육 교육과 달리 "인간의 움직임 현상을 철학·역사학·생리학·사회학·심리학·역학·인류학·영양학 등 학문적 측면에서 접근을 시도하고 있지만, 이 연구는 전적으로 체육의 교육적인 역할과 필요성에서 신체 활동을 통한 인간성 육성과 제반 삶의 추구 정신을 진작하고자 한다.[1]

오늘날 체육 교육은 학교 현장에서 중요성이 증대되고 있다. "학생은 체육 활동을 통해 신체적인 건강을 유지·증진하고 공동체 의식과 사회성을 함양하는 등 미래 사회에 필요한 인재가 갖춰야 할 품성과 덕성을 키운다."[2] 하지만 이런 원칙적인 인식과 달리 체육 교과에 대한 편견이 만만찮고, 공부를 입시로 연결하고 엘리트 선수 육성에 집중하고 있는 환경 속에서 체육의 교육적 가치가 경시되고, 교육 과정 또한 정상화되지 못한 실정이다. 더군다나 교육관계자들은 개인적 주장, 정치적 논리, 사회적 쏠림 현상에 따라 교육과정을 개정할 때마다 체육 수업 시수를 축소하였다. 주된 원인은

---

1) 『스포츠의 세계』, 하남길 편저, 21세기 교육사, 1997, p.258.
2) "학교 체육 인식 전환 시급하다."-김승철 저, 한국교육신문, 2010.7.26. 5면.

"서구 합리주의 교육관의 영향을 받아 主知主義 성향을 띠었고, 그런 인식 탓에 체육이 기능 중심 교과로서 위상이 위축된 탓이다. 예체능 과목으로 묶어 사교육비의 주범이라는 명에까지 써 평가 영역에서마저 홀대되었다."3) "신체를 통한 교육"으로서, 혹은 인간의 움직임을 과학적, 예술적으로 탐구하는 학문으로서 20세기 후반이 되어서야 새로운 독자 영역을 구축해 체육의 본질과 학문적 성격을 체계적으로 연구하게 되었다. 아직은 교육 역할적 필요성을 원리적으로 정립하지 못한 실정이다. 이에 이 연구는 체육의 일반적인 필요성을 재고하면서, 어떤 측면에서 다른 교과목과 다른 특별함이 있는가에 논거를 두고자 한다. 즉, 신체 활동의 건강 가치적 측면, 사회 가치적 측면, 그리고 전인 교육의 필요성 측면에서 접근하고자 한다. 신체 활동을 통해 획득한 일련의 "체육적 앎과 그것을 이루어 가는 과정은 다른 교육 과정을 통해 인식한 앎과는 다르다. 경험 분야인 체육 교과는 인간의 움직임 현상을 정의하고, 분류하고, 기술하고, 서로 관련시키는 기능을 행함으로써 움직임, 체육, 스포츠 그리고 계획된 경험 활동의 개념을 이론화하는 작업이 다른 교육 과정과는 차별화된다(Jewett Bain & Ennis, 1995)."4)

먼저 일반적인 체육 교과의 필요성 재고로서는 인간의 삶과 행복의 요소 중에서 기본인 건강 가치적 측면이다. 굳이 강조하지 않더라도 건강은 생활의 기초이고 건강한 삶의 기반 위에 이상이 꽃핀다. 몸이 건강해야 삶이 건강하고 행복할 수 있는데, 이런 요구를

---

3) 『실존주의와 함께 한 학교 체육 제 모습 찾기』, 앞의 책, p.49.
4) 사실 "체육 교과의 본질은 지적 능력과 특정 기술의 함양을 강조하는 일반 교과와 달리 신체적, 표현적 활동과 정서적 감수성을 중심으로 하는 실기 활동의 교과로 인식되는 경향을 지님."-위의 책, p.161.

학생의 성장기를 담당한 체육 교과가 다양한 측면에서 뒷받침해야 한다. 본인은 체육 교사로서 교단에 있을 때 이제 막 어린 티를 벗고 청소년의 관문에 들어선 중학교 신입생들에게 체육 교육 활동이 왜 중요한 것인지에 대해 설명할 필요성을 느낀 적이 있다.

처음 오리엔테이션 과정이 다 그렇겠지만, 자신이 가르치는 과목이 중요하다고 강조하는 것은 마찬가지이다. 하지만 체육만큼은 구분된 특성이 있다. 다른 과목은 이론적인 것이 대부분이지만 체육은 거의 운동장에서 이루어진다. 초등학교에서는 신체 발달이 미숙한 관계로 흥미를 더한 놀이 위주로 활동성을 높였지만, 중학교에서는 더 체계화시킬 필요가 있다. 특히 중학교는 키가 많이 크는 시기인 만큼, 규칙적인 운동, 적절한 영양 섭취, 휴식이란 삼박자가 맞아야 평생 건강의 기초가 다져진다. 학자에 따라서는 신체와 정신을 따로 보는 경우도 있지만(심신이원론), 몸이 아프면 자연히 마음도 약해지는 경우를 경험한다. 신체와 정신은 떨어질 수 없으므로 정신을 굳세게 하기 위해서는 신체, 즉 몸이 건강해야 한다. 튼튼한 몸의 기초 위에 정신이 안주해야 존재적으로 안정감을 갖는다. 몸이란 받침대는 약한데 그 위에 정신이 크면 균형을 잃어 인생의 기대가 허물어진다. 정신은 마음을 포함해 의지, 신념, 용기, 인내, 자신감, 믿음, 가치 등 본질적인 요소를 내포하므로 이 같은 정신력을 다양한 신체 활동으로 북돋워야 한다. 오래달리기를 통해 가쁜 숨을 참고 완주하는 과정에서는 인내력을 기르고 해내었다는 성취감을 얻는다. 튼튼한 몸의 기반 위에 꿈과 포부를 얹어 놓았을 때, 이것이 꿈을 이루게 하는 조건이 된다. 자칫 오해하길, 체육은 신체를 단련하는 활동으로 알기 쉬운데, 정확하게는 신체 활동을 통하여 언급한바 체력적인 요소와 정신적인 요소를 함께 길러 삶의 행복과 기쁨을 구하는 것이다. 학생마다 1인 1기 운동에 적극적으로 참여하여 건전한 여가 활동과 건강한 삶의 기초를 마련하자. 지금 이 운동장에서 말이다.

과학의 발달로 문명의 이기들이 기계화된 지금은 인간의 일상생활에서 신체 활동의 기회가 줄어 "현대 도시인들은 자칫하다가는 걷는 법마저 잊어가고 있지 않은가 우려할 지경이다."5) 확연하게 늘어나는 학생들의 비만 문제, 체력의 급격한 저하 현상, 건강을 위협하는 각종 성인병 문제 등등 건강이 아무리 삶의 기초라고 외쳐도 학교 교육은 이런 현실적인 문제를 알면서도 외면한 실정이다. 이런 문제는 영국의 존 로크가 생존했을 당시의 유럽 사회에서도 형태를 달리한 문제가 있었던 것 같다. 그는 지적하길, "대부분 아동의 신체는 귀엽게 기르는 것과 지나친 염려로 쓸모없는 인간이 되거나 혹은 해를 받게 된다고 하면서 당시의 인식 수준에서 신체 단련의 필요성을 강조하였다. 즉, 현명한 사람은 바른길을 갈 것이며, 신체가 허약한 사람은 바른길을 갈 수 없을 것이다. 심신이 건강한 사람은 타인의 조력이 필요치 않을 것이다. 곤란과 피로에 인내할 수 있기 위하여 강한 신체가 얼마나 요구되는가 하는 것은 증명할 필요가 없이 명확한 일이다."6) 세상의 귀한 보물을 가졌더라도 건강을 잃으면 소용이 없으리라. 인생을 살아가는 것은 행복을 구하기 위함이고, 행복을 얻는 데는 많은 요소가 있지만, 그중 기반이 되는 것은 바로 건강이다. 그런데도 정작 이 같은 필요성을 인식한 것은 근대를 연 서양의 지성들로부터였다. 서양의 중세에서는 육신을 욕망과 죄악의 온상으로 여긴다든지(기독교), 동양의 유교 사회에서는 땀 흘리는 일은 하인이 하는 일 정도로 여겼다(조선의 양반 사회). 그런데 언급한 경험론 철학자 존 로크는 "건강한 신체

---

5) 『한국의 전통 무예』, 임동규 저, 학민사, 1990, p.5.
6) 『서양 체육사』, 앞의 책, p.82.

에 건강한 정신이 깃든다(A Sound mind in a Sound Body)"라는 유베날리스의 말을 인용해 당시로서는 획기적인 사상을 피력하였고, 그로부터 체육은 인간의 질적 삶을 향상하는 데 필요한 교육적 요소로 자리매김하였다. 이른바 智·德·體를 겸비한 인격체 육성이 그것이다. 그런데도 지금은 과학의 발달로 생활은 편리해졌지만, 비례적으로 신체 활동의 기회가 줄어들어 만인의 건강을 위협하고 있다. 체육 활동의 필요성과 가치를 자각하여 성장하는 시기부터 건강한 삶을 위한 신체 활동을 적극적으로 경험해야 한다. 어차피 현대 문명은 물질문명 체제다. 기계를 다루지 않으면 생활할 수 없는데, 기계는 다름 아닌 운동 신경을 발달시켜야 하는 기능상의 문제이다. 오늘날 교통사고의 80%가 기계가 아닌 인간적 실수로 일어나고 있다는 통계치만 보더라도 청소년은 다양한 운동 경험을 통해 기계문명을 원활하게 수용할 수 있도록 운동 신경을 발달시켜야 한다. 운동 경험은 내일이면 늦다. 규칙적으로 운동하는 습관을 기르고, 체력 관리를 철저히 하여 사회에 나가서도 스포츠를 통해 이웃과 교제하고, 여가를 즐기며, 건강하고 행복한 가정을 이루도록 지금부터 당장 발걸음을 옮겨 놓아야 한다.

체육은 바람직한 인간 육성을 위한 교육적 수단으로서 기여되어야 한다는 점에서는 변할 수 없는 역할이지만, 인간은 또한 사회적 동물이기도 하므로 "오늘날의 체육은 스포츠 활동을 포함해서 인간을 도덕적, 정신적, 신체적, 운동 기능적, 그리고 사회적으로 훌륭한 인재를 육성하기 위한 교육 효과적 수단으로서도 역할을 다해야 한다."[7] "실제로 체육을 통한 사회성 발달 노력은 여러 곳에서 나

---

7) 「존 듀이의 심신일원론에 근거한 체육 철학 연구」, 장지규·정한종 저, 진주농전대 논문집,

타나고 있다. 특히, 미성숙한 청소년이 체육을 통한 심신 수련으로 스스로 옳은 것과 그른 것을 구별할 줄 알게 되고, 그럼으로써 자연적으로 정의감과 투철한 책임감 및 인내력을 몸에 지니게 된다. 체육과 스포츠를 통한 훌륭한 인격 개발과, 고도로 발전해 나가는 산업 사회의 물질문명에 반비례하여 타락해 가는 인간성 상실의 회복에 학교 체육의 역할이 절실하다.”8) 체육이 이런 요구에 부응할 바람직한 사회적 품성과 가치를 기르는 교과목인 것은 몸을 수단으로 신체 활동으로 체득(體得)한 앎은 체험적 앎이자9) 경험적 가치 인식으로서 책상머리에 앉아서 배우는 지식적 앎과는 차이가 있다. 무엇을 알게 할 것인가와(교과 교육 과정) 무엇을 경험하게 할 것인가 하는 교육 목표는 다르다(경험 교육 과정). 체육은 경험을 통해 아는 교육의 범주에 있어 몸을 통해 소정의 과정을 경험함으로써 앎을 획득하게 하는 교육이다. 곧, 경험으로서 아는 知의 특성은 경험하지 않고 아는 知의 특성과 구분된다. 知 자체만으로 교육이 완전할 수 없는 당위 이유이다.10) 서양 인식론은 인간이 외부로부터 받아들이는 지식적 앎에 있어 창구를 획일화한 우를 범했다. 경험을 통한 백지설이라든지 합리설, 칸트의 이성을 기준으로 한 종합설 등, 인식 수단의 제한으로 인해 서양 문명은 본질 세계를 볼 수 없었고, 神과 물 자체의 세계와 교감할 수 있는 교통로가 단절되어 버렸다. 우리는 사고하는 순수 정신 활동을 통해서도 지식을 습득하지만, 경험을 통해서도 앎[知]이 생기고, 운동을 통해서도 지

　　1992, p.172.

8) 위의 논문, p.171.

9) 『실존주의와 함께 한 학교 체육 제 모습 찾기』, 앞의 책, p.236.

10) 『지식의 구조와 교과』, 이홍우 저, 교육 과학사, 1999, p.39.

각 활동이 이루어진다. 문제는 경험적, 체험적 운동을 통한 체득적 앎은 사고를 통한 관념적 앎과 엄격히 구분된다는 사실이다. 관념적 知는 말 그대로 사고적 이치를 다진 범주 안에 있지만, 신체 활동을 통한 체득적 앎과 통찰은 의지적, 신념적, 가치적 인식과 연관되어 본성(인성), 품성, 태도, 인격 형성에 큰 영향을 끼친다. 다시 말하면 인간이 사회생활에 필요한 품성, 즉 친화성, 성실성, 책임감, 인내심, 소명 의식 등은 신체 활동을 통한 체육 교과를 통해 적극적으로 육성할 수 있다. 세상의 미세한 형체와 형상 하나라도 참고 인내하지 않고 숱한 기다림 없이 이루어진 것은 없는데, 이 인내심은 도대체 어디서 어떤 방법을 통해 기를 수 있는가? 알고 보면 체격과 체력의 차이가 현저한 청소년 시절, 심신의 발달 도상에 있는 학생에게 있어서 '체격과 체력'은 성격과 태도 형성에 큰 영향을 미친다. 이런 신체의 외적, 내적 조건과 활동성은 모두 한 인간의 사회적 품성과 인격과 임할 가치 인식 함양과 관련되어 있다. 이런 영향력을 바람직한 방향으로 이끌기 위해서는 가치 인식과 품성 형성에 직접적인 영향을 끼치는 체육 활동(신체 단련 또는 체계적 훈련 과정 포함)을 통해 연관성과 중요성을 재고하지 않을 수 없다. 체육의 교육 목적 달성을 위한 의도적 '신체 활동'은 이런 활동 과정을 통해야 비로소 사회적 가치를 수용, 습득, 인식할 수 있다. 그렇다면 어떻게 일련의 체육 교육적인 활동이 사회적 품성에 해당한 인내력, 단결심, 협동성 같은 품성을 기르고 가치를 인식하게 하는가? 바로 경험 과정을 통한 결론적 인식과 성취감을 통해서이다. 선험적 인식에 의한 도덕, 윤리 판단 문제와는 다르다. 오직 행동하고 경험하지 않고서는 도달할 수 없는 결과론적 통찰이요, 땀 흘리고 인내하지 않고서는 구할 수 없는 품성적 가치 인식이다. 신체로서 도달한 한계 의식을 통해서 소중한 인간 실존에 대한 가치가 생성된다는 것, 이런 사실을 우리는 경이롭게 받아들이고 체육 교육의 방향을 새롭게 설정할 수 있어야 한다.

다음은 전인성 교육 목적 달성 측면이다. 근본적으로 지난날에 신체(몸)를 배제한 지적 위주의 교육 목적 달성 노력은 영원히 이루어질 수 없는 환상에 불과했다. "체육은 인간 완성을 궁극적 목표로 삼는 하나의 중요한 사상이다. 체육은 단순한 기술이 아니다. 인간 육성을 위한 높은 정신성 기술이다. 이때 기본이 되는 것이 신체의 훈련, 기술의 연습을 통하여 마음을 더욱 높여서 닦아가는 것이다. 마음으로부터 신체로 가는 것이 아니다. 신체로부터 마음으로 나가는 것이며, 마음은 신체의 훈련을 통해 점차 향상되어 간다. 서양식 이원론은 정신과 물질, 마음과 신체를 구별하지만, 신체와 마음은 결국 분리될 수 없는 하나이다."11) 아이러니하게도 불교에서 실행한 신체 수행의 목표는 마음에 있었다. 신체 훈련 또는 수련을 통해 가장 높은 정신 차원 경지인 깨달음을 얻고자 하였다. "한국의 전통 사상에서 말하는 修身 교육도 身과 心을 병행한 연관성 교육을 의미한다."12) 플라톤은 "나는 체육 교사다. 나의 주업은 사람들을 신체적으로 아름답고 강하게 만드는 것이다(『고르기아스』)"13)라고 하였다. 이런 과제는 방어 능력의 고양을 꾀하는 군사 교육의 영역에 머무르는 것이 아니다. 전인적 능력의 고양을 꾀하는 전체 교육적 성격을 띤 것이다. 체육의 필수 역할 탓에 "20세기 초부터는 초

---

11) 「체육의 새로운 이해」, 이진수 저, 한양대학교, p.12.
12) 『체육 철학』, 오진구 저, 앞의 책, p.174.
13) 『고대 그리스의 교육 사상』, 앞의 책, p.41.

점이 전인 교육으로 옮겨졌고, 굴릭(Gulike), 우그(Woog), 헤더링턴 (Hetherington) 등에 의해 '신체를 통한 교육'으로 소개되기 시작하였다."14)

　체육이 신체 활동을 통해 인간 완성에 참여해야 하는 이유는 身을 통해 心과 일치되는 길을 열기 때문이다. 마음은 신체의 목적적인 도야와 의지적 수련, 체계적 훈련을 통해 변화를 일으킨다. **신체 활동을 통한 체육은 인간 완성을 지향한 지극한 道이다.** 그 완성도 높은 극치 도달 준거가 심신의 일치성 여부에 달려 있다. 체육은 인간 교육의 목적을 달성하는 데 있어 피할 수 없는 역할적 가치이다. 심신을 병행한 교육 목적 달성 노력이 없다면 하나님이 인류를 통해 이루고자 한 궁극적인 창조 목적 달성도 기대할 수 없다. 심신의 일체 상태는 비단 철학적, 논리적, 세계관적 해결 과제인 것만은 아니다. 교육과 수행으로 도달해야 할 지고한 목표이다. 체육 교육이 인류의 궁극적인 문제까지 수용해야 하는 것은, 체육은 인간 교육에 있어 근본적인 열쇠를 지녔고, 지침으로 삼는 이상과 사명을 지녀서이다. 그것이 무엇인가? 체육은 뭇 삶의 정열을 정신적으로 몰입시킴으로써 해체된 인간 질서를 바로잡고, 만연한 타락과 죄악으로부터 뭇 영혼을 구제할 수 있는 위대한 교육적 수단인 탓이다. 인간성을 완전하게 배양할 수 있는 사회적 터전을 마련하고, 건강한 삶을 영위할 수 있는 추구 가치를 제공함으로써, 이 땅의 모든 인간이 행복하게 살 수 있는 지상 천국 기반을 다질 수 있으리라.

---

14) 『체육 철학』, 오진구 저, 앞의 책, p.247.

제17장 신체관의 역사

　체육 교육의 목적은 신체 활동을 통한 바람직한 인간성 육성에 있는 만큼, 기대한 바를 달성하기 위해서는 신체 활동과 인간성과의 연관성을 밝히는 것이 중요하다. 인간성은 제반 가치를 인식하고 지각하는 정신 작용과 연관되어 있어, 결국 체육 교육은 신체와 정신과의 연관성을 밝히는 것이 해결 과제로 등장한다. 이런 주제를 요약하면 정신, 마음, 영혼, 사고 대 육체(신체), 물질, 몸, 행동과의 연관성 문제라고 할 수 있다. 흔히 귀에 익은 심신이원론 대 심신일원론, 물질이 먼저냐 정신[心]이 먼저냐 한 유물론 대 유심론(관념론) 간의 대립은 철학상으로도 중요한 문제이다. 인류가 체육을 통해 원대한 교육적 이상을 달성하고 완수하기 위해서는 지성들이 고심한 심신과의 연관성 문제를 선행해서 해결해야 했다. 하지만 선천의 어떤 철학자도 여기에 대해 진리적으로 결론을 내린 바는 없다. 체육이 오랜 세월 동안 이상적인 목적 달성에 미치지 못했고, 지금에 이르러서도 정상화되지 못한 실정이다. "이런 문제점을 자각한 체육학자들 중에는 체육의 새로운 패러다임 형성이 필요하다고 보고 나름대로 대안을 제시하였다. 유상건(1993)은 체육학적 패러다임의 전환이 이루어져야 하는 이유로 심신이원론의 세계관을 들었다."[1] 심신을 분리해서 독립시킨 신체관은 예나 지금이나

---

1) 『체육 철학 사상 연구』, 앞의 책, p.265.

교육 목적을 달성하는 데 있어 크게 배치된 사상인 탓에 반드시 넘어서야 할 철학적 과제가 곧 신체관의 통합이다. 이런 문제를 우리는 체육을 정식 교과목으로 제도화시킨 서양 철학에 기대해 보지만, 그들은 오히려 심신을 애써 분리하는 데 공헌한 이원론자들이므로 신체와 정신과의 연관성 문제를 풀 지혜를 구할 수 없다. 더군다나 "서양 철학에 바탕을 둔 체육의 본질은 때마침 유행한 과학 문명의 발달과 맞물려 일방적으로 과학적 탐구 영역으로 끌려가고 말았다. 신체에 관한 과학적 접근은 스스로 한계를 노출했다. 특히 20세기 학문을 대표하는 서양 철학의 관점에서 본 체육의 본질은 신체관을 이중주의적 구조 원리로 이해해 '총체적인 인간' 의미의 접근을 실패하게 만든 원인 중 하나이다."[2] 체육 본질의 가장 중요한 선행 과제가 심신관을 새롭게 정립하는 데 있는데, 해결하지 못하면 체육의 교육적인 목적 달성이 답보상태를 면할 수 없다. "오늘날 체육학은 안타깝게도 체육의 개념 자체에서 '신체의 교육'인지 '신체를 통한 교육'인지 혼미를 거듭하고 있다. 거듭 말해 심신 관계에서 뚜렷한 철학적 근거를 찾지 못했다."[3] 왜 몸(신체)이 이 시대에 교육의 화두가 되어야 하는가? 몸은 그동안 정신의 부속물 쯤으로 여겨 왔고, 학교 교육은 머리의 문제에 함몰되어 몸(신체)의 독자성을 잃어버렸다.[4] 결코 쉬운 문제가 아니다. 풀기 위해서는 인간에 관한 심층적 탐구와 고찰이 있어야 하고, 종국에 해결해야 할 근원적인 진리적 과제이다. 심층적, 근원적인 것만큼이나 장애물을 넘어서기 위해서는 지난날 지성들이 가진 심신관의 역사와 양

---

2) 「양명학의 체육 철학적 연구」, 앞의 논문, p.2.
3) 『체육 철학』, 김대식 외 2인 공저, 앞의 책, p.361.
4) 『도덕 교육의 담론』, 앞의 책, p.79.

자를 연결하고자 한 일련의 노력을 살펴야 한다. 크게 나누면 신체든 정신이든 한쪽만 중시한 경우, 양자를 애써 분리해 독립시킨 경우(심신이원론), 그리고 일치시키고자 한 경우가 있다.

"인간의 심신 관계 논의는 기원전 500년경 신체로부터 영혼을 분리한 헤라클레스, 뒤이어 신체에 대한 정신의 우위성을 강조한 플라톤이 있었고, 중세 시대의 아우구스티누스를 거쳐 근대의 데카르트로 이어진다. 심신이 일원적이냐 이원적이냐 하는 것은 시대의 흐름에 따라 변화한 것이 아니다. 고대부터 두 가지 사상이 존재했으며, 당대 학문의 흐름에 따라 주장되었다. 즉, 고대 이집트인은 죽은 영혼이 살아 있는 인간과 마찬가지로 물질적인 것이 필요하다고 믿어 무덤을 정상적인 가정과 같이 꾸몄다. 신체와 영혼 모두 분명한 경계선을 가진 특정 영역으로 보지 않았다. 고대 그리스인에 있어서 심신의 구별은 정령론적 신체 사상처럼 미분화된 일체성으로부터 분화되었다. 신체와 영혼을 상반된 개념으로 보면서도 상호보완적으로 받아들여 인간이 자기 신체를 깨닫는 순간 영혼을 동시에 발견할 수 있다고 한 심신 일체성을 낳았다."[5] 이런 생각 탓에 그리스인은 앞장서 전인성 교육의 일환인 심신을 조화시킨 역사적 선례를 남겼다. 하지만 그리스인이라도 사상가에 따라서는 견해를 달리한 신체관을 가졌다. 소크라테스는 인간의 혼·정신·마음을 신체의 주인으로 보고, 신체는 노비라는 생각을 가졌다.[6] 플라톤은 말한바 "보통 체육가는 다만 근육의 발달을 위하여 운동과 음식을 사용하며, 운동으로 완력의 증대를 도모하고 있다. 그러나 체

---

5) 「존 듀이의 심신일원론에 근거한 체육 철학 연구」, 앞의 논문, p.165.
6) 『서양 체육사』, 앞의 책, p.44.

육의 참다운 목적은 정신의 진보에 있다"7)라고 하였다. 여기서 짚고 넘어갈 것은 그와 같은 교육적 관점이 있었다 해도 심신을 연결할 수 있는 확실한 철학적 논거는 없었다. 그리고 플라톤은 현실(육체)보다는 이데아(정인, 혼)의 세계가 영원하다고 본 서양 관념론의 시조가 아닌가? "인간은 신체와 정신의 두 요소로서 성립되어 있고, 인간을 인간답게 하는 것은 정신이며, 신체는 단순한 용기(容器)에 불과하다고 여겨 경시한 전통적인 심신이원론 사상의 원류를 이룬 것이다. 기독교의 원죄설(原罪說)은 이런 그의 사상을 더욱 견고하게 하였다. 즉, 중세 기독교의 신앙 체제하에서는 육체를 학대하는 금욕주의로 육체성을 부정하는 교육이 일반화되었다. 육체 강화가 욕망을 증대시켜 정신적 자유를 위험하게 한다는 논리는 이후 르네상스의 휴머니즘 정신에 의해 제일 먼저 비판되었다."8) 하나님은 모든 인간을 善하게 창조하였는데, 그 영광을 선조의 원죄 하나로 뒤집어씌운 것도 문제지만, 하나님이 창조한 신성한 육체적 가치를 부정한 것은 심대한 모순이다. 이런 문제를 개선하기 위해 존 로크는 "건강한 신체에 건강한 정신이 깃든다"란 명제를 통해 신체적 건강이 인간 삶에 끼치는 중요성을 강조해 교육을 근대적으로 전환하는 계기를 마련했다. 하지만 심신이원성을 극복한 것은 아니다. "건강한 신체와 건강한 정신은 다름 아닌 데카르트의 심신이원론 사상을 반영한 것이다. 데카르트에 의하면, 몸과 마음은 실제로 구별되어 있다. …… 인간의 몸과 마음은 서로 의존하지 않고 따로 존재할 수 있다."9) 몸은 배에 해당하고 마음은 항해사에 해당한다.

---

7) 『체육 철학』, 김대식 외 2인 공저, 앞의 책, p.361.
8) 『존 로크의 교육 사상을 이해한다』, 앞의 책, p.59.
9) 『체육 철학』, 김대식 외 2인 공저, 앞의 책, p.200.

신체는 물질세계의 일부로서 자연을 움직이는 기계론적 법칙에 따라 움직인다고 설명하였다. 데카르트는 몸과 마음이 어떻게 서로 작용할 수 있는지에 대한 반문에 봉착하였고, 이런 문제를 풀지 못한 채 현대 사회로 배턴을 넘기다 보니 정신을 우위에 둔 심신이원론으로 인해 신체를 다룬 체육이 타 교과에 비해 경시된 것이 사실이다.10)

심신이원적 신체관이 서양 사상사에서 주류를 이루기는 했지만, 동서양 전체 역사를 두고 보면 몸과 마음이 하나라고 본 심신일원론도 병행하여 펼쳐졌다. 서양의 사상가로서는 기독교 교리의 기초를 터 닦은 사도 바울을 들 수 있다. 바울은 "인간이 신체를 소유한 것이 아니고 신체 자체가 인간이라고 보았다. 이런 생각은 서양의 전통적인 심신이원론을 극복할 수 있는 전초이자 현대 체육의 이상적 지향점인 전인 교육의 근거가 되기도 한다."11) 이런 몸 사상을 하나님과 연관해서 발전시켰더라면 하나님에게로 나가고자 한 신앙관에도 큰 도움이 되었을 텐데, 알다시피 중세 기독교가 단절시킨 것은 안타까운 일이다. 기독교적 이원론은 영혼을 불멸의 독립적인 실재로 간주한 반면 몸은 영혼을 잠시 담아 놓은 그릇 정도로 여겼다. 하지만 동양에서는 몸을 서양처럼 물질화시키지 않았다. 서양은 인간의 정신을 뇌로 집중시켰지만, 동양은 정신을 몸 전체로 분산시켰다. 몸은 氣의 복합체로서 우주 창조의 정보를 담고 있다. 불교에서는 감각도 정신 작용을 하는 '몸의 의식'이라고 했을 정도로 **의식은 온몸이 참여한 신체의 총체적인 메커니즘이자 우주**

---

10) 위의 책, p.45, 238.
11) 『체육 철학 사상 연구』, 앞의 책, p.107, 124.

의 운행 질서와 함께한 교감 시스템이었다. 일원적 신체관 위에서는 심신을 분리하므로 대두된 연결 문제가 아예 생겨날 수 없다. 그런데도 독립시킨 데카르트는 정신과 물질은 이원론 상태로 놔두어도 상관없지만, 정신과 신체는 하나의 인간 개체 속에 합체되어 있는 탓에 반드시 해결해야 했다. 이런 문제에 대해 고심한 데카르트는 이윽고 정신과 신체가 만나는 지점이 물리적으로 존재할 수밖에 없다고 결론 내리고, 그 부분을 간뇌에 붙어 있는 '송과선(松科腺)'이라고 하였다. 지금 보면 터무니없는 견해인데,12) 이 말은 심신이원론적 접근으로서는 그 무엇을 통해서도 연결 문제를 해결할 수 없었다는 뜻이다. 이원론 극복은 해결할 보다 상위의 세계관, 즉 몸과 마음, 정신과 물질을 포함해 천지 만물을 있게 한 창조관의 정립이 선행되어야 했다. 정신과 신체와의 관계는 체육의 신체관은 물론이고 세계관적으로도 피할 수 없는 난제라 플라톤, 아리스토텔레스, 아퀴나스, 데카르트, 칸트를 막론하고 거의 모든 철학자의 주요한 관심사였다.

문제의 요지란 영혼은 육체와 분리될 수 있는 이원론적인 것인가, 아니면 영혼과 육체는 분리될 수 없는 일원론적인 것인가에 있다.13) 일원론적이라면 정신과 육체 간에 상호작용이 존재하는가, 육체가 정신에 의존한다면 육체가 정신보다 더 근본적인가, 혹은 그 반대인가?14) 이런 문제는 정신과 육체를 처음부터 아예 구분하지 않은 동양의 일원론적 인간관을 통해 심신 통합의 지혜를 접할 수 있다. 서양에서 정신은 물체인 신체와 엄격히 구분하지만, 동양

---

12) 『사람이 알아야 할 모든 것 철학』, 앞의 책, p.240.

13) 『오늘의 철학적 인간학』, 진교훈 외 공저, 경문사, 1997, p.51.

14) 『교육 철학』, George R. Kmight 저, 앞의 책, p.27.

의 정신은 신체와 동의어로 사용한다. 신체는 정신과 육체의 합작체이다.[15] 심신의 결합과 일체는 새삼스러운 사실이 아니다. 양자는 처음부터 통합되어 있었다. 그런데도 생소하게 들리고, 이런 사상을 오히려 비합리적이라고 배척한 것은 근대에 선진화된 서양 문물을 받아들이는 과정에서 이원론적 사상에 너무 깊이 빠진 탓이다. 이해하는 데 있어 문제가 있은 것도 사실이다. 동양 사상을 대표하는 萬物一體, 梵我一如, 理氣一元, 色卽是空 등은 세상의 질서 안에서는 존립할 수 없는 개념이다. 하물며 정신과 육체, 물질과 정신이 하나란 것은 더욱 그러하다. 그런데도 세계의 이원성 문제를 해결하고 심신의 조화 차원을 넘어 대립성을 극복하는 방안이 있다면? 창조주 하나님으로부터 지혜를 구하는 것이다. 강림하신 보혜사는 진리의 성령인 만큼, 역사하여 계시한 창조 본의에 따라야 한다. 데카르트의 심신이원론에 반기를 든 스피노자는 "단 하나의 실체만 존재하고, 이 실체가 두 가지 속성, 즉 생각(thought)과 연장(extension)으로 표현되었다고 하였다."[16] 천지를 있게 한 창조의 바탕 본체가 곧 심신의 이원성을 초월한 일원론의 진리적 근거이다. 모든 이원성과 양의성(陰陽)과 상대성과 대립성은 하나인 본질이 창조로 인해 양립된 구조이다. 창조 본체는 초월적, 일원적이지만 존재 본체는 분열적, 결정적이다. 심신의 이원적 양립은 창조의 확실한 증거이고, 세상 가운데서 존재하기 위한 구조적 불가피성이다. 이것을 알아야 심신의 이원성 문제를 넘어 인류의 영혼을 보다 나은 방향으로 이끌 수 있다. 그것이 무엇인가?

---

15) 「체육의 새로운 이해」, 앞의 논문, p.14.

16) 『체육 철학』, 김대식 외 2인 공저, 앞의 책, p.45.

인간은 몸을 통해 본질과 함께한 존재자이다. 몸을 통한 수련으로 기력을 충전시키면 그것이 쌓이고 쌓여 정신을 개화시키고, 의식적으로는 우주적 본질과 교감하는 길을 튼다. 맹자는 굳세고 큰 정신적 기상인 호연지기(浩然之氣)를 길러 心에 가득 차게 하면 본성이 仁義之心인 상태가 된다고 하였다. 신체의 수련이 본질적인 氣에 영향을 미치고, 氣는 志에, 志는 心에 영향을 미쳐 志氣가 강해진다.17) 충천된 기상에 心을 싣게 되면 드디어 대 우주를 향해 자아를 쏘아 올릴 수 있다. 이처럼 일체된 심신의 연결 고리란 다시 없다.

따라서 오늘날 구현하고자 하는 체육의 새로운 신체관 정립에 있어 동양인이 개척한 심신 일체관에 근거해야 교육을 통해 인류를 향상된 차원 세계로 이끌 수 있다. 신체는 정신을 포함하며, 정신은 그 속에 있다. 체육 교육은 영육을 분리할 수 없는 세계성의 차원에서 방법적으로 실행되어야 한다. 이 단계에서 지난날은 육체와 분리된 정신 영역 안에서 마음과 영혼이란 개념을 혼용하였지만, 이제는 명확히 할 필요가 있다. 크게는 정신적인 영역 안에 속하지만 상세하게 살피면 차이가 있다. 정신은 머리로 지각하고 판단하는 사고적 측면에 속하고, 마음은 희로애락과 같은 감정과 의지 작용을 포함하고 있지만, 영혼은 의식을 통해 존재한 본질과 깊이 연관되어 있다. 만상을 있게 한 본질적 바탕이 그러하듯, 영혼은 뭇 존재자가 피할 수 없는 생멸 현상을 초월한 측면을 지닌다. 영혼불멸론이 거론될 정도로 영혼은 정신의 영역 중에서도 가장 고차원의 실존체이고, 사실상 존재한 상태에 대한 차이를 제외한다면 영속이

---

17) 「맹자의 수양론」, 성태용 저, 태동고전연구, 11집, p.51, 171.

가능한 실체이다. 이런 문제는 다시 거론할 기회를 가지겠지만, 중요한 것은 체육 교육은 존귀한 영혼적 실체를 볼 수 있는 마음의 필요조건을 신체적인 완숙 상태로 갖출 수 있다는 데 있다. 가능한 것은 몸은 존재한 본질을 양성하고 보존하는 집약체로서, 수행으로 충전된 의식은 몸이 가진 조건 전체를 통괄해서 우주적인 본질을 인식할 수 있게 한다. 영혼적 실체는 신체의 정려한 수련 과정으로 유리된다. 부단한 도야 과정을 통하여 일정 시기 완수된 극점에 이르면 온갖 신체적 장애를 걷어냄과 함께 고귀한 영혼이 드러난다. 지성들이 그토록 궁금하게 여긴 신체와 정신과의 관계에 있어서, 신체의 목적적인 수련 활동이 정신의 지적 일깨움에 영향을 끼쳐 지극한 정신 경지에 도달하는 상태가 이 순간 밝혀진다. 심신일원론적 시각을 가진 바울은 신체관의 중요성을 찬양함과 함께 또 준엄하게 경고하길, "너희가 하나님의 성전인 것과 하나님의 성전이 너희 안에 거하신 것을 알지 못하느뇨. 누구든지 하나님의 성전을 더럽히면 하나님이 그 사람을 멸하시리라. 하나님의 성전은 거룩하니 너희도 그러하니라(고전 3: 16~17)." "몸은 성령의 지배를 받는 하나님의 성전이요 그리스도의 지체이다(고전 6: 15, 19)." 하나님의 몸 된 본질적 요소가 창조된 존재와 함께함이고, 주자학적 견해로서는 하나인 統體一太極이 창조와 함께 만물 가운데서 各具一太極으로 이행된 탓이다. 하나님이 머물고 함께 거한 성전이 곧 인간의 몸임에, 만인은 각자의 몸을 온전히 보존하고 갖추어야 영혼을 통해 하나님과 교감할 수 있는 정신적 경지에 이르고, 인간성을 완성하게 되리라.

제18장 심신의 조화 교육

인간이 행복한 삶을 살아가고 그를 통해 이상적인 사회를 이루는 데 있어 심신을 조화시키는 것이 왜 필요한 것인지는 그렇게 하지 못한 삶과 시대를 겪은 결과를 통해 확인할 수 있다. 세계보건기구(WHO)에서는 "건강이란 질병이 없거나 허약하지 않을 뿐만 아니라 육체적, 정신적, 사회적 및 영적인 안녕이 역동적이며 완전한 상태를 말한다"[1]라고 정의하였다. 건강 상태에 대한 기준이 이러할진대, 인간이 행복할 수 있는 조건과도 연관이 있고, 이것은 고스란히 교육, 나아가서는 체육이 이루고자 하는 기준이기도 하다. 육체적, 정신적, 사회적, 영적인 안녕이 역동적이고 완전한 상태란 심신이 조화되었을 때 가능한 인간 실존의 상태이다. 이런 목표를 체육이 학교 현장에서 달성하고자 할진대, 네 가지 요소 중 육체적인 조건을 충족시키면 된다는 말이 결코 아니다. 다른 교과는 자체 영역만을 담당할 수밖에 없지만, 체육은 종합적인 접근이 가능한 특별함을 지녔다. 그런데도 현실적으로는 자칫 신체적인 영역에만 머물고 말아 그 이상의 영역을 개척하지 못한 실정이다. 심신의 조화 교육에 대한 참 의미를 곡해하여 추진 방향을 잘못 설정하였다. "심신이원론적 입장에서 체육을 정신에 대한 신체의 교육으로 취급하였고, 목적도 신체적인 건강을 위하여 덕성을 기르거나 의지를 강화

---

1) 다음 블로그.

하도록 돕는 것으로 규정했다. 체육이 정신력을 기르는 단순한 보조 학습 지위로 밀려났다."[2] 이런 인식 탓에 "몸과 마음은 둘인데 공부는 마음공부, 즉 정신교육이고, 정신만 발달하면 기형적인 인간이 되므로 균형을 취하기 위해 몸 공부인 신체 교육(체육)을"[3] 하는 것이 체육의 역할이고, 심신의 조화를 도모하는 교육인 것처럼 착각하였다. 엘리트 선수들이 운동은 잘하지만 공부는 뒤처지고, 머리가 비었다고 하는 시각을 가졌다. 신기(神技)에 가까운 운동 기능 발휘가 얼마나 고차원적인 정신 도달 경지 상태인지, 혹은 심신을 일치시킨 일여의식 상태인지 이해할 수 없었다. 음악, 미술, 기술 분야에서의 달인 등등 신체적 감각과 기능으로 이룬 기예(技藝)는 대개 온몸을 투여한 정신과의 합작품이다. 그런데도 심신의 일치 상태를 이해할 수 있는 관점은 아직도 확보하지 못했다. "천칭 저울에 정신 조금, 육체 조금 달아서 균형을 맞추는 것이 조화된 상태 기준인 것으로 여겼다."[4]

심신 부조화 역사는 오늘날까지도 극복하지 못한 상태이다. 조화를 위한 노력도 부족한 신체적 요소를 채워 균형을 이루고자 한 수준에 그쳤다. 흔히 중세 기독교가 내세 생활을 동경하고, 육체를 죄악시해 금욕주의적이고 극기심을 기르며 고난과 고통을 이기는 정신적인 근로 훈련을 강화[5]한 것을 두고 비판하지만, 현대 교육 역시 主知主義에 편중되어 아무리 발버둥을 쳐도 부조화의 늪을 헤어나지 못하는 것은 중세 시대와 크게 다르지 않다. 물론 정신과 육

---

2) 『체육 철학 사상 연구』, 앞의 책, p.264.

3) 『태권도 철학의 구성 원리』, 김용옥 저, 통나무, 1990, p.43.

4) 위의 책, p.138.

5) 『체계교육사』, 앞의 책, p.92.

체를 저울에 맞추는 수치를 따진다면 중세적 상황과 비교할 수 없겠지만, 신체를 통해서 정신적, 사회적, 영혼적인 요소를 두루 통합한다는 측면에서는 요원한 감이 있다. 중세 시대에는 그 시대대로 심신 부조화에 대해 이유가 있었다 치더라도 현대에서만큼은 극복되어야 한다. 알다시피 중세 시대는 기사 양성 같은 긍정적인 신체 교육 제도가 있었음에도, 통상 "고대나 근대와 비교할 때 '체육과 스포츠의 암흑기'라고 할 만큼, 신체문화가 크게 쇠퇴했는가? 큰 원인은 기독교주의 사상과 로마 제국의 영향에 있다. 그리스 후기의 심신이원론적 생각과, 신체는 사악한 것이라고 여긴 금욕주의적 사고, 그리스·로마 시대 운동경기(제전경기)가 이교와 관련이 있다는 인식, 그리고 로마 시대의 비천하고 저속한 스포츠와 운동경기에 대한 반감 등이다."6) 이 같은 이유로 중세 시대는 인류가 지향한 심신 조화 교육에 있어 역행된 오점을 남겼다 하더라도 현대에 이르러서까지도 형태를 달리한 부조화 선을 넘어서지 못한 이유는 무엇인가? 이상적인 심신 조화 교육을 뒷받침할 체육 철학의 정체성 탓이다. 막힌 물꼬를 틔우기 위해서는 무엇보다도 조화를 이루고자 한 과거 지성들의 노력과 사상을 살펴보고 지혜를 구해야 한다.

서양 문화 전체가 그러하듯, 심신을 조화시킨 교육에서도 고대 그리스의 교육과 시대를 이끈 사상은 소중한 本이 된다. "플라톤은 신체와 영혼을 분리된 실체로 보았고(심신이원론), 영혼에 신체가 종속되어야 한다고 생각했지만, 신체 단련의 중요성만큼은 인정한 철학자이다. 교육의 목적을 행복의 실현에 두고, 이 같은 목적을 이

---

6) 『체육사 신론』, 하남길 저, 경상대학교 출판부, 2010, p.138, 140.

루기 위해 인간은 우수한 신체와 함께 훌륭한 정신을 갖지 않으면 안 된다고 생각했다. 그래서 교육을 통해 체육·음악·문예의 필요성을 역설하였고, 특히 체육 중에서도 체조와 음악은 신체와 정신을 골고루 발달시키기 위하여 어릴 때부터 가르쳐야 한다고 강조하였다."7) 정신과 신체를 양축으로 두고 균형을 맞추고자 한 생각인데, 이런 기본적인 조화 노력이 후세대에 계승되지 못하고 퇴보한 것은 안타까운 일이다. 원인 역시 플라톤의 심신 분리 사상에 있다. 그는 "육체를 벗어난 순수한 영혼만으로 이데아를 볼 수 있고, 神의 나라에서 살 수 있다고 생각했다. 이데아나 神은 영원하고 불변적이며 초감성적 존재인 만큼",8) 아예 인간의 궁극적 목적과 생멸 현상에 있어서는 신체적 참여를 허락하지 않았다. 동일한 목적 달성, 즉 궁극적인 깨달음과 해탈 또는 열반을 얻기 위해 신체적인 수행을 적극적으로 활용한 불교적 전통과, 성인을 지향한 인격 완성을 이루기 위해 몸의 행위적 수양과 정진을 수단으로 삼은 유교적 전통과 대조된다. 플라톤이 강조한 영혼은 바로 정신의 본질이라 초월적일 수 있지만, 바탕이 된 정신 작용은 신체를 구성한 몸과 함께한 상태이다. 심원한 정신적 실체를 규명하지 못한 관계로 그의 심신 조화 사상은 수박 겉핥기식인 필요성에 그쳤고, 원 역할은 초월적인 이데아계와 분열적인 현상계를 구분한 데 있다. 이런 세계관의 영향이 육체와 정신을 이원화시켜 "정신과 초 감성계는 진정하고 고귀한 것으로 숭배됐지만, 육체와 감성계는 거짓되고 천한 것으로 폄하되었다."9) 이런 사상이 이후로 초기 교부철학의 대

---

7) 『체육 철학』, 김대식 외 2인 공저, 앞의 책, pp.176~177.

8) 『니체의 도덕 계보학』, 한국철학사상연구회 기획, 박찬국 글, 신명환 그림, 삼성출판사, 2007, p.21.

9) 위의 책, p.21.

성자인 성 아우구스티누스(이탈리아, 354~430)와 기독교에 직접 영향을 끼쳤다. 관념론인데, 관념론은 결코 우주의 본질을 대변한 완성된 세계관이 아니다. 플라톤 철학은 이후에 서양 문명을 지배하였지만, 결국 관념론에 기반을 둔 일체의 세계관, 즉 이데아론을 필두로 한 기독교 신앙, 유심론, 유신론 할 것 없이 모조리 한계성에 봉착하였다. 대립과 분열을 조장한 사상적 원류이다. 서양 문명 전체가 그러하였고, 그런 체제로 운영되는 현대의 과학 문명, 主知主義 문명, 물질문명 등이 동반 몰락 국면을 맞이하였다.

결과는 그렇다손 치더라도 고대 그리스 사회에서 실행한 심신의 조화 교육 노력과 교육 과정 구성 등은 이후 시대와 비교하여 좋은 본보기가 되었다. 특히, "체육은 정신을 맑게 하고 씩씩하게 해주며 강한 기질과 굳센 의지를 북돋워 주는 등 도덕적인 목적을 위해 장려된 교과였다."[10] 전반적으로는 신체를 단련시키는 일은 그렇게 단련시킨다는 견해를 넘어 인격체를 육성한다는 폭넓은 의미를 내포하였고, 심신의 건전한 상호작용의 필요성을 강조하였다.[11] 이런 조화 사례는 우리나라에서도 찾아볼 수 있다. 신라가 삼국을 통일하는 데 큰 역할을 한 화랑도가 그것이다. "화랑도는 원시공동체 사회로부터 존속해 오던 청소년의 심신 수련단체를 6세기 초 신라의 국세가 비약적으로 발전하자 국가적으로 양성화한 것이다. 화랑들은 심신 단련과 직관의 도야를 위해 '徒衆雲集 …… 遊娛山水 無遠不至'라고 하여 산수를 유오(遊娛)하는데 아무리 먼 곳이라도 찾아다니지 않은 데가 없었다. 아름다운 육체를 단련하여 아름다운

---

10) 『서양 교육 사상사』, 앞의 책, p.32.
11) 「존 듀이의 심신일원론에 근거한 체육 철학 연구」, 앞의 논문, p.286, 490.

정신을 길렀다. 화랑도는 우리의 고유한 사상인 동시에 신라 사회의 청년 교육이며, 국민적 정신이었다."12) 고려 시대를 거친 조선 시대는 유교적 식견과 교양을 갖춘 양반이 지배층을 이루었다. 이들은 품격 유지와 계급의식 탓에 육체를 움직이는 신체적 활동을 탐탁지 않게 여겼다. 하지만 퇴계(1501~1570)만큼은 개인적인 경험과 소견으로서 심신을 병행한 수행 정진과 교육을 몸소 실천한 큰 스승이다. 퇴계는 어릴 때부터 병약하였고, 특히 20세 전후에는 학업에 심혈을 기울여 이후부터는 고질이 되어 몸에서 병이 떠날 날이 별로 없었다. 그러나 활인심법(活人心法)과 같은 특유의 실내 체조 교범을 체득하여 당시 나이로서는 거의 천수를 다하였다. 이것은 바로 심신 병행에 대한 자성과 부단한 수련에 힘입은 결과이다. 퇴계는 말하길, "학업을 이루기 위하여 노력함도 필요하지만, 이것만을 관철하여서는 무리다. 적절한 심신의 휴양이 있어야 한다. 노력과 휴양의 두 가지가 서로 도와 나갈 때 비로소 완전하며, 그 중 어느 하나만으로는 올바른 교육이 이루어질 수 없다"13)라고 하였다. 이런 경험과 사상이 조선 사회 전체로 일반화되지는 못했지만, 현대 사회가 필요로 하는 전인성 육성을 위한 심신 조화 방법 구상으로서는 좋은 사례이다.

역사상의 전례를 바탕으로 심신을 조화시킨 이상적인 교육 목적을 달성하기 위해서는 이전의 교육적 사례만으로는 세계관적인 한계가 있는 탓에, 심신을 포괄할 수 있는 더 상위의 인식적 틀과 교육 목적 방향을 제시해야 한다. 바로 인간은 정신과 신체의 이원적

---

12) 『교육사 교육 철학 연구』, 앞의 책, p.289.
13) 문집 37, 答李平叔 · 內集 14. 答南時甫.-『한국 유학 사상과 교육』, 앞의 책, p.63.

요소로 이루어진 대립적 존재가 아니라 영육 합일을 지향한 통일체적 존재란 개념에 입각하는 것이다. 인간 본성의 고차원화된 영성은 인간성을 대변하는 제3의 실존체로서 육체와 정신의 부단한 추구와 수련으로 혼연일체가 되었을 때만 존재성이 드러나는 초월적 본질체이다. 영혼은 영성적 본질 위에서 자아적 신념과 의지와 믿음이 함께한 총체적 결속체이다. 심신의 조화 교육은 이격된 영육 간의 결속 목표에 이바지함으로써 영혼을 통해 궁극의 귀의처로 이끄는 역할을 담당해야 한다. 문제를 해결하는 데 가장 근접한 교육 사상가로서는 코메니우스를 들 수 있다. 그는 "인간을 영육으로 구분하는 이분법이나, 또 이와는 반대로 생물학적, 혹은 행동주의적인 일원론도 역시 거부했다. 각 부분의 집합이나 통합을 의미하지 않는 전인적 기능이 있는 유기체로 보았다. 인간이 선천적으로 가지고 있는 힘은 각 부분에 있는 것이 아니고, 전체 속에 있는 것이라고 했다. 인간은 정신 물리학적 구조에서 하나님 형상의 유기체적인 통일체로 세상에 태어난 것이다. 그가 이런 생각을 한 사상적 바탕은 하나님이 인간을 창조했다는 사상과 믿음에 있다. 즉, 인간은 하나님의 형상이기 때문에 사물에 대한 지식을 습득할 수 있는 생득적 힘을 가지고 있어서 모든 사람은 완전한 교육(전인 교육)을 받고자 하는 열망을 가졌다. 인간의 몸과 정신의 조화와 통전을 나타내는 훌륭한 인격체로 인간의 행동은 곧 마음의 표출임을 나타내면서, 우리의 신체야말로 세계의 통로로서 교육을 통해 새로운 인간성을 회복할 수 있다고 보았다."14) 인간성의 회복뿐만이겠는가? 신체를 통해 일체의 활동, 즉 신체 단련, 훈련, 수련, 교육으로 정신

---

14) 『체육 철학 사상 연구』, 앞의 책, p.152.

을 수련하고 마음을 닦으며 지고한 품성, 덕성, 의지, 정신력을 기른다. 또한 가치를 일구고 영육 간이 합일할 수 있는 기력을 충천시키며, 이를 발판으로 대 우주와 교감해서 신인합일(神人合一)할 수 있는 발판을 마련한다. 신체→정신→마음→품성→가치→신념→의지→인격→믿음→영혼→神→영생의 세계로까지 나아감에, 이것은 인류가 전 삶의 정열과 혼신을 바쳐 개척할 수 있는 인생의 지고한 황금 길이다. 신체 교육으로 이끌어야 할 심신 조화의 극치 세계관이다. 살아생전에는 추구하는 정신과 몸 자체에 하나님이 함께해 계시고, 죽어서는 영혼으로 승화되어 영원히 함께한다. 하나님이 어떤 분인가? 태초에도 계셨고 오늘도 계시고 미래에도 존재해 영원히 동일한 분이다. 자체만으로는 영생할 수 없지만, 하나님과 함께한 실존체에 동승되면 영생할 길을 튼다. 정신, 마음, 영혼만 하나님과 함께하는 것이 아니다. 몸 전체가 온전히 함께하나니, 하나님은 우리의 몸 전체를 산제사로 바치길 원한다. 정신과 믿음만이 아니다. 십자가를 짊어진 인생의 거친 발걸음과 가시밭길을 걸으면서 할퀴고 피 흘린 육신의 몸 자체를 하나님께 바치는 것이다. 하나님을 온몸으로 받들고 모실 거룩한 성전이 곧 우리의 몸이다. 몸의 거룩한 투신이 정신을 거룩하게 승화시켜 하나님의 세계로 나갈 수 있으므로 심신을 조화시키는 교육적 노력이 만인의 인생 추구 목적이 될 수 있게 해야 하리라.

제19장 스포츠의 사회 · 인생적 가치

학교에서 이루어지는 대체적인 체육 수업 형태는 인지적 · 심동적 · 정의적 영역으로 나뉘며, 성취 기준과 영역별 성취 수준도 건강 활동(환경, 체력, 안전), 도전 활동(기록, 동작, 표적, 투기), 경쟁 활동(영역형, 필드형, 네트형), 표현 활동(심미, 현대, 전통), 여가 활동(사회, 자연, 지구촌) 등 다섯 영역으로 구분해서 실시하고 평가한다. 이 틀 안에 일체의 신체 활동이 포함되어 있어 예외적인 것이 있더라도 특성을 구분해서 포함하면 된다. 이런 영역을 바탕으로 학교에서 이루어지는 실질적인 수업 형태는 대개 이론적인 배경 설명(지식, 역사, 원리, 규칙, 가치성 등)→체력단련→기초 기능 숙달→경기 수업→평가 순으로 이루어진다. 당연히 스포츠도 이 같은 영역 안에 포함되며, **스포츠는 이상적인 체육 교육 목적을 달성할 수 있는 중요한 수단이다.** "즉, 체육은 고유의 활동을 통한 기관, 적성, 신경 근육(조직)의 통제력을 발달시키는 전인 교육 과정의 일부인 동시에 지적, 사회적, 문화적, 정서적, 美的인 면의 바람직한 변화 과정이다."[1] 특히 스포츠는 학교라는 실험적인 인생의 장으로부터 현실적인 인생의 장을 연결하는 통로가 되어 사회적, 인생적 역할 가치가 매우 크다. 오늘날 젊은 청소년들이 학교 운동

---

[1] 「교육체계에 있어서 스포츠의 영향에 관한 기능론적 고찰」, 하남길 저, 경상대학교 사범대학, 체육교육, 석사, p.182.

장에서 즐기는 각종 게임과 대외적인 스포츠 경기 참여는 인생이라는 좀 더 큰 무대의 준비라고 볼 수 있다. 이것이 학교 운동장에서 얻는 경험을 통해 획득된다는 사실을 확실하게 증명할 수는 없더라도 많은 학자가 스포츠를 통하여 형성되는 성격과 사회성 배양이 삶에 도움이 되는 것으로 생각했다.[2] "체육의 연구 분야도 중심을 인간의 동작에 두어야 할지 스포츠에 두어야 할지 고민해야 할 정도로"[3] 사회·인생적 역할 가치 비중이 커졌다.

"현대 사회에서의 스포츠는 학교 현장에서뿐만 아니라 가장 세계화된 문화 현상이고, 가장 주목받는 이벤트이며, 거대한 산업으로까지 자리 잡아 삶 속에 깊숙이 침투해 있다."[4] 산업 혁명 이전, 모든 작업이 인간의 손발과 힘으로 이루어져야 했던 시대에는 신체 활동의 부족으로 인한 문제는 걱정할 필요가 없었다. 생존을 위한 수단으로서, 혹은 생명을 보호하기 위한 무예로서, 혹은 나라를 지키기 위한 군사 훈련 목적으로서 각종 신체 활동이 이루어졌지만, 산업 혁명 이후로 산업이 기계화되고 교통과 통신이 발달하면서부터는 신체 활동에 큰 변화가 일어났다. 운동 부족 현상이 급격하게 되어 건강에 적신호가 왔다. 인위적인 신체 활동의 필요성이 증대하였다. 이런 요구에 부응한 것이 곧 근대 스포츠의 등장이다. 하지만 현대 문명의 특징이라고 할 정도로 대중화된 스포츠 문화가 태동한 역사적 배경을 알기 위해서는 근대 이전인 중세 시대로까지 거슬러 올라가야 한다. 알다시피 서양의 중세는 기독교 문화가 지배한 시대로서 금욕주의적 사상은 쾌락적인 신체 활동을 죄악시하

---

2) 위의 논문, p.182.

3) 『체육 철학』, 김대식 외 2인 공저, 앞의 책, pp.283~284.

4) 『교사와 책-미래의 힘』, 앞의 책, p.184.

였다. 신체가 악의 근원이라고 본 것이다. 오랫동안 "가치를 상실한 신체는 르네상스를 맞이하여 겨우 인간에게서 피가 통하는 지위를 회복하기 시작했다. 중세에서의 인간은 약한 인간, 악한 인간이었으며, 절대자의 힘으로 구제를 원하는 인간이었다. 그런데 르네상스 시대에 발견된 인간은 육체를 가진 생기가 넘치는 건강하고 씩씩한 인간이었다. 운동은 먼저 이탈리아의 인문주의자들에 의하여 시작되었고, 문예 부흥의 꽃을 피운 얼마 후 알프스산을 넘어 종교 개혁으로 유럽 전토를 중세에서 해방시켰다."[5]

이런 시대적 인식의 전환 이후 스포츠를 세계화, 국제화하는 데 이바지한 자가 나타났는데, 그가 바로 1894년, 근대 올림픽 대회를 창시하는 데 큰 역할을 한 프랑스의 교육자 쿠베르탱 남작(1863~1937)이다. "낭만주의자였고 인문주의자였던 쿠베르탱은 프랑스가 보불전쟁에서 독일의 억압에서 벗어나고 있었던 때에 프랑스에서 성장했다. 애국심이 강조되는 분위기 속에서 문학을 사랑하고 옛것을 사색하는 교육을 받았다. 이러한 것들은 당시 프랑스 인본주의 사상가들 사이에 만연하고 있었다. 그는 프랑스 제3공화국 시대의 학자들에 의해 부활한 고대 그리스의 이상을 찬양하고 옹호했다. 그리고 전후 시대의 절망과 권태로부터 프랑스 국가와 젊은이를 회복시킬 교육개혁의 필요성을 느끼고 있었다. 이 까다로운 작업을 실행하기 위한 주요 도구는 경쟁적 스포츠와 체육이라고 생각했다. 프랑스 아이들을 위해 신체적 훈련을 무시하는 가톨릭 교회의 사고를 뒤집어 놓을 수 있는 신체 훈련 프로그램을 받아들여야 한다는 것이다. 그가 구상한 낙관적 프로그램을 위한 철학적 기초는 마

---

5) 『서양 체육사』, 앞의 책, p.72.

음·신체·정신의 삼위일체로 나타나는 고대 그리스의 이상이었다. 그는 프랑스에서 스포츠에 대한 인식이 바뀌고 각종 스포츠의 교육적 가치를 인정하게 된 19세기 종반에 발 빠르게 움직여, 프랑스 교육을 개혁하고 청소년의 기질과 기풍, 도덕성 등의 함양을 위해 스포츠를 도입해야 한다는 태도를 여러 차례 밝혔다."6) 스포츠의 필요성과 가치성에 대한 선견된 인식은 현대 사회에 이르러 더욱 주효하게 되었는데, 그런 이상을 넘어 오늘날은 **스포츠가 인간 본성의 완성과 인간 감성의 완성과 인간 정신의 완성에도 크게 이바지하게 되었다.**

한편 "영국의 존 로크는 스포츠를 교육 목적에 도입한 철학자로서 대영제국을 이끌어 갈 이상적인 인격상과 지도자상인 '신사'의 자질을 함양하기 위한 수단으로 스포츠를 선택하였다. 영국의 신사들이 운동장의 활동에서 요구되는 것은 사회적 자질이며, 신사교육은 옥외 생활을 통하여 수행되어야 한다고 생각하고, 스포츠 활동의 참여를 통하여 공명정대하고, 예의가 바르며, 용감·정직·충성·헌신·친절 등과 같은 자질을 갖춘 새로운 영국 신사의 상을 창조하고자 하였다. 그리고 스포츠맨십은 이러한 과정에서 내세운 행동 기준이었다. 영국의 학교장들은 운동장을 도덕성 훈련장이라고 하면서 운동경기 중에 준수하는 태도와 정정당당한 경기 자세, 명예를 위한 용기, 절제력을 강조해 스포츠를 통해 신사가 지녀야 할 자질 함양을 추구했다(젠틀맨)."7) 스포츠를 통해 당시의 영국 사회가 요구한 이상적인 인간상을 육성한 것이다.

---

6) 「쿠베르탱의 사상과 스포츠 교육사적 공헌」, 이효원 저, 경상대학교 사범대학 체육 교육, 석사, 2003, p.8, 45.
7) 『스포츠의 세계』, 앞의 책, p.278.

그러나 스포츠가 인류사회에 이바지해야 할 궁극적 목표는 신체와 감성과 의지와 정신을 집약한 인생의 추구 가치를 완수하여 구원을 이루는 데 있다. 시대에 따라 지육, 덕육, 체육은 부분적으로, 혹은 조화적으로 강조되었지만, 기예(技藝) 교육은 간과하고 무시하였다. 지금까지도 특정인에 의해서만 전승되고 실행되었을 뿐 보편화되지 못했는데, 그 이유는 기예에 대한 심오한 철학의 부재 탓이다. 기예를 갈고 닦음은 인생 삶을 집중시키고 아름답게 하는 그 무엇이 있는데, 그것은 바로 스포츠 기능을 포함해 음악, 미술, 무예, 생활 직업상의 달인 등, 몸의 신경 감각 훈련을 통해 이룬 아주 높은 기능 능숙도이다. 이런 숙달 경지는 오직 신체의 반복 훈련을 통해서 얻어지는 것만이 아니며, 굳은 의지와 집념을 가지고 수행하는 과정에서 구한 무수한 정신적 자각의 산물이다. 서양의 교육 커리큘럼에 따른 공부는 머리의 개념적 조작에 의한 지식의 체계를 의미하지만, 몸의 도달 경지인 기예는 인간의 의지와 정신 자각과 타고난 재능이 합작한 결과 능력이다.[8] 노자는 말하길, 道는 生하는 것이고 德은 축적하는 것이라고 하였다(道生之 德畜之). 일체 몸의 훈련, 단련, 숙달, 수련, 도야, 닦음……이 몸속에 고스란히 축적됨에, 그 상태는 체력, 운동 신경, 기능적인 축적도 있지만, 정신의 의지적, 직관적 자각을 통한 본질성 축적도 있다. 중요한 것은 전자의 축적만으로는 기계적, 양적 축적에 불과하지만, 후자는 무수한 정신적 자각이 이루어져 축적되기 때문에 드높은 기예의 경지, 달인의 경지, 원하는 순간 몸을 원한 대로 수행할 수 있게 하는 신기(神技) 경지에 이른다. 인간이 정열을 바쳐 이룬 인생 추구의 거룩

---

8) 『태권도 철학의 구성 원리』, 앞의 책, p.49, 137.

한 완성 경지와 가치를 오늘의 지성들은 깊이 이해해야 한다. 제 눈의 안경이라고 했듯, 안경의 격조를 높임으로써 **"스포츠의 사회·인생적 가치"**를 재조명할 수 있어야 한다. 아울러 몸의 기능 수행 과정에는 무수한 정신 투여를 통해 진리를 수용하고 자각하고 인식하는 작용도 있다는 사실을 깨달아야 한다. 인간은 생물적, 사고적 존재이기 이전에 행동하는 존재이자 본질적인 존재란 사실을 알고, 몸을 통해 이룬 높은 기능 체득 경지를 재평가해야 한다. 바로 무수한 지각 위에 도달한 심신의 일치 상태가 그것이다. 결코 몸의 동작만 반복한다고 해서 얻어지는 결과가 아니다. 다시 강조해 심신이 일치된 기예적 경지는 신체적 훈련과 정신의 자각이 합작하고 집중해서 이루어진 것이다. 사실상 우주의 본질인 道를 체득한 경지요, 위대한 진리 세계를 통찰한 결과이다. 모두가 심신의 일치 경지를 달성하는 데 향후 체육 교육의 중대한 역할이 있다.

하지만 스포츠의 사회성 개발에 따른 교육적 가치에 대해서는 활발하게 연구되고 있지만, 스포츠가 변화한 몸(움직임)의 제반 현상을 의식으로 체득하는 지각 차원, 즉 만유의 현상을 몸 전체로 감지하는 정신 작용과의 연관성에 관해서는 아직도 인식적 착안을 이루지 못한 상태이다. 각종 스포츠 종목에는 우리가 그것에 도전해야 할 물체적 대상이 있고, 상대가 있고, 대 자연이 있다. 이 모든 것은 끊임없이 변화하고 있으며, 이에 대처하고 있는 인간 또한 정한 목표와 신념을 향해 몰입하고 있다. 진정한 스포츠인은 운동하는 순간만큼은 수없이 변화되는 현상 속에서 의식과 신경계를 집중시킨 상태이기 때문에, 생명 있는 진리성 속에서 의식을 다해 호흡하고 있다고 볼 수 있다. 그렇게 몰입된 경지 세계 속에서 우리는 모종의 깨달음과 진리적 결론을 얻을 수 있다. 스포츠인이 평생 운동 속에 파묻혀 정열을 쏟는 이유도 여기에 있다. 정열을 바친 스포츠의 본질적 가치는 우주에 편만한 진리 세계를 온 의식과 신경계를 집중해서 체득하는 데 있으며, 그를 통해 현상의 변화에 대한 소중한 결론과 본질을 체득하는 직관력을 기를 수 있다. 땀 흘려 온몸으로 체득하는 플레이에 대한 진수이고, 진리 모습에 대한 경이이다. 세계 본질에 대한 포만감이고, 세계 의지와의 일체 의식이다. 만인은 분명 하나의 스포츠를 통해서 혼신을 다한 정열을 쏟을 수 있다. 그것은 곧 대 진리의 생명력에 접한 상태이다. 자신과는 별개 대상인 物을 자신의 의지대로 움직일 수 있는 일체 의식이다. 진정한 스포츠인은 스스로 절대 차원의 경지에 이른 사람이자, 道를 온몸으로 체득해 주재하는 사람이고, 감히 절대 차원의 경지 세계에 이른 사람이라고 인증할 만하다. 궁극에는 절대 원리 앞에 순응해서 감격하고, 사랑하며, 이해할 수 있는 사람이다. 하나님의 절대 의지를 온몸으로 느끼면서 인간 능력의 한계와 神의 살아 계심을 두려워하는 참된 극기인이다. 모든 길은 로마로 통한다고 하였듯, 인류가 **"스포츠의 사회·인생적 가치 목표"**를 달성하는 것은 고스란히 하나님이 뜻한 인류의 보편적 구원 목적에 이바지하는 것이다. 그곳에 하나님에게로 통하는 길이 트여 있다. 왜 오늘날의 인류가 대중적으로 땀 흘려 스포츠 세계에 몰입하고 삶과 정열을 그곳에 바치는가? 스포츠는 인간에게 잠적된 필수 욕구의 승화로서 세계 극복의 길이며, 삶의 행복을 보장하는 진리의 길과 맞닿아 있어서이다. 그것이 바로 만 인생을 하나님에게로 인도하는 구원의 가도(街道)가 아니고 그 무엇인가?

제20장 운동 학습 지각 원리

    고대 그리스의 위대한 철학자 플라톤은 "안락하고 부유한 집에서 태어나 아름답고 정력적인 청년으로 성장하였다. Platon이라고 불린 것도 그의 어깨가 넓었기 때문이다. 병사로서 뛰어났고, Isthmian Games(고대 그리스의 4대 경기 중 하나)에 출전해 레슬링에 우승했을 정도로 우수한 운동선수였다. 이런 청년기를 보낸 인물이 철학자가 되는 경우는 드물다."[1] 이 같은 시각과 이해가 지금이라고 해서 크게 달라진 것은 없다. 통상은 공부도 잘하고 운동도 잘하기를 바라지만 학교 현장에서 그런 조건을 갖춘 학생을 발견하기는 쉽지 않다. 정말 운동을 잘하는데 공부도 잘하기란 현실적으로 어렵다. 운동으로 진로를 결정한 경우에는 수업 결손을 감내해야 한다. 그런데도 정말 공부도 운동도 잘한다면 그런 학생은 특별한 경우이다. 하지만 여기서 비교되는 운동과 '공부'는 순수한 지식적 학습을 뜻한다. 이런 비교 인식 틀로서는 신체를 단련하여 어깨도 넓었고, 병사로서도 뛰어났으며, 레슬링에 출전하여 우승했을 정도로 운동 기량이 뛰어난 플라톤이 어떻게 인류 지성사에서 지울 수 없는 사상 체계를 구축한 위대한 철학자가 되었는가를 이해할 수 없다. 흔히 음악, 미술, 체육은 예체능 과목으로 부르거니와, 이것의 공부

---

1) 「고대 그리스 사회의 교육 사상과 체육에 대한 고찰」, 강동원 저, 경희대학교 논문집, 16집, 1987, p.278.

수행은 인간의 사고 체계에 있어 특별한 능력을 발달시킨다. 그것을 이 순간 밝힐 수는 없지만, 흔하지 않은 사례이기는 해도 젊은 시절 운동에 정열을 바친 플라톤이 위대한 사고 작용을 일으킨 철학자로 변신한 것을 통해 확인할 수 있다. 지금은 확인할 수 없는 모종의 과정을 거친 결과로 증명되는 만큼, 운동 수행은 무형의 形而上學적 세계를 파고들 수 있는 지각 능력 배양과 사고 체계 구축에 영향을 끼쳐 연관되어 있다. 이것은 부처님이 어떤 고행의 과정을 거쳐 깨달음을 얻은 것인지 지금은 추측할 수밖에 없지만, 이후에 설법한 무수한 法을 통해 覺者인 것을 확인할 수 있는 것과도 무관하지 않다. 본인 역시 운동선수로 학창 시절을 보낸 것이 계기가 되어 무궁한 진리 세계를 탐구한 경험자답게 체육 교사로서 운동 수행과 인간의 정신 작용인 지각 작용과의 연관성에 관해 관심을 가졌고, 이것을 체육 수업을 통해 관련성을 밝혀보고자 하였다. 그렇게 하여 포착하게 된 인식적 명제를 소개한다면, "행동 학습의 구체적 인지 과정을 지적 발달과 연관지어 규명하라." "행동 지각과 학습 지각과의 비교 분석에 있어서 스포츠를 통한 지각이 인지 발달에 미치는 영향에 관하여……" "인간의 인지 발달은 행동으로부터 이루어졌다." "운동이 신경 작용으로 소뇌에 전달되는 과정은 어떤 기초적 조건에 의해 이루어지는가?" "운동이 사고로서 인식하는 작용과는 별도로 다각적인 변화와 상황에 대처하는 능력을 기름으로써, 운동 지각이 직관력을 길러 창의력을 돈독히 하고, 진리를 인식하는 필수적인 지각 훈련 과정인 것을 어떻게 증명할 것인가?" 등등 이런 탐구 과제를 다시 요약해 본다면, 운동 지각과 학습 지각과의 관계와, 운동이 정신 지각 발달에 미치는 영향을 궁금하게 여겼고, 행동과 사고와의 관계, 그리고 운동이 어떻게 인간의 사고 능력 중의 하나인 직관력을 길러 무궁한 시공간적 본질을 인식하는가 하는 점이다. **체육 교육의 원대한 철학적 목표는 바로 영원한 메시지의 수용체인 정신과의 연관성을 밝힘으로써 정신의 본질, 인간의 본질, 나가서는 우주의 본질을 통찰하는 데 있다.**

체육 학습(운동 학습)은 신체를 통한 의지 수련과 행동 실천으로 사회적 가치성을 인식하고 인격을 함양하는 덕목과도 연관이 있지만, 사물을 판단하는 지각력과도 관련되어 있다. 통상 사물을 판단하는 사고력은 국어, 수학, 과학 등 일명 이론 과목이 전격 담당하는 것으로 아는데, 이것은 체육 학습이 몸의 수행을 통해 이루는 진리 통합적 정신 지각 작용력이 있다는 사실을 몰라서이다. 다른 교과는 知의 영역을 담당하지만, 체육은 자체 학습으로 智·德·體란 전인성 육성은 물론이고, 정신적인 지각력까지 포함해서 배양하는 학습 체제를 갖추었다. 그런데도 이 같은 학습 작용 역할을 인지하지 못한 것은 운동 수행 과정을 신체만의 활동으로 곡해한 탓이다. 운동 학습의 의지적 수행 과정에 무수한 사고 작용이 개입하였는데도 무시했다. 마치 로봇이 정교한 작업을 수행하지만, 프로그램에 의한 기계적 동작인 것처럼…… 사고 작용의 개입 없는 신체의 반복적인 훈련과 숙달로 이루어지는 학습으로 오해하였다. 이런 인식을 해소하기 위해서는 체육이 다른 교과와 학습되는 지각 체제에 질적인 차이가 있다는 것을 밝혀야 한다. "일반적으로 대뇌에서 일어나는 것을 지적 학습이라고 할 때, 그것이 체육보다 더 직접적이고 확고하게 이루어지는 교과는 없으리라. 예를 들면, 어떤 운동을 수행할 때 그렇게 임하는 과정에서 운동 과제에 대해 생각하고 판단한다는 것은 소위 이론을 다루는 지적 교과보다 더 활동적이다. 체육이 지식 형성의 이상적인 교육 형태임을 보여주는 것이라, 운동을 통한 체육 학습 수행은 지식 획득의 능동적인 원천이다."2) 하지만 "신체 활동을 통해 기대되는 지적 발달에 대해 의문을 가진 학자도 있는데, John Lawther는 지능 발달 및 운동 학습과의 상관관계에 관해 그동안 발표된 많은 연구 자료를 조사한 결과 상관관계 r은 o에서 0.50으로 평균 0.2에 불과했다고 발표했다."3) 이것은 체육 학습의 심동적(신체 기능적), 인지적(지적), 정의적(태도 등) 영역 중 사고 작용과 연관된 지적 영역을 잘못 설정해서 상관관계를 구한 탓이다. 흔히 심동적 영역은 발놀림의 자연스러움, 타구의 위치 선정, 동작의 정확성 등을 따지고, 정의적 영역은 타인의 의견 존중, 상호 간 협력, 양보와 규칙, 자발적인 참여성 여부를 관찰하며, 인지적 영역은 코트의 규격을 안다, 서버 동작을 설명할 수 있다, 심판을 볼 수 있다 등을 통해 앎의 여부를 확인한다. 하지만 체육 학습을 통해 얻는 지각 능력은 지식적인 확인 영역과는 성격이 판이하다는 사실이다. 운동 학습을 통해 얻는 지각력은 사고를 통해 얻는 지식적 앎이 아니다. 앞의 연구자가 밝힌 지능 발달 및 운동 학습과의 상관관계 결과는 번지수를 잘못 짚은 것이다. 운동 학습을 통해 일어나는 무수한 정신적 지각은 순수한 사고 작용만으로 학습되는 논리력, 분석력, 비판력 같은 정신 능력 배양과 다르다. 운동 학습을 통해 일어나는 정신적 지각력은 보다 더 의식적, 의지적인 동시에 통합적이다. 그러면서도 운동 학습은 몸이 가진

---

2) 『체육 철학 사상 연구』, 앞의 책, p.169.
3) 『체육 철학』, 김대식 외 2인 공저, 앞의 책, p.291.

생체적인 특성을 제어하고 조절해서 집중시킴으로써 정신적 지각 작용과 의지력 투여에 지대한 역할을 한다.

"운동 기술을 어떻게 습득하고 어떤 방법으로 배워야 하는가 하는 문제는 운동 학습(motor learning)에 있어 지식의 획득 과정과 교수 방법론상에 있어 중요한 의미가 있다."4) 통상 경험적 인식과 반복 숙달에 의한 운동 기능의 학습 과정은 선행된 몸의 감각적 감지가 신경계를 통해 전달되면 소뇌에서 정신적 자각이 이루어진다. 그리고 기능적 실수와 적합성 여부를 감으로 판단해서 교정하는 작업 과정을 거쳐 신경과 근육을 온전히 의지적으로 조절할 수 있는 기능 정착의 단계로 나간다. 이런 **"운동 학습의 지각 원리"**와 특성과 인식적 경로를 본인은 교사 시절, "체육 교과의 교육으로서의 학습 의미"를 주제로 체육과 교생들에게 이야기한 적이 있다.

> 2008년 5월, 한 달 동안 후배 체육 교생 두 분을 지도하였다. 이들에게 선배 교사로서 무엇을 이끌 것인가? 첫 주는 오리엔테이션, 둘째 주는 참관 수업을 하였고, 셋째 주부터는 수업을 실습했다. 전반에 걸쳐 체육 학습지도 원리를 적용하였다. 하지만 그들이 아무리 이론을 배우고 기능을 익혔더라도 체육 수업이 교육에 미치는 의미에 대해서는 다년간 현장에 몸담으면서 숙고하지 않으면 체득할 수 없다. 대부분 체력이나 운동 기능, 신체 활동을 담당한다는 측면에서 자칫 외형적인 목표에 집중하기 쉽다. 역사, 어학, 과학 등 이론 교과는 교사와 학생이 왜 그 같은 지식을 배워야 하는지에 대해 교감이 이미 이루어지고 있다. 하지만 체육 교과는 교사조차 체육이란 학습활동의 교육적 역할을 제대로 알지 못하는 경우가 있다. 이것은 현장에 있는 교사의 잘못이라기보다는 체육이란 학문 자체가 심도 있게 교육적 의미를

---

4) 『체육 철학 사상 연구』, 앞의 책, p.162.

제공하지 못한 탓이다.

교생 두 분이 중학교 2학년 교과에 배당된 배드민턴(하이클리어)을 가르쳤다. "그렇게 하면 안 돼!" "이렇게 하는 거야!" 하고 소리쳤다. 그래서 말했다. 교사는 일단 전문적인 지식과 기능을 가지고 지도하는 것도 중요하지만, 가르치는 것은 또 다른 세계적인 원리를 적용해야 하는 문제가 있다. 우선은 학생이 어떻게 해서 운동 기능을 감지하고 이해, 습득하는지에 대한 교육 작용 원리를 알아야 한다. 동작은 눈으로 보고 귀로 들어 이론적으로 이해했더라도 곧바로 기능화되지 못한다. 운동 신경이란 또 다른 전달 경로가 있다. 몸은 마음먹은 대로 쉽게 움직이지 않는다(?) 운동 신경의 전달 체계는 개인마다 다르므로 여기에 대한 차이를 진단해서 지도하는 수준과 방법을 정해야 한다. 무조건 따라서 하라고 하면 안 된다. 한 학생이 하이클리어가 안 되는 원인은 타점과 타이밍이 문제라 셔틀을 맞추기도 전에 공이 내려와 버려 팔을 제대로 뻗지 못한 탓이다. 그렇다면 미리 팔을 높이 들어 라켓 면을 나타나게 해 스냅으로 정확히 맞추는 연습부터 숙달시킨다. 기능을 부분적으로 나눠서 접근시키고 그다음 스텝, 타이밍, 중심 이동을 연결해 종합적으로 완성한다. 지도 과정에서도 좋은 타구가 나왔을 때는 "그렇지! 잘했어!" 하고 칭찬을 아끼지 않았는데, 이 말을 들은 학생은 자신감과 용기를 가질 것이다. 학생 대부분은 배드민턴을 처음 대하는 경험 영역이다. 그런 세계를 선생님이 인도하고 있고 가르치고 있다. 그 처음을 어떻게 흥미롭게 하는가에 따라 긍정적으로 받아들여 건강을 지키는 평생의 동반자로 삼을 수도 있다. 요즘은 워낙 사회생활이 바쁘다 보니 부모조차 자녀에 대해 관심을 두기 어려운데, 짧은 시간이지만 개개 학생을 위한 맞춤형 지도 타임과 교정 과정을 가지면 교사로서 사랑과 관심을 쏟는 인성교육의 산 현장이 되리라. 체육 교과로서 지닌 특성이 분명한 만큼이나 자각하기에 따라서는 인류의 정신사에도 크게 이바지하는 역할이 있다는 사실을 알고, 진리 세계로 인도하는 사명을 마다하지 않는 체육 교사가 되길 바란다.

흔히 운동 기능을 잘 학습하고 수행하는 사람을 일컬어 운동 신경이 발달했다고 한다. 이렇게 신경계에 전달되는 운동 기능은 단지 감각의 원활한 작용만으로 그치지 않는다. 지적했듯, 정신의 지각 작용과도 연결되어 있다. 그래서 어떤 운동 기능의 완숙한 숙달은 곧 몸의 신경계를 지배하는 개별 의지를 총화한 의식으로 집약시킨 극복 능력이자 정신의 도달 경지를 말한다. 하나의 운동 기능을 감지해서 숙달하는 과정은 인간의 총체적인 잠재능력의 일깨움과도 연관되어 있어 인간이 존재한 능력 차원을 향상시킨다. 의식과 사고와 몸의 전 신경계를 지배하는 생체적 조건에 있어 전혀 경험하지 못한 존재 조건과 소질 세계를 개척할 수 있다. 개체로서 존재한 의식과 통찰력과 생명 체제 전체 안에서의 변화이자 진일보이며, 새로운 세계로의 진입을 뜻한다. 하나의 기능 획득은 하나의 행동 자각이고, 의식의 깸으로 존재 체제의 한발 더 앞선 변화의 발걸음이다. 제반 운동 기능을 통한 동작 수행은 뇌를 자극하고 활성화하는 것은 물론이고 지적, 의지적, 정서적 활동을 촉진하는 총합적 작용이다. 그중 인간의 신체 활동을 수반한 행동과 행위 하나하나는 사고 작용에 큰 영향을 미친다. 세계는 각각의 행적으로 이루어진 바로 사고 자체가 세계의 근간이 될 수는 없다. 또한 행위 자체만이 실존이고, 행위적 경과는 실존이 아니라는 생각은 인식이 미분화된 탓이다. 두뇌 발달은 노동의 결과란 인식도 있거니와,[5] 사고 작용도 하나의 행동 과정이라고 볼 수 있을진대, 하나의 창조적 활동은 창조적 정신 분화를 가져오고, 창조적 정신 분화로 창조적 행동이 이루어진다. 다시 말해 인간의 정신적 분화는 인간의 창

---

[5] 『경제사 학습』, 양상철 엮음, 세계, 1987, pp.37~38.

조적 활동을 통해 이루어진다. 행동의 분화가 그대로 사고의 분화로 이어진다. 사고는 결코 독립적이지 않다. 사고의 분화는 행적과 행위의 생성적 분화와 밀접하게 연결되어 있다. 사고는 바로 행위적인 결과의 추출물이다. 인간의 정신적 분화가 하나의 창조적 활동을 통해 이루어진다. 정신 자체의 논리적 추적만으로는 곤란하다. **행동 과정의 분화=인식 과정의 분화=의식(정신) 과정의 분화이다.** 세계는 창조 이래 끊임없이 생성하였나니, 궁극에도 이면은 있다. 우리의 의식은 통체 상태로 존재하는데, 행동 수행의 과정이 바로 종국에 드러날 본질의 분화 결과를 낳는다. 인식적 분열과 정신적 분열을 촉진하여 세계의 근원된 진리성을 접할 수 있게 한다. 이것이 곧 행동 수행과 직결된 **"정신 분화 원리"**이다.

　그런데도 서양 인식론은 행동과 연계하지 않은 순수 사고와 이성의 빛만으로 사물의 궁극적 본질을 추적하고 규명한 결과 모든 면에서 세계관적인 한계에 직면하였다. 어떻게 아는가 하는 학습 이론과 인식의 문제에 있어서 이성적 인식을 감관적 인식보다 우위에 놓았다(고전적 인간관). 인간은 당연히 감각 기관을 통하여 얻어지는 지식을 통하여 세계를 구성하는데, 보수주의자들은 교육이란 그러한 감각 기관적 지식을 초월하여 정신의 이성적 기능을 활용할 줄 아는 능력에 도달케 하는 것이라고 믿었다. 애써 감각 기관 경험의 세계를 초월하여 이성의 능력을 활용하는 일반 원리의 지식에 도달시키고자 하였지만, 이것은 발을 땅에 딛지 않고 목적한 곳에 이르고자 한 시도와 같다.[6] 감각 기관은 이성적 인식에 정보를 제공하는 말초적 수단이다. 현재와 한순간 주어진 정보가 결과적 사

---

6) 『도올의 교육입국론』, 앞의 책, p.22.

실과 다르다 할지라도 그것은 감각 기관이 제공한 정보 잘못이 아니고, 이성이 전달된 정보를 잘못 판단한 탓이다. 감각 기관을 통한 인식은 분열적, 분석적, 부분적인 제한성이 있는데, 그것을 고려하지 못했다. 서양 인식론은 여러 가지 측면에서 문제점과 한계를 드러내었다. 초월적인 神을 이성적 인식을 통해 증명하고자 한 시도 등이 그것이다. 이성은 감각 기관을 통한 정보를 종합해서 전체성을 통찰할 수 있어야 하며, 유기적으로 네트워크를 형성해야 한다. 서양 인식론은 감각 기관과 경험 세계를 초월하여 이성적 능력을 활용하고자 한 시도도 문제지만, 감각 기관을 통한 인식 루트만을 지식을 획득하는 유일한 수단으로 본 경험론적 인식론도 문제이다.7) 앞에서 감각 기관을 통한 정보는 본래적인 진심 본질과는 순간순간의 모습을 달리한, 감지하는 데 있어 분열적인 한계가 있다고 지적했거니와, 창조로 인한 현상계적 특성을 감안하지 않고 주어진 정보만으로 진리라고 주장한다면 커다란 세계관적 오판을 자초한다. 그렇다고 칸트처럼 그런 제한적 인식 창구로 물 자체인 본체계를 인식할 수 없다고 단정지은 것 역시 문제이다. 분명 인간의 감각은 착오를 일으키기도 하고, 감각 기관이 제공하는 정보와 인식 루트로서는 神과 본체 세계를 볼 수 없다. 자체 지닌 이성과 감각 기관으로서는 본체계로 접근할 수 없지만, 한편으로 우리의 몸된 의식 자체는 심원한 존재 본질과 함께하고 있다. 서양이 세운 인식 이론은 정신의 사고적인 측면에 국한되지만, 동양에서의 수행을 통한 의식적 접근은 본질적 특성을 지녔다. 여기서 우리는 비로

---

7) 고대 그리스 인식론=이성의 순수 사유만이 유일한 진리를 파악할 수 있는 것으로 받아들임. 근대의 영국 경험론=사유에 대한 감각의 우월성을 주장함. 감각 속에 존재하지 않는 것은 아무것도 사유 속에 존재하지 않는다고 함.-『체육 철학 사상 연구』, 앞의 책, p.175.

소 인간이 지닌 모든 인식상의 한계를 초월하여 차원이 다른 본체 세계로 나갈 수 있는 길을 연다. 이런 인식 원리에 초점을 맞추게 되면 이성도, 감각 기관도, 사고도, 행동도, 하나인 궁극으로의 도달 길에 참여해서 일조할 수 있다.8)

참으로 몸을 통한 진리 인식 능력, 곧 직관력을 운동 학습을 통해 배양하는 것은 차원이 다른 본체 세계, 形而上學적인 본질 세계를 접하게 하고, 종국에는 神의 초월적인 존재 실체까지 실감할 수 있게 한다. 하나님과 교감하고 소통하는 주요 교통로이다. 인류는 앞으로 몸의 수행을 통해 직관력을 갖추지 않고서는 어떤 근원적인 문제, 진리의 문제, 삶의 행복에 관한 문제도 해결할 수 없다. 몸은 진리의 보고요, 본질 생성의 집이며, 의식을 통해 대 우주 세계와 통하는 문이다. 몸이 이룬 생체적 기반과 의식적 차원이 만 인류를 진리의 세계, 구원의 세계, 인간다운 가치 세계를 개척할 수 있게 한다.

영국 경험론의 영향을 받은 코메니우스가 인간의 감각 기관을 통한 사물의 지각을 지식의 출발점으로 이해하여 감각 기관을 통하지 않고서는 어떠한 것도 이해하지 못한다고 한 것은,9) 신체 활동을 매개로 한 체육 교과에 있어서 매우 고무적인 인식론인 것처럼 들리지만, 이 연구가 강조한 운동 학습과 정신적 지각 작용과의 연계성 문제는 그런 것이 아니다. 코메니우스가 감각 기관을 활성화해 인식하고자 한 것은 사고 작용의 개념적인 지식 획득 과정과 인식 수단을 뒷받침한 것이고, 이 연구가 논거를 둔 정신적 지각과의 연

---

8) 감각 기관은 의식적인 본질과의 교감을 통해 앎을 생성시킴.

9) 위의 책, p.175.

관성은 온몸을 통해 체득한 진리성의 인출 원리, 곧 직관의 인식 원리를 말한다. 직관은 존재한 본질의 잠재성을 깨어 있는 의식을 통해 표출하는 것인데, 이런 직관적인 정신 능력을 기르는 데 운동 학습이 주효하다는 뜻이다. 인간은 몸 된 생명 활동인 의식을 통해 진리와 함께하므로 진리 인식을 목표로 한 교육은 운동 학습을 통한 직관력 배양 원리에 최대한 방점을 두어야 한다. 또 하나의 정신적 능력인 논리적, 분석적인 사고 능력 등은 지식 세계를 비교하고 분석해서 체계 짓고 통찰하는 데 있지만, 깨어 있는 의식으로 우주적 본질과 교감하는 직관적인 사고력은 살아 있는 진리 세계로 진입하는 길을 튼다. 직관적인 사고 능력은 존재의 본질성을 뒷받침한 창의적 지각 능력이다. 직관력이 운동 학습과 무슨 상관이 있느냐고 반문할 수는 있지만, 정말 운동을 수행하는 학습 과정에서는 사고를 통한 운동의 원리성에 대한 인식이 매순간 포착된다. 운동 학습을 통하여 우주의 잠재된 원리성을 의식된 본질로서 체득한다. 이것이 온몸의 감각적 신경계와 의식의 총합 상태에서 느끼고 지각하고 깨닫는 감각적 '필'이고, 의식적으로 지각을 일으킨 '감'이다. 결코 사전에 놓인 사실을 근거로 판단한 개념적 인식이 아니다. 온몸에 의식적으로 축적한 잠재력이 한순간 세계 본질과의 구조적인 일치를 통해 표출된 진리성에 대한 인식이다. 사전에 준비되지 않았고, 예측할 수도 없지만, 수행 중인 운동 학습 과정에서는 정말 경험하는 바대로 무수한 필의 현상을 접하고 번뜩이는 영감을 얻게 되는 것이 사실이므로, 이런 지각 원리를 우리는 세계 인식적인 원리성의 바탕 위에서 객관화시켜야 한다. 그러기 위해서는 행동 철학, 경험론, 인식론, 종교에서의 수행을 통한 깨달음, 제반 학습 원리 등을 총망라해야 하는바, 못다 한 과제는 다음의 "세계교육론" 제2권 『교육의 위대한 원리』에서 보다 구체적으로 다루리라.

세계교육론 총서 목차

교육의 위대한 원리(제2권)
세계교육론 본론

제1편 원리 개설

제1장 개관
제2장 원리 판단의 세계적 근거
제3장 교육의 원리

제2편 교육 비판론

제4장 개관
제5장 선천 우주론 비판
제6장 현대 교육 비판
제7장 지적 편중 교육

제3편 교육 인식론

제8장 개관
제9장 인식의 방법
제10장 인식의 특성
제11장 인식의 원리

제4편 교육 방법론

제12장 개관
제13장 교육의 방법

제5편 교육 과정 구성론

제14장 개관(교육 과정 구성 기준)
제15장 목적에 따른 교육 과정 구성

제6편 교육 평가론

제16장 개관(인간 및 역사 평가)
제17장 평가 방법 및 절차

교육의 위대한 실행(제3권)
세계교육론 각론

교육의 위대한 지침(제4권)
세계교육론 세부 각론

제1편 지침 개설

제1장 개관
제2장 본의 창조론

제2편 패러다임 전환론

제3장 개관
제4장 지식교육 패러다임
제5장 본체교육 패러다임

제3편 배움론

제6장 개관(배움 이유)
제7장 배움 주도론
제8장 배움 작용론

교육의 위대한 말씀(제5권)
세계교육론 결론

(저술 준비 중)

염기식 (廉基植)

■약력

1957년 경남 진주 출생. 진주고등학교 졸업(47회). 경상대학교 사범대학 체육교육과 졸업. R.O.T.C.(19기) 임관. 서남대학교 교육대학원 졸업. 1984년 교직에 첫발을 내디딤. 2020년 8월 31일, 정년을 맞아 퇴임함. 자아와 세계에 대해 눈떴을 때부터 세상의 분파된 진리에 대해 의문을 품고 '길은 어디에 있는가'란 명제 하나로 탐구의 길에 나서 현재까지 다수의 책을 저술함(총 39권).

■주요 논문 및 저서

『길을 위하여(Ⅰ)』(1985), 『길을 위하여(Ⅱ)』(1986), 『벗』(1987),
『길을 위하여(Ⅲ)』(1990), 『세계통합론』(1995), 『세계본질론』(1997),
『세계창조론 서설』(1998), 『세계유신론』(2000), 『작은 날개를 펴고』(2000),
『환경은 언제나 목마르다』(2002), 『자연이 살아가는 동안』(2003),
『세계섭리론』(2004), 『세계수행론』(2006),
「진로 의사 결정유형과 발달 수준과의 관계」(2006), 『가르침』(2008),
『세계도덕론』(2008), 『통합가치론』(2008), 『인간의 본성 탐구』(2009),
『선재우주론』(2009), 『수행의 완성도론』(2009), 『세계의 종말 선언』(2010),
『미륵탄강론』(2010), 『용화설법론』(2010), 『성령의 시대 개막』(2011),
『역사의 본질 탐구』(2012), 『세계의 섭리 역사』(2012), 『문명 역사의 본말』(2012),
『세계의 신적 본질』(2013), 『지상 강림 역사』(2014), 『인식적 신론』(2014),
『관념적 신론』(2015), 『존재적 신론』(2016), 『본질로부터의 창조』(2017),
『창조성론』(2017), 『창조의 대원동력』(2018), 『창조증거론(1, 2)』(2019),
『길을 가며 가르치며 생각하며』(2020), 『교육의 위대한 사명』(2021)

세계교육론 총서 제1권

교육의
위대한 사명

세계교육론 서론

초판인쇄 2021년 9월 10일
초판발행 2021년 9월 10일

지은이 염기식
펴낸이 채종준
펴낸곳 한국학술정보㈜
주   소 경기도 파주시 회동길 230(문발동)
전   화 031) 908-3181(대표)
팩   스 031) 908-3189
홈페이지 http://ebook.kstudy.com
E-mail 출판사업부 publish@kstudy.com
등   록 제일산-115호(2000. 6. 19)

ISBN 979-11-6801-122-9 93370